Creche:
Organização, currículo, montagem e funcionamento

Da autora:

Alfabetização Natural

Jogos Inteligentes:
A Construção do Raciocínio na Escola Natural

Gilda Rizzo

Creche:

Organização, currículo, montagem e funcionamento

7ª EDIÇÃO

BERTRAND BRASIL

Capa: Leonardo Carvalho

Editoração: DFL

2012
Impresso no Brasil
Printed in Brazil

CIP-Brasil. Catalogação na fonte
Sindicato Nacional dos Editores de Livros, RJ.

R538c
7ª ed.

Rizzo, Gilda, 1937-
Creche: organização, currículo, montagem e funcionamento/ Gilda Rizzo. – 7ª ed. – Rio de Janeiro: Bertrand Brasil, 2012.
400p.

Inclui bibliografia
ISBN 978-85-286-0762-8

1. Creches – Planejamento. 2. Creches – Projeto e construção. I. Título.

00-0397

CDD – 372.216
CDU – 373.22

EDITORA BERTRAND BRASIL LTDA.
Rua Argentina, 171 – 2º andar – São Cristóvão
20921-380 – Rio de Janeiro – RJ
Tel.: (0xx21) 2585-2070 Fax: (0xx21) 2585-2087

Sumário

Agradecimentos

A realização deste trabalho, na sua primeira edição, não teria sido possível sem o estímulo e a competente colaboração de minha equipe quando na direção da creche do Instituto Superior de Educação do Estado do Rio de Janeiro. Essa equipe me tornou possível experimentar, avaliar, corrigir e desenvolver um conhecimento prático, assentado sobre todo um conhecimento teórico, resultado de muito estudo, leituras, pesquisas e estágios na minha pós-graduação, na Universidade Federal do Rio de Janeiro. Registro aqui os nomes da professora Myriam Coeli Marconi Ennes, como subdiretora e responsável pela orientação pedagógica da creche; Dra. Maria Lúcia de Barros de Medeiros, pediatra; Carmen Lúcia Gusmão Estrela e Maria José do Nascimento Teixeira, psicólogas. Foi também de inestimável valia o trabalho da nutricionista Maria José Cajado e dos inúmeros professores, auxiliares de enfermagem e equipe de apoio. Muitas das fotos que enriquecem este livro são desta creche Ruth Niskier, situada na Tijuca, na cidade do Rio de Janeiro.

Agradeço aos diretores do Instituto de Educação, professor Wilson Rodrigues e professora Olga Restum Corrêa de Sá, pela confiança e apoio concedidos na organização, montagem e funcionamento da referida creche. A Paulo Sérgio Mendes de Albuquerque, na época estudante de arquitetura, agradeço pela planta baixa do prédio apresentada neste livro, cuidadosamente elaborada em atendimento às especificações aqui contidas.

Renovo, nesta segunda edição, os meus agradecimentos à professora e amiga pessoal Myriam Ennes, que muito colaborou na pesquisa de dados e documentação oficial relativa à nova legislação sobre Educação Infantil, aqui publicadas.

Agradeço à boa vontade e gentileza que tiveram as diretoras da creche Tempo de Criança, Tatiana D'Araújo Costa e Leila Rossi de Carvalho Pinto, pelas belíssimas fotos do trabalho que realizam na Tijuca, Rio de Janeiro, e também à diretora da creche Jabuti, Adriana Carneiro da Rocha, que me permitiu que fotografasse as maravilhosas instalações de sua sede e o magnífico trabalho ali realizado, com todas as inconveniências que a presença de uma pessoa estranha possa causar, e com o apoio e acompanhamento, paciente e gentil de suas colaboradoras: da psicóloga Emília de Aguiar Mota; da coordenadora Márcia Cristina Dorotéa Alves; da coordenadora Carmen Lúcia Orfanó e da coordenadora administrativa Vitória Cristina de Almeida Vieira. A creche também se situa na Tijuca, Rio de Janeiro.

Não posso deixar de fazer um agradecimento especial a minha filha Beatriz, cujo maravilhoso trabalho desenvolvido em sua pré-escola Bia Rizzo, no Grajaú, Rio de Janeiro, só fortalece minhas convicções a respeito da importância da Educação Infantil, quando realizada com carinho e respeito aos direitos da criança e processada através de um currículo de atividades criadoras em que prevaleça o trabalho diversificado de livre escolha da criança que há mais de 40 anos defendo. Fotos de seu trabalho também enriquecem este livro.

Não posso esquecer o carinho e paciência que meu marido e minhas filhas, genros e netos precisaram ter comigo, aceitando minha permanente ocupação e dedicação, quase exclusiva, ao trabalho de rever, atualizar e ampliar o conteúdo deste livro, o que, sobretudo, me manteve horas a fio presa ao computador. Sem o apoio e estímulo deles não poderia ter chegado ao fim desta empreitada.

GILDA RIZZO

Prefácio da 1ª edição

O oportuno trabalho da Profª Gilda Rizzo — CRECHE: ORGANIZAÇÃO, MONTAGEM, CURRÍCULO E FUNCIONAMENTO — encontra-se no centro da discussão, bastante atual entre nós, sobre o atendimento prestado à criança fora do lar. O que é Creche? Um centro de custódia? Um "asilo-mirim"? Como minimizar a privação materna parcial através de atendimento de alta qualidade? É economicamente viável um serviço que reproduza o ambiente familiar, física, material e socialmente falando? A Creche socializa mais rapidamente? Qual a sua influência sobre o desenvolvimento intelectual e emocional da criança?

Mesmo não pretendendo responder a todas essas questões, a autora oferece modelos de atendimento diário, a partir de sua visão de educadora, e pugna por um tipo de Creche que vise ao desenvolvimento global e harmonioso da criança, não sendo apenas local de guarda ou de custódia.

A profilaxia da saúde mental é tarefa das mais importantes no trabalho de todos aqueles que convivem com o desenvolvimento infantil. Os cuidados e a educação dispensados à criança pequena podem ser, por excelência, intervenções psicoprofiláticas. No caso da Creche, é conveniente dizer que a criança retirada do convívio familiar apresenta um risco maior de não ter satisfeitas suas necessidades emocionais básicas de intimidade, aceitação, atenção, pessoa de referência e individualização, entre outras. Pesquisas nacionais e estrangeiras confirmam os efeitos da privação familiar parcial ou total no crescimento emocional (H. Marinho, Bowlby, Spitz). A criança necessita de ambiente material e social adequado, capaz de estimular o pleno desenvolvimento. São indispensáveis recursos humanos qualificados, em todos os níveis, como bem demonstra o trabalho de Estimulação Essencial ao Desenvolvimento, fruto das pesquisas da notável brasileira, Heloisa Marinho, que entende a Estimulação Essencial como um conjunto de aspectos que concorrem para o desenvolvimento global da criança, não se limitando a um grupo de atividades ministradas por um adulto, em determinada sala ou horário. Para uma Creche implantar a Estimulação Essencial ao Desenvolvimento, torna-se necessário sensibilizar e preparar toda a equipe, dando-lhe visão comum sobre o desenvolvimento infantil. Evita-se, com esse procedimento, a compartimentalização da criança, que normalmente ocorre e pode até comprometer sua saúde mental.

O vínculo afetivo dos pais com os filhos é outro aspecto importante na tentativa de promover, prevenir e preservar a saúde mental da criança na Creche. Esta, por vezes, não apenas limita o contato da criança com o pai e a mãe, como reforça negativamente a insegurança dos pais, culpando-os pelas dificuldades apresentadas pelos filhos. Não se pode avaliar o estado emocional de uma criança pela rapidez de sua adaptação à Creche. Ao contrário do que freqüentemente é dito aos pais, as dificuldades de adaptação podem representar saudável reação de defesa contra uma separação justificadamente indesejável.

Parece-nos igualmente perigoso modismo colocar para os pais a Creche como instrumento necessário à socialização da criança, antes dos três anos. É comum interpretar "atitudes independentes" como a autêntica e crescente autonomia emocional. Queimar etapas precocemente pode deixar seqüelas psicológicas, em vez de representar benefícios ao desenvolvimento infantil.

A Creche (convencional ou domiciliar) deve ser colocada como uma das respostas às necessidades criadas pelas mudanças sócio-culturais de uma sociedade em acelerada urbanização. A sociedade humana criou, com o seu progresso, novas formas de viver; mas o homem continua ainda "antigo" na forma de sentir e satisfazer suas necessidades fundamentais.

A criança precisa, como parcela mais vulnerável da população, de que seus direitos à saúde física e mental sejam defendidos. O livro da Profª Gilda Rizzo, enfrentando todos os riscos inerentes à apresentação de modelos, sempre passíveis de crítica e aperfeiçoamento, contribui e amplia o volume de reflexões para o estabelecimento dos caminhos de ajuda à criança brasileira. Trata-se de preservar a "matéria-prima" (Alvaro Acioli) mais importante, aquela que permite a renovação do mundo: A CRIANÇA.

Dr. Jario Werner Jr.

- Professor de Psiquiatria Infantil da Faculdade de Medicina da UFF
- Consultor de Desenvolvimento Mental — UNICEF/LBA
- Coordenador do Instituto de Pesquisas Heloisa Marinho

Introdução

Este trabalho pretende oferecer alguns esclarecimentos àqueles que desejam cuidar de crianças pequeninas na ausência de suas mães e família.

A creche certamente será a solução para possibilitar o trabalho das mães fora do lar.

Afastar a mãe do seu filho durante oito ou 10 horas por dia (há que se considerar o tempo do transporte de ida e volta ao trabalho), nos primeiros meses de vida, certamente não é a solução mais adequada. Há que se pensar que o ser humano nasce quase inteiramente desprovido da função de autopreservação e é, portanto, totalmente dependente da mãe. O nascimento biológico separa-o fisicamente dela, mas o seu crescimento, do lado de fora, exige a sua presença constante e atuante durante outros tantos meses, até que seja capaz, relativamente independente e seguro, de viver afastado dela.

A mãe exerce um papel específico como facilitadora não apenas do desligamento da criança, mas também da padronização de sua personalidade. Médicos, psicólogos e estudiosos do desenvolvimento humano estão seguros, ao considerar de *alto risco* as crianças precocemente afastadas de suas mães, e isso abrange a separação desde as primeiras horas de vida até, no mínimo, três meses completos. Esse seria o atendimento *mínimo* essencial à manutenção da vida e saúde do bebê e, em função dessa exigência mínima, os institutos previdenciários já se prepararam para manter a mãe próxima do filho, porque isso, reconhecidamente, interessa à sociedade.

Para o futuro espera-se que outros benefícios possam incorporar-se às medidas que visem preservar a saúde física e mental da população e se descubram novas fórmulas de manter as mães próximas de seus filhos, prestando-lhes uma assistência física e, sobretudo, afetiva por um período mais longo nos primeiros anos de vida, pelo menos durante parte do dia. Sistemas que possibilitem à mulher a opção de jornadas reduzidas de trabalho até seu filho completar dois ou três anos poderiam, com certeza, dar ao ser humano um atendimento mais adequado às necessidades próprias de sua espécie, necessidades que não são apenas físicas, de proteção e alimentação, mas também afetivas, intelectuais e sociais.

Há que se pensar também que nem todas as mulheres estão, por natureza, disponíveis, psicológica e emocionalmente, para acompanhar com prazer, carinho e paciência o seu bebê, durante todas as horas do dia, por muito tempo seguido. Muitas não conseguem tolerar manhas, birras, fraldas, papinhas e mamadeiras e não se encantam com as falinhas e gracinhas que seus filhos fazem. Essas mulheres, com certeza, não conseguem oferecer as condições essenciais mínimas que possam favorecer o crescimento físico, afetivo, intelectual e emocional de seu rebento e o necessário desenvolvimento de sua auto-estima e, muito provavelmente, possam prejudicá-lo pela intolerância, negligência, descaso e, não raro, violência física ou psicológica. *Creche deve ser, por isso, um direito da criança e da mulher* com vista ao bem-estar da primeira, especialmente.

Não tem sentido prático cobrar da mãe a obrigação de sentir prazer em ficar com seu filho o dia inteiro. Ninguém dá amor por coação, e relação afetuosa é fundamental para a saúde do bebê. Nem deverá ser condição para a matrícula o fato de ela estar trabalhando. Uma coisa não deve estar vinculada à outra, ainda mais que isto só ocorreria verdadeiramente nas classes menos favorecidas que não pudessem pagar por um estabelecimento particular. Creche deve ser um direito da mulher e da criança. Dar proteção àquela é garantir-lhe um lugar especial, que deseje ficar com esta, disposta e disponível para aceitá-la com seus choros, fraldas e sorrisos. Um local onde se ofereçam segurança física e mental e estimulação do seu potencial humano integral.

À introdução das primeiras edições deste livro eu resisti muito em acrescentar esta minha opinião. Talvez pela minha pouca experiência direta com a mãe e seus bebês ou também por serem ainda poucos os estudos sérios feitos a respeito da violência dentro de casa, especialmente a cometida pelos pais biológicos, em parceria ou com a conivência da mãe. Quatorze anos, no entanto, fazem muita diferença quando se permanece interessado em desenvolvimento infantil, estudando e trabalhando; e o progresso do conhecimento neste campo foi imenso. Hoje não são mais apenas intuições que tenho a esse respeito; infelizmente, são certezas. Por isso defendo, com firmeza, a idéia: *uma boa creche deve ser um direito de todas as crianças: pobres ou ricas, tanto faz.*

A obra foi revista e ampliada, especialmente na valorização da figura paterna, que acho que ficou um tanto esquecida na primeira edição. A figura materna é importante, sobretudo nos primeiros meses, mas a figura do pai é também fundamental à formação integral da personalidade, tanto do menino quanto da menina, e hoje já incluo o pai na responsabilidade direta da educação de seus filhos. Por tudo isso, comecei acrescentando um capítulo novo dedicado a uma revisão e reflexão sobre os fatos históricos que marcaram o papel da mulher e da criança, da Antigüidade a nossos dias. Considero a compreensão da nossa história humana essencial a um projeto de educação de crianças pequeninas, política e filosoficamente. Dessa reflexão deve surgir o conceito sobre o que será válido oferecer como creche.

Creche boa será aquela que conseguir oferecer esse calor afetivo que a mãe estaria apta a oferecer; será aquela que acrescentar às suas responsabilidades de proteção da saúde física as de preservação e estimulação da saúde mental, e isso exige cuidados tanto com a criação de um ambiente físico apropriado e específico, como de um ambiente afetivo-social gerado por relações humanas boas, saudáveis, de pessoal *qualificado* especificamente para esse tipo de trabalho *maternal.*

As instalações são importantes para proporcionar às crianças espaço e condições de salubridade essenciais ao seu crescimento, mas não são absolutamente suficientes, por si sós, para desempenhar uma função total no seu desenvolvimento. *O ambiente afetivo e social da creche é tão ou mais importante que o seu aspecto físico, e essas condições devem prevalecer na organização do serviço como um todo.*

Reformas bem-feitas e adaptações de residências podem, muitas vezes, compensar um não tão elevado nível de eficiência e funcionalidade, com um melhor clima de qualidade afetiva. O importante é encarar o serviço como um todo e não subestimar a influência marcante que o serviço da creche vai exercer sobre a formação da personalidade da criança.

Depósitos ou estacionamentos de bebês são formas desonestas, desumanas e perniciosas de resolver o problema das mães que trabalham fora. Inexoravelmente, resultarão em graves conseqüências para o futuro da população caso se alastrem com imaginosas e falsas medidas de "proteção" à família. É nesses primeiros meses de vida que o indivíduo forma, na sua relação com os adultos, os sentimentos básicos que vão caracterizar sua personalidade futura. É, portanto, nessa fase que ocorrem os desvios que podem se tornar irreversíveis no futuro.

Será, portanto, obrigação maior da creche *prevenir* os riscos de desenvolvimento decorrentes da substituição da figura da mãe por adultos despreparados e incompetentes para a realização efetiva de uma educação que integre também os aspectos afetivo e intelectual, como é o caso da babá e da vizinha mercenária, que vendem, exclusivamente, o seu serviço de "olhar" a criança na ausência da mãe.

Com essa finalidade, o presente trabalho oferece noções sobre:

- fatos e reflexões sobre a história da educação infantil relacionada e decorrente do papel da mulher e da criança na sociedade.
- instalação e montagem do ambiente físico, sempre em função das necessidades da criança, tendo em vista a sua saúde e desenvolvimento intelectual;
- noções e referenciais curriculares para montagem de uma proposta de atividades de educação infantil, do bebê à criança de quatro meses.
- organização e funcionamento, levando em consideração os aspectos administrativos e psicopedagógicos que o trabalho envolve, sempre em função do objetivo maior, que é a saúde mental da criança.

A AUTORA

1

A CRECHE: BREVE HISTÓRICO

Do nascimento da primeira creche às atuais houve uma sensível mudança de conceito, em razão do qual se ampliaram seus objetivos e responsabilidades junto à criança. É importante conhecermos a evolução e transformação do papel da mulher e da criança e do lugar que ocuparam na sociedade, ao longo da história, para entendermos os conceitos e preconceitos que envolveram e nortearam as expectativas a respeito do que seria necessário fazer pela infância. Sem este conhecimento, qualquer abordagem sobre o assunto torna-se superficial e incapaz de produzir mudanças substanciais nas políticas de educação atual da criança pequena.

A história revela que o interesse e a dedicação das mães e pais ou família a seus filhos não foram comuns nem valorizados durante a maior parte conhecida da existência do homem na Terra. Houve até mesmo épocas em que a mais ínfima evidência do carinho, interesse ou respeito pelos filhos desapareceu por completo. E foram, talvez, bem mais longos os períodos em que a infância foi, não somente ignorada, mas também rejeitada e, absolutamente, desprezada por toda a sociedade, no que diz respeito às suas crenças, seus valores e seus costumes, e isso inclui a Igreja e o Estado, que por extensos períodos da história entrelaçaram seus poderes, como uma só figura, sem maiores ou mais explícitas definições de limites de função e poder social.

Hoje, pode parecer-nos absurda, até mesmo difícil de acreditar, mas a relação do adulto com a criança, ao longo de toda a história, em diferentes sociedades e épocas, incluindo-se algumas atuais, tem sido sempre mais fortemente influenciada e guiada por necessidades imediatistas e exploradoras do que por consciência de que da formação e educação da infância e do grau e qualidade afetiva de sua relação com o adulto depende, diretamente, a qualidade de vida da sociedade no seu futuro mediato. A criança é sempre a portadora do futuro.

Mais surpreendente ainda é o fato de que este desrespeito pela criança ainda esteja presente em algumas sociedades de hoje. O descarte por assassinato ou venda da filha mulher é amplamente aceito e realizado em várias partes do mundo "moderno", embora seja oficialmente considerado crime. A mão-de-obra infantil ainda é muito difundida em todo o mundo e bastante freqüente e comentada através dos meios de comunicação de massa, no Brasil e na Índia, por exemplo. Dados estatísticos internacionais, comprovadamente sérios, ainda apontam os pais biológicos como os responsáveis pela maioria dos casos de violência contra a criança. Dados levantados no Brasil pelo Centro de Estudos e Atendimento à Criança, da USP, 1996, sob a coordenação do Dr. Cláudio Cohen, confirmam essa tendência e ainda apontam a porcentagem de 75% de abusos sexuais realizados contra meninas, ocorridos dentro da própria casa, como sendo cometidos pelos pais biológicos, contra 12% por padrastos e 6% por pais adotivos. Do restante, 7% são pessoas próximas, como irmãos e pessoas conhecidas da família, os responsáveis pela tragédia. A mesma pesquisa aponta o perfil de 93,5% de a violência sexual ser cometida contra as meninas, ao lado de 6,5% de ser cometida contra meninos. Acrescente-se a todo esse horror o fato de a conivência materna ser um fator comprovadamente constante e possibilitador do incesto. A ciência de hoje comprova que o amor e dedicação dos pais biológicos têm que ser mais questionados e investigados, em vez de aceitos como verdades absolutas, e que o decantado amor materno é, no mínimo, sujeito a dúvidas.

Cantado em prosa e verso, o *amor maternal* foi difundido e mitificado como instinto da natureza feminina "normal", mas, na verdade, foi *inventado* e fervorosamente inaltecido pelo autoritário poder masculino, na busca de sua autopreservação, e tem apenas dois séculos incompletos de idade, o que é muito pouco para uma civilização que, só na contagem da era cristã, já completa dois milênios. A recente Declaração Universal dos Direitos da Criança, iniciada em 1959, pela criação de 10 princípios, numa assembléia-geral da ONU somente foi ratificada em 20/11/1989 (30 anos depois). Movimentos como este, associados a movimentos feministas pós-pílula, ambos ocorridos a partir da metade do século XX, têm-se mostrado úteis no sentido de provocar discussões, reflexões e estudos, além de gerar tendências que, espera-se, possam reverter o atual quadro de desrespeito à mulher e à criança, que não devem ser encarados separadamente, como mostra a história.

Considero de importância capital os educadores e planejadores das políticas sociais e educacionais que ajudarão a esculpir nosso futuro conhecerem as reais motivações que se escondem nas raízes da história da educação infantil, a fim de admitirem e se conscientizarem a respeito do quanto ela foi e, ainda continua sendo, viciosa e manipulada como meio ilícito de adultos, de origem política ou religiosa, se manterem no poder. Sinto muito que esta não seja uma história agradável, mas é preciso enfrentá-la para conhecer seus erros e distorções e cortá-los pela raiz; do contrário, ainda veremos muitas panacéias sendo aplaudidas como medidas corretas de apoio à infância. Tentemos fazer uma breve revisão do passado mais recente.

A pedagogia era um simples ramo da teologia

Na Antigüidade, a criança era tida como fruto de um estigma, pois representava o pecado da carne, que lhe dera origem, o *pecado original*. Representava o mal e acreditava-se que nascia "com o demônio no corpo". Eva, a mulher, encarnava a tentação do pecado. As crianças, dizia-se popularmente, "são o capeta em forma de gente". As pias batismais eram propositadamente construídas em locais, de forma a evitar a passagem do bebê, ainda pagão, pelo interior das igrejas da época. Acreditando-se na maldade intrínseca da criança, havia todo um consenso de que era preciso vigiá-la e disciplina-la, e sua "educação" deveria ser, por isso, essencialmente corretiva e disciplinadora. As punições e penitências, obviamente, faziam parte do elenco de medidas aceitas e prescritas para se levar a criança ao caminho do "bem". Não havia ainda uma parte da ciência que se dedicasse, especificamente, ao assunto educação, e a pedagogia era apenas um pequeno ramo da teologia que indicava a ***doutrinação*** como meio de tornar boa a criança. Era o espírito que deveria ser cultivado, pelo silêncio, sofrimento e temor a Deus. A sua *doutrinação*, como rezava a santa Igreja, era dever dos pais e da família, e isso era tudo que importava saber a respeito do que fazer com as crianças e de como lidar com elas, durante todo o período da Antigüidade. As genealogias são narradas, na Bíblia, exclusivamente pela linhagem masculina. No livro de Êxodo, entre as pessoas que saíram do Egito, guiadas por Moisés, contam-se apenas os homens. As mulheres, crianças e animais são um número indefinido. Isso é apenas um exemplo que mostra como as tradições judaico-cristãs discriminavam as mulheres e as crianças.

O desprezo, o desrespeito e a violência contra a infância estiveram sempre muito presentes na história da civilização humana, embora muitas vezes camuflados por confortáveis fantasias que aliviavam a culpa dos adultos, que maltratavam a criança em nome de Deus ou por outra justificativa disciplinadora. Aos pais, durante muitos e muitos séculos, até passado muito próximo, foi permitido bater e aplicar em seus filhos qualquer sorte de castigo ou punição, mas na Antigüidade este poder era absoluto, defendido e difundido entre todas as classes sociais, de uma maneira inquestionável, até mesmo pela Igreja da época.

Alguns ditos populares, de tão marcantes que foram, como associar o capeta à criança, acabaram sendo, após séculos ainda, empregados por nossos avós e pais e por nós ouvidos, podendo exemplificar muito bem o quanto a criança deveria ser perseguida e contrariada em suas características naturais e os princípios que norteavam a pedagogia. "Muito riso, pouco siso" define o quanto a alegria era considerada insanidade. "O riso abunda na boca dos loucos" confirma o mesmo preceito, que leva a defender o sofrimento do corpo para expurgar o "mal" do espírito. "Putinhos", termo grosseiro no Brasil, é empregado, até hoje, em Portugal para designar crianças travessas e "endemoniadas", e relaciona estas, de alguma forma, à sua origem feminina (má).

O aborto era aceito de forma inquestionável

A ***menos-valia*** da criança era tida e havida sem discussão, e talvez fosse por isso tão fácil dela se ignorar, negligenciar, maltratar ou se descartar. Só isso justifica as mães de classes mais abastadas aceitarem, com muita facilidade e sem sofrimento aparente, os longos afastamentos de seus filhos, que eram entregues às amas-de-leite, de cujas mãos só voltavam anos mais tarde para ser entregues a seus preceptores, que os guiariam, se meninos, no caminho das primeiras letras. Se meninas, o mais provável era serem entregues a um convento, onde aprenderiam o canto e as artes de bordar, enquanto aguardariam um noivo que as fosse buscar, por escolha e contrato de conveniência familiar, é claro. A mulher não gozava do direito sequer de discordar da escolha de seu marido. A manutenção da propriedade e riquezas da família tudo justificava. Os filhos eram posse e propriedade dos pais, também sem vontade própria a considerar. O aborto era permitido, aceito como natural e praticado largamente entre as classes mais abastadas, pois a mão-de-obra infantil valia peso de ouro na família camponesa, como, aliás, até hoje, no interior do sertão brasileiro, e estas eram, por tal necessidade, preservadas. Igreja e Estado fechavam os olhos ao aborto e maus-tratos, pois mulheres e crianças eram consideradas seres inferiores e não merecedoras de atenção maior. Preservavam-se, contudo, com cuidados especiais, os filhos, especialmente os do sexo masculino, herdeiros da realeza ou de grandes proprietários de terra. Estado e Igreja andavam de mãos dadas nesse sentido. Era importante preservar o poder, continuar os nomes de família e estender os domínios sobre a terra. Mesmo assim, pela sua condição pecaminosa e de inferioridade, os filhos deveriam ser logo afastados de sua mãe, pois a amamentação não era aceita com bons olhos se feita por senhoras da aristocracia. Tratada com desimportância e menosprezo, a amamentação era entregue às mulheres de classe inferior, pois estas não tinham dignidade a perder. Aliás, todo contato carnal era tido como pecaminoso e, portanto, condenável. Restrições ao afeto e contatos mais íntimos com o bebê e as crianças eram, fervorosamente, defendidas pela pedagogia teológica, que temia pela formação do caráter da criança, a qual, por índole e de nascença, tendia ao caminho do mal e às tentações do demônio.

É surpreendente, no entanto, para a maioria das pessoas saber que o dogma da "Imaculada Conceição" e conseqüente virgindade de Maria é relativamente recente na história, pois data de 1854, quando o Papa Pio IX declara que Maria havia sido gerada, preservada do pecado original, por uma graça especial de Deus. Nas tradições das religiões judaico-cristãs são exaltadas apenas as mulheres virgens e assexuadas. As fortes, independentes e rebeldes foram, na Idade Média, queimadas nas fogueiras, por serem consideradas bruxas. Elas lidavam com ervas e poções "mágicas", que, na ausência da ciência da medicina, serviam de tratamento às doenças. Como bruxas foram queimadas três milhões de mulheres nos séculos XV e XVI; entre elas, a santa Joana d'Arc.

Não havia indícios da pediatria

A literatura mostrava a criança sob o ângulo da desgraça e da tragédia

O menosprezo pela vida das crianças e das mulheres, especialmente aquelas das classes inferiores, esteve profundamente arraigado, da Antigüidade até meados do século XVIII. É ancestral a discriminação da mulher e da criança nas tradições religiosas judaico-cristãs. Assim como a pedagogia não tinha corpo próprio, a pediatria também não existia e só veio a ser concebida nos finais do século XIX. Médico que se prezasse ofendia-se e recusava-se a desperdiçar seu tempo a atender soluços, tosses, diarréias e outras mazelas infantis. Desses estorvos cuidavam as ***curandeiras***, mulheres de classe inferior, que tratavam com chás, infusões e cataplasmas, feitos pelas próprias mãos, sem nenhum conhecimento, que não o empírico e, menos ainda, sem qualquer noção de higiene, pois era geral o desconhecimento deste assunto naquela época. Morriam crianças em quantidade, ou melhor, "Deus as levava", outro mito bem popular e difundido até poucas décadas atrás. Assim, todos se conformavam com a sorte e o destino das crianças. Era tudo muito simples e conveniente para o poder masculino. Contos e poesias da época, registrados na literatura, colocavam a criança sempre sob o ângulo da tragédia, ligada à morte e ao infortúnio. São inúmeros os exemplos que comprovam a concepção da criança ligada a abandono, sofrimento e toda sorte de maus-tratos, além do papel de inferioridade e desimportância que tinha dentro da sociedade.

Não havia medicina da mulher

As mulheres não tinham melhor assistência dos médicos que as crianças, pois de parto e mazelas femininas, "coisas de mulher", cuidavam as ***parteiras***, que, como mulheres do povo, de condição inferior, podiam "desperdiçar" seu tempo com essa espécie de problemas, sempre associados a sujo, pecaminoso e à culpa. As mulheres deveriam sofrer para ter seus filhos: era seu destino para expiar a culpa de seu pecado. A sociedade patriarcalista a tudo assistia com conformismo e indiferença. Se a pediatria é parte da medicina recente, mais novinha ainda é a obstetrícia, como um bebê recém-nascido; é então a ginecologia, que ainda engatinhava no mundo do conhecimento do corpo da mulher, coisa suja e proibida, concebido, na Antigüidade e mantido até a era medieval, como o avesso do corpo masculino, criado ao contrário do seu formato, para a ele se adaptar e satisfazer. Assim era e foi concebida a ***condição feminina***, voltada para atender às necessidades masculinas. Sem vontade própria e solenemente ignorada em suas necessidades e anseios mais essenciais, a mulher era considerada um objeto descartável, cuja existência só era imaginada em função do homem. Sua finalidade maior era a reprodução de herdeiros, continuadores do nome da família, com vista à manutenção do poder sobre as riquezas e propriedades. Somente as crianças que seriam futuros reis ou grandes proprietários eram motivo de algum cuidado, pois faziam "jus" (portanto, era justo e direito seu), uma vez que eram indispensáveis à manutenção do poder, da propriedade, de um nome de família e da riqueza.

Alguns efeitos da guerra iniciam a defesa da criança

As guerras napoleônicas duraram muitos anos e terminaram por devastar contingentes de homens. Após algum tempo, os exércitos depararam-se com um problema que se tornava insolúvel, que era o de repor seus quadros à medida que as guerras continuavam. Faltavam soldados nos campos de guerra. Não havia mais homens a quem recorrer nas classes inferiores. Os camponeses foram obrigados a deixar seus lares; como conseqüência, a comida também começou a faltar na mesa, e os mais jovens também foram chamados a ocupar seus postos na guerra. Este fato exacerbou a exploração da mão-de-obra infantil no campo e aumentou os maus-tratos e a mortalidade de crianças, junto à cobrança triplicada do trabalho da mulher, que agora, além de receber os rebentos da classe aristocrática para amamentar e cuidar, precisava tocar os seus para o trabalho, alimentá-los (como?), semear, arar a terra e colher. Morriam crianças aos milhares, o que começou a assustar as autoridades. Como repor os quadros militares? Alarmaram-se Estado e Igreja, donos do poder. Começou-se, então, a pensar em preservar a *vida física* das crianças pequeninas, que passaram a ter um valor relativo, como *meio de servir*, como soldado, à defesa das terras da Igreja e do Estado, que ainda se fundiam num só sistema de poder, estabeleciam leis, regras e impunham valores morais e éticos aos indivíduos. O que motivou o início da preocupação com os cuidados com a criança foi, na verdade, a necessidade de preservação das riquezas, das propriedades e do poder do Estado-Igreja. E foi somente em decorrência deste fato que, algum tempo depois, começou-se a condenar o aborto, para refazer a criação de homens do povo e abastecer os exércitos.

A Reforma resulta numa nova concepção da criança

O clima era de revolução e insatisfação generalizada. Contestavam-se valores, atitudes e costumes. A Igreja se divide pelo movimento protestante chefiado por Lutero. Aparece a figura de um ex-católico fervoroso, que se opõe a alguns dogmas da Igreja católica dominante. Era Rousseau, que a enfrenta com novas verdades relativas à educação: "A criança nasce boa e torna-se má, por influência do ambiente à sua volta; sua educação deve ser livre de punições; em liberdade, a criança descobrirá, por ensaio e erro, o caminho para o bem; a infância é um período de ensaio do homem", dentre outras. As teorias de Rousseau marcaram, de forma indelével, os princípios da educação, que determinariam as bases da educação até os dias atuais; porém, os reflexos de sua extremada teoria terminariam, mais tarde, por gerar liberalismos exagerados, que levaram a criança a tornar-se um verdadeiro *tirano* dentro do lar. Essa tirania, que passou a ser aceita como ***artes*** e ***reinações***, supostamente características do mundo infantil, que deveriam ser toleradas com muito amor e paciência por sua generosa mãe que, por instinto, estaria preparada para exercer o desejável papel maternal. Veja-se que ***reinações*** é um termo derivado da palavra *rei* e designa o comportamento esperado de um rei que ocupa o trono, dá as ordens e passa a ser o centro de atenções e mimos, poderes antes só delegados ao filho de um real monarca. A conseqüente desordem dentro do lar promovida pela ausência de limites e indisciplina da criança terminou por torná-la insuportável e alvo constante de ainda mais violência por parte dos adultos próximos. Os reflexos da insegurança dos pais a respeito da adoção de medidas adequadas na formação da criança podem ser sentidos até hoje. Rousseau derrubou conceitos falsos a respeito da educação infantil; mas, indiretamente, criou outros, alguns ruins, que ainda não foram desfeitos totalmente.

Rousseau cria Shofie, *o modelo da natureza feminina "normal"*

O novo modelo de educação ditado por Rousseau só se manteve porque, após a sua obra, *Emílio*, em que descreve a natureza do homem, suas características e destinação, como forte, ativo, chefe da família, corajoso, impetuoso e protetor, ele cria *Shofie*, um exemplo da natureza feminina que, em oposição ao homem, nasce frágil, passiva, submissa, medrosa, cautelosa, desprotegida e não preparada organicamente (biológica, fisiológica e psicologicamente) para pensar ou decidir como o homem e sim para tolerar, com paciência e resignação, que lhe seriam próprias e de sua natureza, as intemperâncias do marido e dos filhos. Essa mulher era indispensável para o fortalecimento da família geradora de filhos. A exemplo de Maria, mãe de Jesus, ela era feita para perdoar, com resignação, toda sorte de infortúnios a que era predestinada a mulher, por natureza. Não era nascida para fazer justiça, pois essa era uma função só permitida ao homem. Caberia a ela cuidar das ***prendas do lar*** e adorná-lo com canto, pintura, bordados e boa música para a satisfação do marido, que era, por natureza, o chefe, o provedor e o cabeça-de-casal, a quem se devia obediência e quem escolhia e determinava o lugar onde deveria se instalar e morar sua família. Ele tinha, por direito, o ***pátrio poder*** sobre todos os seus descendentes, com poderes ilimitados, então. Para a felicidade do lar e de todos, cabia à mulher aceitar, com amor, as *manhas, artes* e *artimanhas* de seus rebentos, afastando-os dos olhos de seu marido, poupando-o, assim, das preocupações e aborrecimentos corriqueiros da vida do lar para que ele gozasse do merecido descanso e paz, a fim de estar sempre pronto para a luta pela vida e manutenção da família. Esses princípios da teoria de Rousseau mostram como a criança ainda era tida e havida como um estorvo, quando recomenda o seu afastamento dos olhos do pai e mantém este, confortavelmente, ausente da educação e da participação direta na vida dos filhos. Era tudo de que o Estado-Igreja precisava para solidificar o seu poder; por isso, a adoção dessa teoria foi tão fácil e influenciou, de forma vigorosa, a organização e costumes da sociedade até os dias mais recentes. Defendida só por homens, dos quais era constituído o governo, foi quase inquestionável durante muito tempo. Como vantagem e para que se tornasse aceitável tal tirania masculina, Rousseau concedeu à mulher um título, o de ***rainha do lar***, que dissimulava o seu papel inferior, mas que, lamentavelmente, foi aceito e enaltecido por muitas e muitas gerações: "Ser mãe é padecer num paraíso." Assim nasceu o *mito do instinto maternal*, que deveria fazer com que a mulher, por instinto, natureza e destino, cuidasse de sua prole por puro prazer e espontânea satisfação... Igreja e Estado ainda eram poderes que se confundiam: o que interessava a um interessava ao outro.

Nota: Observe-se, como exemplo da influência rousseauniana, que no Brasil a lei dava, até os finais do século XX, a mesma autoridade ao marido quanto à escolha do local de moradia e o poder de permitir ou não que um filho seu viajasse na companhia da própria mãe, autorização esta que precisava ser dada por escrito, sendo obtida junto a um juiz de menores. O pátrio poder estabeleceu mais poderes, cuidou de responsabilidades do pai e, praticamente, preservou o pai dos deveres de assistência mais direta a seus filhos. Cuidar de crianças era mesmo coisa de mulher.

O conceito de cidadão não existia

A mulher, assim concebida, de condição inferior, como a criança, não gozava de direitos e muito menos de cidadania. Não havia sequer direitos do cidadão; a cidadania ainda não fora concebida para o homem comum, muito menos para a mulher, menos ainda para a criança. Muita luta ainda será necessária para derrubar esses preceitos que se arraigaram na sociedade, até que sejam totalmente extirpados e realmente se efetivem os direitos estabelecidos na Declaração Universal dos Direitos da Criança, promulgada em 1989. Igualdade de direitos, respeito e cidadania da mulher são essenciais e a base da aceitação efetiva do papel da infância numa sociedade. Os papéis esperados da mulher e da criança estão de tal forma entrelaçados — e a responsabilidade do pai, na educação infantil, ausente de maneira quase absoluta — que resultam quase sempre em traçados de políticas distorcidas e inadequadas. Há que se estabelecerem, com clareza e objetividade, direitos e ***deveres*** para todos os cidadãos, a fim de que o sistema democrático funcione sem falsas proteções demagógicas e pieguismos destruidores da autonomia da mulher, da moral, da justiça e da ética.

A Revolução Industrial e o aumento do abandono da criança

Os abortos ainda permanecem intocáveis, e a violência, uma regra

O nascimento da indústria alterou profundamente a estrutura social vigente, modificando costumes de dentro da família e o papel da mulher dentro de casa, e resultou em grandes mudanças com relação à proteção da criança. Nessa época, a pouca oferta de mão-de-obra masculina, que ainda sofria os efeitos da devastação da guerra, levou as mães pobres para o trabalho fora do lar. Muitas crianças ficaram à mercê da própria sorte, abandonadas pelas ruas. A situação desesperadora obrigou algumas mulheres que conseguiam obter mais recursos de seu trabalho nas fábricas a fazerem uso das ***mães mercenárias***, que vendiam seu trabalho de abrigo das crianças, em lugar de saírem, elas próprias, para o trabalho nas fábricas, e foram conhecidas *como* ***gardeuses d'enfants***. Criou-se uma nova oferta de emprego para as mulheres, mas aumentaram os riscos de maus-tratos às crianças, reunidas, em maior número, aos cuidados de uma única, pobre e despreparada mulher. Tudo isso, aliado à pouca comida e higiene, gerou um quadro caótico de confusão, que terminou no aumento de castigos e muita pancadaria, a fim de tornar as crianças mais sossegadas e passivas. Mais violência e maior mortalidade infantil. O mais importante para o povo era sobreviver, e a negligência e o desprezo pela infância tornaram-se aceitos como regra e costume. Quando morriam crianças, e morriam muitas, era porque Deus preferiu assim. Conformidade em relação à situação de desrespeito à criança era uma constante, como ainda é, pois marcou profundamente muitas gerações. Algum tempo depois, a situação se tornou tão crítica e desconfortável, que algumas mães mercenárias, por "piedade", cuidaram de abreviar o tempo de sofrimento das crianças, especializando-se num novo tipo de trabalho que as transformou em *fazedoras de anjo* (***faiseu-***

ses d'anges, em francês), uma nova especialização no ramo da mão-de-obra feminina, que corria paralelo, em raia própria, à parte do mundo dos homens e da distante sociedade "superior", estritamente masculina, de onde emanava o poder. Mesmo assim continuavam sobrando crianças pelas ruas de Paris.

Em 1774, João Frederico Oberlin, em Paris, França, apresenta a primeira opção, de que se tem notícia, como escola para crianças de dois a seis anos. Apesar de a moral estar baixa, a comida escassa, a saúde precária, a preocupação na França era apenas com as crianças de uma classe emergente, a burguesia, cujas mães começavam a auxiliar no comércio, nas lojas, ao lado do marido, ou substituindo o marido morto na guerra ou acometido pelas doenças que grassavam pela Europa. A idéia não era de abrigo, nem mesmo de escola em horário integral, mas foi a primeira iniciativa voltada para a educação infantil; porém não criou raízes, pois não se assentou em uma linha filosófica que a validasse. Oberlin criou apenas um programa de passeios, brinquedos, trabalhos manuais e histórias contadas com gravuras, mas que já revelava algum conhecimento e afinidade com as necessidades e interesses infantis; por isso, merece este crédito aqui.

Cem anos depois, a situação só se havia agravado. As modificações sociais verificadas em decorrência das novas, e sempre em mudança, estruturas de trabalho afetaram profundamente a organização familiar e provocaram o afastamento da figura materna, que passou a deixar a casa e o filho, para trabalhar fora. Imagine-se o transtorno, já que o modelo de família preconizado ainda girava em torno da mulher e eximia o marido de responsabilidades com a criança. Por filantropia, algumas pessoas resolveram tomar a si a tarefa de acolher das ruas as crianças "desvalidas" (repare-se: sem valor próprio). A sociedade aplaudiu, pois todos queriam ver as ruas limpas do estorvo e da sujeira provocados pelas crianças abandonadas. Destaca-se Firmim Marbeau, em 1844, que cria, em Paris, a primeira *creche*, cujo significado é, em português, ***manjedoura***, lugar onde os *animais* recebem comida para comer (criança à semelhança dos animais). Com este objetivo, ignorando-se as demais necessidades da criança, como abrigo, segurança física e psicológica, carinho, companhia, proteção do adulto e brinquedo, foi criada a primeira instituição, com a específica finalidade de evitar a desgraça em que se tornara o serviço das *gardeuses d'enfants*, transformado, então, em *faiseuses d'anges* (aborteiras). Note-se que a figura masculina, dos políticos em geral, continuava distante das soluções de ordem prática e fechava, confortavelmente, os olhos ao que não queria enxergar.

Apesar de toda a teoria de Rousseau, também nas classes mais altas muito pouca coisa mudara com relação à criança, pois ainda era vista como coisa inferior, que causava toda sorte de estorvos; apenas, porém, deveria ser *tolerada*, pelos dotes instintivos de amor e paciência com a criança, que seriam inatos em todas as mulheres, segundo sua própria natureza e condição *inferior* feminina. Os filhos ainda eram afastados, até aos nove ou 10 anos, da família, e a falta de cuidados físicos e psicológicos gerava a morte dos indivíduos ou perturbações de conduta, pelo sofrimento e abandono. A sociedade, que não se dava conta disso e ignorava os sentimentos das crianças, era conivente e complacente: "É o destino que Deus deu ou quis", e isso não se questionava.

Uma nova classe se expande: a burguesia, e com ela se fortalece o mito do amor materno

Condenada ao sacrifício e à dor impostos pela Igreja da época, a mulher é também constrangida a sublimar seus desejos pessoais em nome do sublime amor materno, que a glorifica e santifica e a submete a ***sofrer num paraíso***. Sacrificar-se pelo filho e devotar-se de corpo e alma à família passam a ser o seu destino inevitável, do qual nunca mais, ou tão cedo, poderá fugir. Os filhos continuam sendo vistos como estafantes desafetos, pois deles ainda se esperava um comportamento de adulto. Para tolerar os "intoleráveis" comportamentos da infância, uma "santa mãe" fora criada. Note-se, no entanto, a força da sociedade patriarcalista, que nunca, até hoje, erigiu o amor paterno em lei universal da natureza, como o fez com o amor materno.

Os burgos cresciam à volta da aristocracia, sem a mesma conotação de classe muito inferior, como eram as dos artesãos e camponeses, e cuidavam dos negócios do comércio crescente. As novas atribuições da mulher, dessa classe social emergente, revestidas de uma aura de santificação e beleza, caíram como uma luva para justificar todo o sacrifício a que tinham que se resignar, "com prazer", as mães da burguesia. Precisavam, muitas vezes, dividir com o marido ou mesmo substituí-lo no trabalho da loja ou da venda de mercadorias e, ao mesmo tempo, não tinham como sustentar uma boa ama-de-leite durante seu horário de trabalho. Inicia-se a dupla jornada de trabalho da mulher rousseauniana, além do seu sentimento de culpa por não exercer adequadamente as funções a que fora predestinada por natureza e instinto. Exploradas, com resignação aparente voltam sua agressividade contida para as crianças e *perpetua-se o inevitável ciclo de violência e pancadaria.* O pátrio poder, para sua comodidade, permitia e estendia às mães esse recurso ou instrumento de contenção dos importunismos dos filhos. A idéia do *instinto maternal* foi sustentada e dissimulada, por longos anos, por sua confortável conveniência para atender aos anseios e aspirações maiores da sociedade, imaginada pelo poder político exercido exclusivamente por homens da Igreja e do Estado. O importante era a necessidade de muita mão-de-obra e de soldados vivos e sadios.

Os milagres do aleitamento materno

A defesa do aleitamento materno, surpreendentemente, teve início por um processo de raciocínio leigo e intuitivo e não foi resultante de estudos científicos da medicina; também não apresentava justificativas ligadas ao bem-estar da crian-

ça, como, mais tarde e até hoje, vêm sendo confirmadas pelas ciências biológicas e da psicologia. Partiu a idéia de um sagaz policial parisiense, que era obcecado em interromper a crescente mortalidade de bebês parisienses, e constatou-se que as mães que não podiam pagar uma ama-de-leite e amamentavam elas próprias seus rebentos conseguiam mantê-los vivos por mais tempo e em maior número. Foi assim que o que antes não era de "bom tom", nem aceito com "bons olhos" (com tolerância) pela sociedade, passou a ser cobrado de todas as mulheres. Não por instinto materno, mas por decisão do poder masculino, acrescentou-se outro dever à santa mãe e rainha do lar, esposa e trabalhadora junto aos ofícios do marido: amamentar a sua prole. A sociedade ainda precisava de artesãos, camponeses e soldados e, com menos urgência, de algumas mulheres parideiras. Novos valores foram-se criando nos novos tempos que se seguiram, e uma boa mulher passou a ser aquela que fosse dona de uma forte barriga e natureza, para que a enchesse e parisse muitas vezes, e saúde e garra para criar uma prole de bom tamanho a fim de logo se povoarem todas as terras da França, incluindo-se as colônias. Com a visão no futuro e para garantir a sobrevivência da classe do poder aos governantes, Igreja e Estado, cujos poderes ainda se entrelaçavam, tudo foi feito para não deixar a classe rica e a burguesia morrerem. Condenam-se aí as *gardeuses d'enfants*, exclusivamente, em nome do Estado autoritário.

Nota: O povoamento do interior de todo o Brasil colonial seguiu os mesmos preceitos e cultivou os mesmos valores, e ainda hoje a mulher pobre sertaneja responde por essas expectativas, pois é valorizada pelo tamanho de sua prole, que está diretamente associado à ajuda no trabalho do campo e assim é, pela moral e por costume, estimulada a gerar mais e mais filhos.

Fase final das guerras napoleônicas

Um movimento político, na Alemanha, contra o autoritarismo despótico do império prussiano faz crescer a influência de um educador preocupado com as crianças na faixa de três a seis anos de idade, visto que era em sua própria casa que se realizavam as reuniões do movimento. Frederic Froebel cria, em 1837, o que chamou de ***Jardim de Infância***, como um ambiente especialmente organizado para promover o desabrochar das potencialidades da criança e o cultivo da liberdade de expressão do pensamento e da criatividade. Foi um grande marco na história da educação da primeira infância, isolado da educação da escola já existente para crianças maiores de sete anos e sem características de ensino preparatório para ingresso nesta. Suas idéias foram mais tarde levadas à Inglaterra e aos Estados Unidos, por intelectuais perseguidos pelo governo, na busca dos ideais da democracia, mas não conseguiram muita penetração nos sistemas de educação vigente. Froebel foi perseguido pelo governo, na Alemanha, e seu Jardim de Infância, fechado alguns anos depois. Este educador deixa princípios que marcarão as bases da filosofia moderna de educação, através de Dewey, no novo mundo da América, que incorpora à Universidade de Chicago um jardim de infância dirigido por uma ex-aluna de Froebel, tornando-se o celeiro da formação de novos educadores: novas concepções sobre a criança; currículo de atividades *centrado* nas suas necessidades e características; papel do educador como um provedor de condições que possibilitem o desenvolvimento da criança.

Brasil-Império

No Rio de Janeiro, em 1832, uma instituição é criada pelo Império, para órfãos abandonados, com todo apoio e aplausos dos políticos e da alta sociedade, mas, na verdade, a finalidade assumida, com toda pompa e circunstância, nada

mais era que ***esconder a vergonha da mãe solteira***. Um instrumento criado para possibilitar o encobrimento da identidade dessa mulher ficou famoso e conhecido como ***a roda***, espécie de portinhola giratória com um dos lados voltado para a parte externa do prédio, onde o bebê era colocado, e equipada com uma campainha que a infeliz mulher tocava para alertar as irmãs de caridade, no interior da casa, de que havia uma nova criança ali abandonada, para que elas, girando a tal portinhola, fossem buscar o bebê. As crianças eram sempre filhas de mulheres da corte, pois somente essas tinham do que se envergonhar e motivo para se descartar do filho indesejado; as pobres precisavam de seus filhos para ajudar no trabalho, e dos filhos das escravas precisavam os senhores abastados. Uma sociedade patriarcal criava solução para os problemas dos ***homens***. O objetivo era único: desvencilhar o pai da responsabilidade de assumir a paternidade. Resultado: hipocrisia institucionalizada formalmente pelo Estado. Não se pode aceitar que isso fosse uma política de proteção à criança; tampouco de assistência à mulher-mãe.

Final do século XIX

A criança era ainda concebida como um objeto descartável, sem valor intrínseco de ser humano. Instituições foram criadas, na época, não pelo poder público, mas exclusivamente pela filantropia, para crianças abandonadas, filhas da ***vergonha da mãe solteira***, numa concepção política e, oficialmente, aceitável, em 1858, no Brasil. Desejável pela sociedade ainda patriarcal, de origem religiosa, que acobertava a paternidade não assumida, em que tudo se justificava. Eram depósitos de crianças abandonadas, onde os castigos e a violência imperavam como instrumentos disciplinadores aceitáveis. As meninas eram criadas para ser domésticas ou moças "bem prendadas" (permanecia a influência de Rousseau sobre a condição feminina), e os meninos recebiam treinamento em oficinas para prover o conforto da classe dominante.

Tudo muito confortável e defendido por políticos, que, na verdade, sempre expressam os anseios da sociedade que representam, e assim perpetuavam a aceitação de uma paternidade irresponsável.

Século XX — USA, Europa, Brasil

A partir do início do novo século, professores e médicos mais audaciosos começaram a aceitar a idéia de que a criança tivesse necessidades e sentimentos próprios. A Igreja mudou também, embora mais lentamente. Nos Estados Unidos começava-se a condenar o fato de deixar as crianças pobres morrerem entregues à proteção filantrópica eventual. Deu-se início às lutas para que fossem institucionalizadas em asilos, lares e estabelecimentos afins. Na prática, porém, a concepção de indiferença permanecia: "Qualquer coisa servia para quem já era desvalido mesmo", era o pensamento dominante.

Outro movimento do início do século, 1909, ligado à educação de crianças excepcionais surge, isolado na Itália, através da médica, Dra. Maria Montessori, cujo método refletia a influência de sua formação católica, na preocupação que manifestava com a formação do espírito. Ela criou a ***escola do silêncio***, onde dava ênfase à disciplina e à introspecção. Preocupação centrada nos objetivos das atividades e materiais específicos em vez de na criança. Ela concebeu, porém, a primeira adequação do mobiliário da escola ao tamanho da mesma e abriu caminho para toda uma revolução do conceito de equipamentos e materiais adequados à educação de crianças, em que ninguém havia pensado antes.

A educação pré-escolar do *pobre* continuou, ainda por muitos anos, sendo de responsabilidade filantrópica, de caráter assistencialista e eventual, especialmente, e dependente das intenções das primeiras damas, que, na expectativa da falta do que fazer, ocupariam assim o seu tempo, dando vazão aos seus instintos de proteção à infância. Perpetuaram-se os princípios de uma sociedade machista e preconceituosa,

com relação à mulher e à infância. No Brasil este quadro chegou quase ao final do século XX.

Para os pobres, uma educação do "seu" nível ainda era a norma, defendida e aceita pela Igreja e pela maioria da sociedade no Brasil. A criança continuava, como "protegida", sempre *tutelada e moldada para o serviço dos mais afortunados* e sem cidadania. A situação se manteve até à década de 1890, com tendências a permanecer mais tempo, porque os valores éticos que ainda sustentam a sociedade são os mesmos: *patriarcais.*

Depois de Freud

Freud reforça ainda mais a visão da natureza feminina frágil e impotente, baseado na análise exclusiva da clientela burgesa que freqüentava seu consultório, acrescentando, como características inatas, a frieza e a passividade sexuais. Confunde sintomas aparentes como causas e descobre na mulher um ***complexo de inferioridade*** (em relação ao homem), inato e não culturalmente adquirido, que atribui à falta do pênis. Vê nas mulheres tendências histéricas e masoquistas, e a sublimação do amor sexual pela amamentação. Gera confusão total entre comportamento inato e biológico com comportamento adquirido. O amor materno mantém-se inquestionável. A educação da criança torna-se uma mistura que tenta embrulhar, no mesmo saco, uma visão permissiva ***para não criar complexos*** e outra muito diretiva e autoritária, que reflete uma grande ansiedade pela formação profissional do filho no seu futuro. Há muita culpa e medo de errar. *Restrição e punição* são quase abolidas do discurso dos pais, mas a violência, na prática, continua... A família rejeita ou não aceita dificuldades na sua criança em relação a desempenhos específicos e que não correspondam ao seu padrão de expectativa educacional do filho. Isto é o mesmo, psicologicamente, que rejeitar o filho e tem o mesmo efeito para a criança. Pais munidos de ótimas intenções incorrem freqüentemente neste erro e comete-se mais violência contra a criança indefesa. Acusam a escola, para se livrarem da culpa, e deixam a criança mais confusa ainda e também cheia de culpa e frustrações. Parecem, no entanto, ser revolucionárias as mudanças no conceito de educação que atravessam o século XX: são aceleradas e, muitas vezes, radicais.

Apesar da nova concepção dos direitos da criança (UNESCO — 1947), ela, na prática, permanece a mesma: educação pré-escolar "compensatória", em oposição ao que a família de classe média ou rica procura dar a seus filhos, embora tudo envolto na mais profunda ignorância do indivíduo criança e de seus direitos. Castigos e violências contra o menor ainda permeiam todas as classes sociais, e a sociedade continua acobertando isso, impunemente. Ninguém gosta daquilo que não se conhece bem, e a criança ainda é um tanto *desconhecida* da maioria da sociedade. Lidam com ela, temerosos e cheios de dedos. "É melhor mandar para a escola" é o dito mais popular, recomendado como remédio para *correção* dos incômodos causados pela criança em casa. A visão da escola como instituição corretiva é subliminarmente induzida, embora não claramente aceita.

Segunda metade do século XX

Depois de Piaget e da pílula anticoncepcional

O comportamento da mulher passa por transformações irreversíveis, depois do advento da pílula anticoncepcional. As relações entre o homem e a mulher sofrem um grande impacto, e seus papéis passam a ser questionados mais abertamente. A educação de crianças, depois de Piaget, se transforma, no início, numa simples corrida à "fórmula mágica" do construtivismo, como puro modismo pedagógico, enquanto professores despreparados, ou até mesmo leigos, procuravam "deglutir" o novo método. Mas, aos poucos, a educação começa a se transformar. A criança, no fundo, ainda não é objeto de muita preocupação, seus sentimentos ainda não são considerados, por mais que o discurso seja Freud, Bettelheim, Piaget, Vigotsk, Howard Gardner ou Goleman. Não se compreende bem a criança como um todo indivisível. Se por um lado os pais estão confusos com a construção dos limites de seus filhos, pulando de um pólo a outro, do excesso de liberalismo à pancadaria grossa quando acaba a paciência, por outro lado coexistem, na cabeça da sociedade, duas crianças distintas: uma, nossa filha, alvo de nossas preocupações e cuidados; outra, a criança pública, vista nas ruas, literalmente, à margem da sociedade. Seus direitos ainda refletem, na maior parte da vezes, uma lição decorada e difundida, com um certo pedantismo, pela classe intelectual, em seu discurso político pomposo, porém vazio, e são usados como camuflagem para encobrir a sensação de estorvo que as crianças, especialmente as abandonadas, causam ao adulto "educado". O excesso de pieguismo parece concebê-las como filhos "brotados" da rua e, como conseqüência, os pais das mesmas não são responsabilizados pelo abandono. Os benevolentes cuidam mais de encontrar justificativas para o fato do que condenar, de frente e corajosamente, a existência real de violência que está embutida na negligência com que tratam seus filhos. Sempre é mais fácil culpar a sociedade, porque assim não se culpa ninguém concretamente.

De qualquer forma, as mudanças vão acontecendo para melhor, mesmo que lentas e aos trancos e solavancos. Agora a mulher começa a adquirir coragem para gritar por seus direitos abertamente, fruto de um desespero contido há muitos anos. Ao todo, 21 séculos da era cristã. É muito tempo. A medicina avançou mais na primeira metade deste século do que em todos os séculos anteriores somados. A medicina da mulher se desenvolveu assombrosamente. O conhecimento sobre reprodução humana avança ainda em velocidade acelerada. A mulher mudou, mudaram-se os costumes e valores. Hoje já se reconhece como real a TPM — tensão pré-menstrual —, capaz de aliviar uma pena criminal de uma mulher em processos judiciais. Embora ainda não se saibam as causas, a depressão pós-parto vem ganhando também a sua aceitação e reconhecimento, como responsável por inúmeros casos de abandono e violência contra o recém-nato, cometida pela mãe, pela constatação de sua freqüência atingir 10% das mulheres após o parto, em qualquer lugar do mundo. Aos poucos o mito do amor materno vai sendo derrubado pela ciência; mas, apesar disso, ainda é difícil aceitar-se o fato de a mãe nem sempre ser a figura idealizada como a mais perfeita educadora de seu filho. Questionam-se agora, porém, os papéis feminino e masculino, e tudo leva a crer que, finalmente, a criança vá encontrar o seu lugar. Rejeição e negligência da criança, porém, são fatos comuns e disseminados e, discreta e convenientemente, malpercebidos.

A creche na legislação atual brasileira

No Brasil, a nova LDB, de 1996, finalmente menciona a creche dentro do sistema de educação infantil, para atendimento da criança de zero a três anos, completando-se com a educação pré-escolar, que visa à criança de quatro a seis anos, e define a educação infantil como sendo a primeira etapa da educação básica, tendo por finalidade o desenvolvimento integral da criança até aos seis anos de idade, em seus aspectos físico, psicológico, intelectual e social, complementando a ação da família e da comunidade. A Lei nº 9.394/96 ainda vai mais além, quando determina, no seu artigo 31, que a avaliação, na educação infantil, far-se-á mediante acompanhamento e registro do seu desenvolvimento, sem objetivo de promoção, mesmo para o acesso ao ensino fundamental. Estes são indícios de que o desenvolvimento infantil começa a ser entendido em suas características e levado em consideração no planejamento do sistema de educação geral.

A vantagem da inclusão da creche dentro do sistema educacional foi a de, *legalmente*, tornar obrigatório às instituições que ofereçam atendimento a crianças de zero a três anos de idade o objetivo educacional, que antes parecia ser facultativo, bastando a essas referidas instituições oferecer abrigo e comida e alguma distração, se tanto, à sua clientela infantil. As leis emanam sempre, com algum atraso, das necessidades da sociedade, e as modificações sociais havidas em decorrência das novas, e sempre em mudança, estruturas de trabalho afetaram profundamente a estrutura familiar e provocaram o afastamento da figura materna, que passou a deixar a casa e o filho para se incorporar à força de trabalho fora do lar, e exigiram novas legislações a respeito. Hoje, não há mais como ignorar a necessidade da creche.

Não só a mãe operária procura trabalho como recurso para aumentar a renda familiar e se afasta, por este motivo, do convívio de seus filhos. Hoje, também a mulher de classe média, professora, médica, engenheira, economista etc., procura o trabalho como fonte de renda ou motivo de afirmação pessoal, que os novos valores da sociedade tornaram importantes. A exigüidade dos espaços e moradias urbanas, no entanto, acrescida da falta de avós e tias que, no início do século, habitavam a casa grande junto à família e participavam dos afazeres domésticos e da guarda ou educação das crianças e que hoje também já se incorporaram à população ativa, é o novo fator responsável pela procura de creches. Esta nova classe social, mais exigente com os cuidados de seus filhos, acabou por conseguir que se incluíssem às responsabilidades de abrigo, higiene e alimentação, antes oferecidos pelas creches às crianças pobres, os cuidados psicopedagógicos só encontrados nos jardins de infância, pré-escolas e escolas maternais, disponíveis, na sua maioria, exclusivamente, às classes mais ricas.

2

A Creche: Conceito Atual

Enfim, hoje, não se aceita mais creche como sinônimo de depósito ou de estacionamento de crianças. Creche é coisa séria. Qualquer que seja o nome adotado pela instituição que cuida de crianças pequeninas, ela tem de se constituir em espaços montados de tal forma que se transformem em ambientes especiais de criar crianças, oferecendo a elas tudo de que precisam para se desenvolverem integral e harmoniosamente, física e psicologicamente, atendendo às suas necessidades físicas, biológicas, sociais, intelectuais e afetivas de forma integrada.

Depois de derrubado o mito do amor materno

A convivência cuidadosa e atenta dentro de instituições que lidam com crianças pequeninas obriga a constatação de que a negligência e os maus-tratos à criança existem e estão presentes dentro de um grande número de famílias, atravessando qualquer classe social. Os sinais que vão desde a aparente negligência e descaso até os de violência física e psicológica estão presentes e visíveis aos olhos dos profissionais mais atentos. Não bastassem os índices de violência infantil constatados por instituições de pesquisa séria, os jornais e a mídia estão constantemente repletos de casos que confirmam a freqüência desses fatos. É portanto necessário que encaremos com honestidade e naturalidade que *a creche deva estar disponível para qualquer criança, independentemente de suas mães trabalharem fora ou não.* Aquelas, cujas mães não sintam prazer em conversar com elas, em fazer-lhes companhia nos brinquedos e, ao contrário, impacientam-se com suas travessuras ou enfadam-se com a monotonia de suas brincadeiras, estarão mais protegidas e mais convenientemente estimuladas intelectual e psicologicamente, se acolhidas numa instituição especializada e com profissionais de educação qualificados. A sociedade precisa estar consciente de que *nem todas as mulheres*, mesmo aquelas que podem ficar em casa sem trabalhar fora, estão geneticamente programadas para gostar de cuidar de crianças, fazer mingaus e papinhas, dar banhos ou brincar de carrinhos e bonecas 24 horas por dia. A sociedade não deve culpá-las e sim oferecer-lhes uma estrutura de amparo que lhes permita desenvolver seus interesses para depois, satisfeitas, curtirem com prazer e qualidade a relação com seu filho, em período menor, ao buscá-lo na creche. Com essa medida, evitar-se-ão, em muito, as violências e, com certeza, teremos lares e famílias mais felizes, o que será benéfico para toda a família e, portanto, para a sociedade. Contrariando a tese e a crença na existência do amor maternal inscrito, necessária e universalmente, na natureza feminina, precisamos aceitar a fragilidade e imperfeição desses laços afetivos, que podem existir ou não, de forma mais forte ou quase imperceptível, manifestando-se igualmente por todos os filhos ou por apenas um; finalmente, *encaramos a existência de uma mulher real, com qualidades e defeitos, para adequarmos o sistema educacional a essa realidade e não mais a uma fantasia.*

Objetivos da creche atual

Creche existe para exercer, pela família (embora não assumindo o seu lugar), os cuidados básicos de saúde (física e mental) e educação, da criança a partir dos três meses de idade, durante o horário de afastamento dos pais, prestando-lhe assistência integral, em qualquer parte do dia, às vezes até início da noite, cuidando de sua segurança física e emocional, com a inclusão de todos os cuidados relativos a:

1. segurança;
2. higiene;
3. alimentação;
4. afeto;
5. educação.

Durante os primeiros anos de existência da creche (França — Paris, 1844), sua finalidade limitava-se ao recolhimento de crianças pobres da rua, visando esconder da sociedade a miséria existente. As violências cometidas dentro dessas instituições contra as crianças eram imensas, pois ignoravam-se seus interesses, características e necessidades, incluindo as de ordem afetiva. Em Nova York (1854), 10 anos depois das primeiras creches francesas, as crianças eram recolhidas apenas no período de inverno para abrigá-las do frio intenso. A comida dependia da existência de verbas ou de doações de voluntários. É possível imaginar o quadro de tristeza, maus-tratos e muito sofrimento que deveria tomar conta do ambiente. Mesmo no início deste século, eram ainda as associações filantrópicas que se ocupavam desses serviços, algumas dando maior ou menor importância à alimentação das crianças, sempre sujeitas às verbas de que dispunham, e à higiene, que também dependia do quadro, sempre flutuante, de pessoal voluntário disponível, quase sempre desqualificado. Brinquedos eram sempre fruto de doações, quando estas existiam, e não eram escolhidos de forma adequada, nem havia estrutura planejada para sua guarda e utilização; em conseqüência, logo se destruíam. Conhecidos como lares e asilos, em geral, nada mais eram que prisões, outra forma de violência, tacitamente aceita pela sociedade, e um reforço de campanha de políticos inconscientes que alardeavam a sua inauguração ou manutenção como um grande feito de sua responsabilidade. De uma forma quase absoluta, a educação infantil esteve, até finais deste século, entregue, quase exclusivamente, à iniciativa filantrópica, o que prova que a vontade política governamental não existia, e fortaleceu o preconceito de que a educação de crianças era, por natureza, obrigação da mãe, "coisa de mulher", dentro de casa.

Somente nos tempos mais recentes surgiu a preocupação em oferecer às crianças as condições necessárias para seu desenvolvimento florescer em sua plenitude máxima. Em resposta a novas exigências da sociedade, ampliaram-se seus objetivos e responsabilidades, e a creche ainda passa por transformações. Hoje, já não é bastante recolher crianças da rua, abrigá-las e alimentá-las; há todo um consenso da sociedade, que exige condições de afeto, calor humano e estimulação intelectual, reconhecendo-as como essenciais para desenvolver qualidades humanas para o bem e para sua educação integral. Estudos criteriosos feitos por especialistas, que não podem mais ser ignorados, apontam os altos riscos para o desenvolvimento a que estão expostas as crianças que, por desventura, perdem muito cedo suas mães ou por elas são abandonadas. Desgarradas da família, tornam-se marginais, na própria acepção da palavra; severamente desajustadas, causam um enorme risco à sua própria sobrevivência e à da sociedade. O carinho e a atenção do pai e da mãe e de adultos de referência, responsáveis, não são apenas importantes, mas essenciais ao desenvolvimento afetivo-social e intelectual do bebê. Todas as demais ações da creche, além de proteção e alimentação, devem, portanto, estar subordinadas ao atendimento psicopedagógico, construído sobre sólidas bases afetivas, que substituam, durante o período de afastamento de casa, a ação dos pais para permitir que a criança cresça forte e segura emocionalmente. Pode-se dizer, portanto, que aos objetivos iniciais que visavam exclusivamente à saúde física, relacionados à higiene e alimentação, acrescentaram-se os que visam à saúde mental e desenvolvimento cultural, relacionados aos aspectos psicológicos: emocionais, sociais e intelectuais.

Experiências que levem à individuação, descoberta e formação do eu e desenvolvimento da auto-estima devem prevalecer, num trabalho de educação de crianças menores de seis anos, especialmente nos três primeiros anos de vida, sobre quaisquer outras, devendo ser motivo de preocupação e cuidado de pais e educadores. Segundo o professor de psiquiatria infantil da Universidade Federal Fluminense, Dr. Jairo Werner, esta fase corresponde ao que chama de "momento profilático da educação, durante o qual ainda é possível prevenir os futuros desajustes do indivíduo. O trabalho da creche e sua responsabilidade, portanto, devem residir principalmente em dar espaço, oportunidade e estímulo, de base social-afetiva, para a criança crescer e oferecer situações de sucesso, a fim de que ela possa querer continuar crescendo, de forma natural, segura e feliz".

Conceito atual de creche

Creche é, dentro do conceito atual, um ambiente especialmente criado para oferecer condições ótimas que propiciem e estimulem o desenvolvimento integral e harmonioso da criança *sadia* nos seus primeiros três anos de vida. A verdadeira finalidade da creche é responder pelos cuidados integrais da criança na ausência da família. É por este motivo que existe.

O grifo é proposital. É importante não confundir a creche com hospital, clínica ou enfermaria, que têm estrutura para receber uma criança doente. Quando adoece, a criança deve ficar em casa, onde deve ser tratada até sua total recuperação. Criança doente na creche, além de não receber a devida atenção pelo fato de a instituição não oferecer local nem profissionais adequados à necessidade específica, põe em risco a saúde de todas as outras crianças.

Nota: Embora a nova LDB, de 1996, preveja o atendimento à criança de zero a três anos de idade como aquele a ser prestado por uma creche, é importante que se ressalve a sua contra-indicação a qualquer serviço que estimule o afastamento prematuro do bebê de sua mãe, especialmente nos primeiros três meses de vida. Pediatras, psiquiatras infantis, psicólogos de todo o mundo têm se manifestado contrários a medidas que permitam, ou nem sequer admitam, esse tipo de procedimento. Políticas sociais têm sido criadas em todo o mundo, defendidas até mesmo pela ONU e UNICEF, com a finalidade de manter a mãe próxima de seu bebê, estendendo até o período inicial de licença-maternidade, de três meses, para mais cinco ou seis, a fim de ampliar o tempo de amamentação do lactante. Mas não é a amamentação o motivo único que torna essencial a proximidade do bebê de sua mãe; é todo um processo de vinculação em que um se mantém ligado, afetivamente, ao outro e que produz o fortalecimento desses laços, fundamentais ao desenvolvimento da saúde psicológica dos dois, mais diretamente envolvidos, que defende a manutenção do bebê em casa junto à sua mãe. Já há até todo um consenso em torno da importância da presença também do pai junto à mulher e sua cria, pois essa vinculação se faz a partir das primeiras horas e se torna real, se se mantém a relação contínua por um período maior. Por outro lado, a presença do pai conforta e apóia a mulher nesses momentos difíceis e, muitas vezes, exaustivos dos cuidados com o bebê e dá suporte e complementa as atividades vulgo "maternais" de trocar fraldas, segurar para arrotar, dar banho, remédios, papinhas etc., dividindo com a mulher, desde os momentos iniciais, as responsabilidades de criação da criança. Políticas que ensejem o fortalecimento da família precisam defendê-la no seu nascimento e não após a criança estar crescida "com defeitos de nascença". Pai, mãe e filho formam um triângulo socioafetivo, fundamental para a criança e a família. Por todos esses motivos, a autora entende e antevê que, enquanto não houver uma clara redefinição a respeito do papel da mulher no contexto da família, em seus reais anseios e no de sua cidadania, as políticas de proteção à infância não se estabelecerão de forma conveniente ao atendimento à criança. O mito do amor materno precisa ser derrubado, e levantado, sem preconceitos, o valor do pai na relação afetiva com seu filho a partir do nascimento, pois ambos, pai e mãe, são essenciais à formação e individuação do ser humano. A ação dos dois se completa e pode oferecer uma melhor qualidade em conjunto, pois nem sempre a mãe é tão sublime e paciente, capaz de satisfazer, sozinha, as necessidades de seu rebento. A criança precisa crescer sob a influência e estimulação dos dois opostos que se completam, o masculino e o feminino, para organizar-se como indivíduo pleno na sua sexualidade e personificação, e isso começa a se estruturar desde as primeiras horas, primeiros dias e primeiros meses de vida. Os que fazem a cabeça da sociedade (Igreja) e os que fazem as leis (Estado) precisam se preocupar mais seriamente com a formação integral do seu cidadão.

Especificidade do trabalho da creche

Embora outras instituições conhecidas como escolas maternais, jardins de infância e pré-escolas possam atender à criança da mesma faixa etária, o que caracteriza a creche é o seu tipo de atendimento, cuja finalidade é o atendimento às necessidades de horário e responsabilidades familiares, e distingue-se das outras justamente pela sua maior ou total flexibilidade de horário de funcionamento, período de férias e de matrícula, e pelo fato de que deve acrescentar às atividades psicopedagógicas as de higiene e alimentação, que são facultativas às primeiras. Embora a atual LDB as distinga, apenas pela faixa etária, como instituições semelhantes no trabalho que oferecem — a creche, atendendo a crianças de zero a três anos, e a pré-escola, de quatro a seis anos —, é bem grande a diferença do serviço que se presta nos dois tipos de instituição.

Diferenças fundamentais entre creches e pré-escolas

Horário de funcionamento. Numa creche o período de estada da criança é, em geral, bem superior ao oferecido por uma escola maternal, jardim de infância ou pré-escola, nomenclaturas ainda encontradas na prestação de serviços de educação a crianças abaixo de sete anos, e normalmente não há horários rígidos de entrada ou saída que geralmente são determinados pelos responsáveis para sua maior comodidade. Uma creche pode oferecer modalidades diferentes de período de atendimento à criança: em um turno ou em período integral ou horários diferentes, em alguns dias da semana; seu compromisso primeiro é ajustar-se às necessidades da família.

Período de matrícula. Diferente da escola maternal, jardim de infância ou pré-escola, a matrícula na creche pode ser realizada em qualquer época do ano, pois não está sujeita ao calendário escolar e sim, mais comumente, à data de retorno do período de término da licença-maternidade da mãe ou início de trabalho de quem seja responsável pelos cuidados da criança, nascimento de um irmão ou qualquer problema típico de ordem familiar. Nenhuma lei proveniente do sistema educacional pode alterar isso sem comprometer as reais finalidades do serviço da creche.

Período de férias. Cada estabelecimento pode determinar o período de férias de forma que atenda às suas necessidades, como férias do pessoal, reciclagem da equipe, reforma do prédio, obras de pintura etc.; diferente das pré-escolas, jardins de infância ou escolas maternais, que obedecem ao calendário escolar. Em verdade, o fator determinante de maior peso costuma ser a lei de mercado, que regula a seleção feita pela família, no ato da matrícula, de acordo com seus interesses particulares. Há até creches que só suspendem o atendimento à criança nos grandes feriados de fim de ano e carnaval, mas é importante que se defenda a vantagem de a creche determinar um período de um mês por ano, pelo menos, para reorganização do trabalho.

Forma de grupamento das crianças. A creche goza de maior liberdade na organização de seus grupos e pode organizá-los, ou não, por faixa etária, sendo muito comum a existência de grupamentos mistos em idade, organizados segundo normas informais, mais naturais e afetivas. Há creches parisienses, onde a norma é justamente a formação de grupos com diferentes tipos de idade cronológica, com a finalidade de se reproduzir um grupamento mais semelhante ao familiar. Esse tipo de trabalho exige, contudo, uma estrutura física e de pessoal mais elaborada.

Equipe profissional. A creche, diferente das escolas, precisa contar com os serviços de uma equipe de profissionais de nível superior, tanto da área de educação, quanto da de saúde: pedagogo, psicólogo, pediatra e nutricionista, que devem orientar seus esforços no sentido da interdisciplinaridade de suas ações, que devem estar centradas no desenvolvimento integral da criança, tentando, ao máximo, evitar fazer de seu trabalho uma colcha de retalhos, destruindo o caráter de unicidade da mesma.

Currículo. Da mesma forma que nas escolas maternais, jardins de infância e pré-escolas, o currículo numa creche deve ser eminentemente centrado na criança, com características de atendimento mais psicológico que pedagógico e realizado de forma ainda mais assistemática, com a diferença mais significativa de estar centrado em um maior número de necessidades, visto que seu trabalho se estende à alimentação, sono e higiene, em que a atuação psicopedagógica também se deve exercer.

Características de funcionamento. O funcionamento da creche é bastante mais complexo que o das escolas maternais, jardins de infância e pré-escolas. A creche precisa se organizar para atender desde bebês, com fraldas e mamadeiras, a crianças maiores, que, não raras vezes, alcançam a idade pré-escolar dentro da mesma instituição, pela disponibilidade de horários e tipos de serviço que oferece, que atendem a pais que trabalham fora o dia inteiro. Uma boa creche deve oferecer um trabalho, em parte semelhante àquele que ocorre dentro de uma residência de uma grande família, que acompanha e supervisiona brincadeiras no jardim, apanhando sol, brincadeiras com água no quintal, jogos, histórias, desenhos, pinturas e modelagem, bonecas, carrinhos e caminhões que se realizam entre os horários do banho, do soninho e da alimentação de bebês e irmãos mais velhos. As atividades psicopedagógicas devem ser, em tudo, semelhantes a uma boa escola maternal ou jardim de infância e, embora gozando de maior informalidade, devem ser planejadas e controladas com profissionalismo, diferente do que ocorre dentro de casa, dirigido por familiares leigos. A creche só não deve procurar ser semelhante a um hospital. É necessário fazer esta observação, aqui, pois, como a maior parte das determinações sobre instalação e funcionamento de creches, no Brasil, tem emanado do Ministério da Saúde, alguns modelos criados tenderam a se confundir com enfermarias que, como o próprio nome esclarece, se destinam a crianças *enfermas*, e este não é, absolutamente, o caso da creche. ***Creche é para criança sadia***, por definição. Criança doente deve ficar em casa, no seio da família ou, na pior das hipóteses, hospitalizada. Além dos riscos de contaminação que uma criança doente pode oferecer às outras, pediatras, educadores e psicólogos defendem, veementemente, o tratamento feito em casa para acelerar a sua recuperação, onde possa receber uma atenção efetivamente superior em qualidade afetiva, de preferência da própria mãe ou pai, indispensável à consolidação da cura. Por outro lado, a instalação e a montagem de um serviço hospitalar, mesmo que de pequeno porte, dentro de uma creche a inviabilizariam financeiramente. O que uma creche tem que oferecer é um local para o isolamento de uma criança que adoeça durante o período de sua estada para que possa dar a ela o conforto físico e psicológico, necessário à sua recuperação, e repouso longe do burburinho natural do ambiente infantil. Afastada do grupo, diminuem-se os riscos de contágio, e ela pode aguardar, com maior tranqüilidade, a chegada do seu responsável para levá-la para casa.

Instituições paralelas

Há ainda muitas outras instituições que prestam assistência à criança pequena, que não se constituem em creches, embora muitas vezes se apresentem com este título e, por isso, devem ser mencionadas aqui, para que o leitor saiba distingui-las da creche.

Asilos. Instituições públicas ou privadas, mantidas por associações filantrópicas, que cuidam de menores órfãos, abandonados ou carentes sérios, em regime de internato permanente, que foram também conhecidos pelo nome de *pupileiras*. Normalmente, oferecem apenas abrigo e alimentação, e nenhuma assistência psicopedagógica através de jogos, artes e brinquedos, ou conforto afetivo, terminando por se transformarem em verdadeiros presídios de criança; em conseqüência, lançam mão de muita violência, a fim de controlarem a disciplina dentro do estabelecimento. Outro aspecto negativo é o de propiciarem, não de propósito, o afastamento da família, que, aos poucos, diminui o número de visitas, desinteressa-se e se desvincula da criança totalmente. Famílias não constituídas e vítimas da miséria são, por necessidade e conseqüência, as maiores provedoras de crianças desses estabelecimentos, que, por contingência, terminarão no abandono total. O problema é muito grave, pois é mais fácil um órfão conformar-se com a sua sorte do que uma criança, filha de pais vivos, enfrentar a violência do descaso e abandono. Isso, não raras vezes, prejudica sua formação emocional e moral, irreversivelmente. Condenar a existência de asilos me parece um tanto irresponsável e demagógico; cuidar da melhora dos serviços por eles prestados, uma utopia difícil de alcançar; mas, certamente, estará no enfrentamento das raízes do problema, a ***paternidade irresponsável***, a sua solução. Solução de ordem legal, social e judicial. Medidas de assistência à mulher, desde a sua adolescência, e educação sexual dos jovens são absolutamente necessárias para se evitarem os efeitos do descaso atual. Tudo isso ainda precisa estar aliado a políticas paralelas de crescimento econômico, possibilitando à nação arcar não só com os custos da educação e assistência global de todas as crianças vítimas da pobreza e da desestruturação familiar, como também da necessária assistência materno-infantil, pois este é um serviço irremediavelmente dispendioso, caríssimo.

Lar vicinal ou vizinha crecheira. Casas de família, ou chefiadas apenas por uma mulher, que atendem até 10 crianças em regime de internato ou externato, neste caso, durante o período em que a mãe trabalha fora, na sua maioria, não submetidas a inspeção, controle ou orientação, quer das secretarias de educação, quer das de saúde. Algumas, poucas, em relação ao número das existentes, recebem apoio de associações filantrópicas, no que se destaca a OMEP, na capacitação do profissional e na intermediação de recursos para prover a alimentação das crianças. A grande maioria, no entanto e infelizmente, deve se assemelhar aos serviços proporcionados pelas *guardeuses d'enfants*.

Creche comunitária. Usando instalações geralmente improvisadas e inadequadas, algumas mães se juntam em trabalho comunitário e dividem entre si a tarefa de cuidar dos próprios filhos. Toda sorte de deficiência cerca este tipo de trabalho. Embora se preze a boa vontade das mulheres que se prestam, voluntariamente, a cuidar dos menores, os resultados nem sempre se econtram entre os melhores. Associações da OMEP, sempre que conseguem estabelecer um laço, por iniciativa de qualquer das partes (da OMEP ou da própria creche), procuram oferecer apoio, assistência e orientação, desde a organização da infra-estrutura de trabalho, passando pela capacitação do pessoal, até o estabelecimento de convênios que possibilitem algum apoio para a melhoria da alimentação das crianças, compra de brinquedos e material psicopedagógico, conseguindo sensível melhoria na qualidade do atendimento prestado à criança.

Nota: A OMEP (Organização Mundial de Educação Pré-Escolar) — organização não-governamental —, foi criada em 1948, no pós-guerra, sob a supervisão da UNESCO, e tem por finalidade defender o direito da criança, assumindo, na prática, o papel de consultora da UNESCO e UNICEF para este fim. No Brasil, seu início se deu em 1952, no Rio de Janeiro, sendo oficialmente reconhecida em 1953. A OMEP atua em todo o país através de suas federações nos Estados e de suas associações municipais, realizando, principalmente, trabalhos em parceria com instituições públicas e privadas, defendendo o profissional competente para agir com as crianças e atuando na sua formação e capacitação. A sua ação se destaca como agenciadora, mobilizando influências civis organizadas em prol dos direitos da criança. É uma organização filantrópica que funciona com o trabalho de voluntários. Contribuiu, no final dos anos 80, para o reconhecimento da criança como cidadã, desde o seu nascimento, sujeita a direitos plenos. Grande parte dos avanços constitucionais relativos à infância, aqui descritos e defendidos, se deve a esta instituição.

Creche pode ser o melhor lugar para uma criança crescer

Se construída e planejada para oferecer condições ótimas de estímulo ao seu desenvolvimento, através de um trabalho calcado em bases afetivo-sociais, a creche pode ser, realmente, um lugar perfeitamente adequado para a criança crescer, mesmo estando afastada de seu ambiente caseiro e familiar. Com o pé na realidade, baseados na compreensão dos fatos, costumes e tradições da história de nossa civilização, já podemos afirmar que o fato de ser familiar não é garantia de ambiente saudável e livre de conflitos. *Façamos então a defesa da creche como um direito ao bem-estar da mulher e da criança.*

Digamos:

Sim à creche profissional que ofereça, além dos serviços de abrigo, higiene, segurança e alimentação, também o de ***educação,*** como estimulação psicopedagógica de seus talentos intelectuais inatos, envolvidos pela cultura, tradições e valores de sua comunidade.

Sim à educação realizada através de atividades de livre escolha da criança, fundamentada em seus talentos e capacidade pessoal, que constrói a cidadania e forma o sujeito político, em vez de escolarização formal, embasada em tendenciosos treinamentos pseudopedagógicos.

Sim a um sistema educacional que funcione voltado para a garantia dos **Direitos da Criança** e das necessidades da ***família***, integrado a esta e sua continuação, que dê igual destaque ao papel do pai e da mãe e situe a criança sempre dentro deste triângulo, que lhe dá raízes e sustentação na construção do seu ***eu*** psicossocial.

Em contrapartida, digamos:

Não à creche assistencial, protecionista e paternalista que perpetua uma população dependente e marginal, deslocada da sociedade, que a financia.

Não à creche filantrópica ou pública servida por voluntários que, ainda que muito bem-intencionados, não formam uma equipe permanente e, dessa forma, não podem propiciar a indispensável vinculação afetiva, que garanta a saúde mental da criança, através de adultos que possam ser tomados como referência, o que é essencial para sua segurança afetiva básica.

Não à creche-estacionamento ou depósito que subestima e violenta a criança quando a trata como um objeto que pode ser manipulado ou entretido por diferentes pessoas, sem com estas criar vínculos afetivos, em que este compromisso essencial à sua saúde mental não seja assumido. Esses estacionamentos podem iludir pais bem-intencionados e criar um mercado muito rentável, mas, certamente, não serão apropriados para dar a devida atenção e segurança emocional a uma criança pequenina.

Não à creche leiga, disfarçadamente, designada como alternativa e sempre destinada à população mais pobre e indefesa, como um descarado desrespeito aos direitos da criança e da sociedade. Associações filantrópicas, como a OMEP, *precisam ganhar maior apoio do poder público* a fim de realizar sua ação de intermediadoras com vista à qualificação da mão-de-obra e provimento de materiais básicos ao tipo de serviço. Com certeza, pelo custo muito alto de uma creche, a prestação deste serviço ainda deverá ser, por muito tempo, realização da iniciativa particular filantrópica, combinada a ações do Estado. Mas que seja desta forma, como a OMEP se propõe a fazer e já tem o conhecimento de como fazê-lo.

Nunca à creche como uma escola formal que se organize em horários, provas e períodos letivos rígidos e convencionais alheios às necessidades da vida familiar, pois essa não é a natureza de seu trabalho.

3

Clientela e Grupamentos

Uma das primeiras responsabilidades da direção de uma creche é estabelecer uma forma de grupar as crianças, seja por idade, afinidade ou por desenvolvimento, evitando utilizar as terminologias adotadas nas escolas e jardins de infância, das quais quer, com certeza, se distinguir. Com este objetivo, faz-se necessário atender a alguns conceitos importantes para que a organização que vier a dar a sua clientela seja objetiva, funcional e clara.

1. ALGUNS CONCEITOS IMPORTANTES

Grupamento

Por grupamento deve-se entender todo conjunto maior de crianças que englobe vários grupos menores, todos organizados segundo algum critério ou característica, que na creche seriam **berçário e maternal**. Acho preferível e aconselho o emprego da terminologia *grupamento* em lugar de *série* ou de *período*, a fim de não estabelecer nenhum vínculo com ensino fundamental ou com a pré-escola, que se utilizam desses termos para designar os grupamentos maiores.

Nível

Dentro de cada grupamento maior, berçário e maternal, podem-se organizar grupamentos por nível que correspondam à idade cronológica ou de desenvolvimento e que sejam identificados por números arábicos ou romanos: 1, 2 e 3 ou I, II e III. Dessa forma, poderíamos ter: berçário 1 e 2, e maternal 1, 2 e 3, evitando-se o uso do termo *série*, utilizado pelas escolas.

Grupo

Por grupo deve-se entender cada conjunto de crianças que freqüentem as mesmas salas, participam das mesmas atividades, nos mesmos momentos, sob a coordenação de um ou dois adultos educadores, que passarão a ser seus adultos de referência, com os quais o grupo deverá estabelecer relações de afinidade. Na minha opinião, é preferível se utilizar o termo *grupo* em lugar de *turma*, embora tenham praticamente o mesmo sentido, para desvincular-se da idéia de escola, que se utiliza, com maior freqüência, da palavra *turma* para o mesmo fim.

2. RELAÇÃO DE ADULTO POR GRUPO

A concentração de crianças, durante o trabalho de montagem de grupos, deve atender à disponibilidade de adultos existentes na creche. É da maior importância não se deixar exceder o número de crianças de um grupo sem o respectivo aumento do número de educadores.

A relação adulto-criança e a quantidade destas, em cada grupo, são diretamente responsáveis pela qualidade das relações afetivas e possibilidade de desenvolvimento da linguagem das crianças e conseqüentemente desenvolvimento intelectual; portanto, é fundamental, no trabalho e organização dos grupos, que o diretor responsável pelo estabelecimento atenda os padrões mínimos recomendados a seguir.

A determinação do número de crianças pode levar em consideração, desde o início, o estabelecimento de dois adultos para cada grupo, a fim de que seja possível a qualquer um deles afastar-se para prestar auxílio a uma criança, enquanto o outro fica com o resto do grupo.

RELAÇÃO ADULTO-CRIANÇA

IDADE	PADRÃO BOM	PADRÃO ÓTIMO
Berçário de 3 a 12 meses	2 adultos para 6 ou 8 bebês	1 adulto para cada 3 ou 4 bebês, sendo, no mínimo, 2 adultos por grupo
Maternal 1 de 12 a 24 meses	2 adultos para 10 ou 12 crianças, com auxílio de 1 babá	1 adulto para cada 6 crianças, sendo, no mínimo, 2 adultos por grupo
Maternal 2 de 24 a 36 meses	2 adultos para 16 ou 18 crianças, com auxílio de 1 babá	1 adulto para cada 8 crianças, sendo, no mínimo, 2 adultos por grupo
Maternal 3 de 36 a 54 meses	2 adultos para 18 ou 25 crianças, com auxílio eventual de 1 babá	1 adulto para cada 12 crianças, sendo, no mínimo, 2 adultos por grupo, com auxílio eventual de 1 babá

3. TIPOS DE GRUPAMENTO

A. Grupamento homogêneo por faixa etária

De uma forma geral os seres humanos têm uma tendência muito acentuada para classificar e agrupar objetos e pessoas por suas características comuns mais marcantes e objetivas, fazendo supostamente ***grupos homogêneos***. A rejeição por ***grupos heterogêneos*** ou mistos, segundo normas mais subjetivas, como por afinidade, é flagrante; o mesmo acontece nas creches, embora grupamentos feitos de forma mais espontânea e natural possam obter muito bons resultados por se assemelharem mais à vida familiar. Creches e escolas dão preferência, de uma forma geral, ao trabalho realizado através da divisão e grupamento das crianças segundo sua faixa etária, às vezes até de forma excessivamente rígida. Na verdade, quando o número de crianças for razoavelmente grande, o grupamento por idade facilita a organização dos grupos e do trabalho, apresentando as seguintes vantagens e desvantagens:

Vantagens

1. **Simplicidade** — por usar um critério único e de fácil constatação, que qualquer funcionário da creche pode fazer, bastando consultar a certidão de nascimento da criança.

2. **Objetividade** — não dá margem a dúvidas ou erros na organização dos grupos; basta consultar a certidão de nascimento da criança.

3. **Lógica** — um critério lógico e matemático indubitavelmente sempre facilitará a organização.

Desvantagens

Se adotado de forma inflexível, não levará em conta outros critérios mais subjetivos que possam atender, de forma mais adequada, as necessidades da criança ou da família. Não havendo inflexibilidade da direção e havendo bom senso e cuidado na organização dos grupos, podem-se, com sucesso, conjugar os dois critérios, cedendo, de vez em quando, a motivos mais subjetivos.

B. Grupamento por desenvolvimento

Não há, exatamente, um único modelo perfeito de grupamento a ser seguido como padrão. Em qualquer caso, o que deve haver é bom senso na organização dos grupos, pois o objetivo dessa divisão deve ser, exclusivamente, a qualidade do trabalho obtida através da sua facilitação e funcionalidade. Por exemplo, não se justifica separar dois bebês de quatro meses de dois outros de oito meses, apenas porque suas características são diferentes. Havendo espaço razoável, podem ser mantidos juntos sob os cuidados dos mesmos profissionais. A subdivisão, quando excessiva, eleva muito o custo do trabalho, o que o torna, às vezes, inviável.

O essencial é organizar o trabalho sempre em função de cada grupo formado e oferecer as condições básicas a cada grupo para que suas crianças se desenvolvam de forma saudável.

A decisão de colocar uma criança nova em determinado grupo deve-se dar pelas reais características de seu desenvolvimento e não pela idade cronológica, pois são elas que determinam o tipo de trabalho que predomina no grupo. No caso de crianças novas, perguntas habilmente feitas à mãe, durante a entrevista inicial, prestam as necessárias informações. Ainda durante os primeiros dias de adaptação, alguma alteração pode ser feita na escolha de seu grupo. Nada justifica, porém, transferir criança de grupo depois de suas relações afetivas estarem estabelecidas dentro dele. *O aspecto afetivo-emocional deve prevalecer sempre sobre quaisquer outros critérios.* Se a transferência, por algum motivo imperioso, se tornar necessária, devem-se dar à criança chance e tempo para adaptar-se ao novo grupo, sem forçá-la.

As características marcantes de cada grupamento, apresentadas no quadro a seguir, são as de "entrada" ou referentes à "passagem" de um tipo característico de trabalho para outro. De uma forma geral, os períodos de duração entre as "passagens" são de um ano letivo, a partir do Maternal 1. De preferência, as crianças de cada grupo (ou turma) devem permanecer juntas até deixarem o estabelecimento.

C. Grupamento por afinidade

O segundo critério seria o grupamento misto, que organizaria os grupos levando em consideração o seu período de ingresso na creche, modificado ou combinado com critérios de afinidade e de parentesco, segundo o qual as crianças teriam acesso a grupos em que demonstrassem obter maior grau de satisfação, segurança afetiva e melhor relacionamento interpessoal, incluindo a melhor afinidade e comunicação com o educador do grupo. Esse tipo de grupamento, embora não seja racional, nem lógico, é o que apresenta características de maior espontaneidade e naturalidade, por ser de natureza mais psicológica e emocional e ter maior semelhança com o grupamento familiar, pois manteria os irmãos no mesmo grupo. Este é o gênero de grupamento realizado nas creches de Paris.

Vantagens

1. **Estimulação natural** — proveniente da ação da criança mais velha exercida sobre a mais nova, que, em família, resulta nas respostas "inteligentes" dos caçulas, decorrentes do convívio com irmãos mais velhos, por cujos "poderes" e força se sentem irresistivelmente atraídos.

2. **Solidariedade** — resultante do convívio dos mais velhos com os pequeninos, que, no desejo de se afirmarem como fortes, terminam por se solidarizar com os mais fracos e desenvolvem sua tendência natural de oferecer proteção e carinho.

3. **Reforço afetivo** — resultante dos sentimentos de proteção e cooperação próprios da convivência sadia entre crianças de idades variadas, que as leva a estabelecerem regras e acordos para o bem-estar do grupo:

- Os mais novos precisam pedir ajuda e aprendem a recebê-la dos mais velhos, a gostar deles e se sentem protegidos entre eles.
- Os mais velhos aprendem a ajudar e a gostar de fazê-lo pela gratificação pessoal que recebem em função da admiração que os menores devotam a eles, fazendo que se sintam poderosos e reforçando sua auto-estima.

É preciso lembrar que creche não é escola, e o grupamento natural misto é o mais rico em experiências afetivas, essenciais à formação do homem, quer como ser social, quer como ser inteligente. Na criança o aspecto afetivo é indissociável do aspecto intelectual. Ela pensa por suas sensações, e os sentimentos influenciam seus julgamentos, a maneira de pensar, decidir ou fazer escolhas. Ela pensa guiada pelas emoções.

Minha experiência com grupamento misto, utilizado durante os primeiros dois anos de direção da creche do Instituto de Educação do Rio de Janeiro, me levou a reconhecer as vantagens e riqueza relacionadas ao crescimento afetivo-social das crianças, porém, fui obrigada a reconhecer também as dificuldades em manter esse tipo de trabalho, quando a clientela, no terceiro ano de funcionamento da creche, havia crescido muito, ultrapassando 60 crianças. O aumento substancial de crianças de forma repentina, sem possibilidade de aumento correspondente do espaço físico e capacidade de fazer as necessárias adaptações do prédio, inviabilizou a continuidade do sistema de grupamento misto.

O grupamento misto, por afinidade, torna-se impraticável também, quando um grande número de crianças ingressa na creche na mesma época. A inexistência de laços afetivos, estabelecidos anteriormente entre as crianças, dificulta o grupamento afetivo, que não pode ser forçado por imposição. Talvez porque ele não faça parte da nossa cultura, há dificuldade de as crianças maiores aceitarem as pequeninas.

Na França esse sistema é adotado, e para isso a creche oferece um salão de atividades para cada grupamento, onde há espaços para os grupos etários se subdividirem por atividades de seu interesse. Cada grupo misto não ultrapassa 15 crianças, e cada salão tem seu banheiro, com boxe, mobiliário adequado às crianças maiores, colchonetes, bebês-conforto e cadeirões para os bebês. Num dos cantos do salão, separadas por um biombo baixo, ficam as caminhas dos maiores junto aos bercinhos dos pequeninos. Nas prateleiras há livros e brinquedos de todos os tipos, adequados às diferentes idades.

Recomendo que esse tipo de grupamento seja realizado no ínicio de uma creche, enquanto sua matrícula permanecer baixa ou com crescimento vagaroso. Pode-se trabalhar com poucos profissionais e utilizar todo o espaço da creche, exatamente como numa residência, além de obter as vantagens proporcionadas pelo sistema misto.

4. MONTAGEM DOS GRUPOS

A. Grupos por faixa etária

BERÇÁRIO	1	crianças de 3 a 6 meses
BERÇÁRIO	2	crianças de 6 meses a 1 ano
MATERNAL	1	crianças de 1 ano a 2 anos
MATERNAL	2	crianças de 2 anos a 3 anos
MATERNAL	3	crianças de 3 anos a 4 anos

B. Grupos por desenvolvimento

<table>
<tr><td>BERÇÁRIO</td><td>1</td><td rowspan="5">Conforme as características de desenvolvimento apresentadas pelas crianças</td></tr>
<tr><td>BERÇÁRIO</td><td>2</td></tr>
<tr><td>MATERNAL</td><td>1</td></tr>
<tr><td>MATERNAL</td><td>2</td></tr>
<tr><td>MATERNAL</td><td>3</td></tr>
</table>

C. *Grupos por afinidade*

Os grupos vão-se constituindo pela data de ingresso no estabelecimento à medida que forem matriculados, sendo permitido que freqüentem livremente cada grupo, mas com apoio e na companhia de um educador, até que a criança descubra o de sua preferência, em que deverá se fixar. Leva em torno de 15 dias para que cada criança se vincule a um dos grupos definitivamente.

5. CARACTERÍSTICAS DAS ATIVIDADES POR GRUPAMENTO

As atividades naturais de uma creche assumem características próprias a cada tipo de grupamento, de acordo com as peculiaridades de desenvolvimento que as crianças apresentem, podendo variar do bebê, que ainda durma a maior parte do tempo, à criança maior, que já apresente total autonomia na marcha, necessária ao seu deslocamento. O importante no trabalho da creche é tornar-se flexível o suficiente para adequar-se às necessidades e características das crianças, quaisquer que sejam. É o currículo que tem que se centrar sobre o desenvolvimento da criança e ajustar-se às suas necessidades e não o contrário.

O quadro a seguir apresenta a relação de adequação das atividades e responsabilidades do adulto educador (*coluna da direita*) às características de desenvolvimento apresentadas pelas crianças (*coluna da esquerda*). O quadro destaca também grupamentos que podem se reunir por características semelhantes, começando do ***berçário I***, indo até o grupamento denominado ***maternal III***. É importante ressalvar, porém, que todas as ações do adulto educador precisam estar, necessariamente, envolvidas num clima de acentuada afetividade. Não haverá qualidade efetiva no trabalho do adulto educador se este realizá-lo mecanicamente, executando as atividades descritas de forma automática e impessoal. É preciso que toda a ação do adulto educador, junto à criança, se caracterize pela indispensável colaboração mútua. Ambos devem sentir prazer naquilo que estiverem fazendo juntos, mesmo que pareça ser uma simples troca de fraldas ou um banhinho de chuveiro. A qualidade do atendimento pode ser facilmente observável pelo orientador psicopedagógico do estabelecimento. Se não houver um clima de alegria espontânea no ambiente, há algo errado que precisa da sua intervenção imediata.

GRUPAMENTO POR DESENVOLVIMENTO

BERÇÁRIO 1	
Características mais marcantes da criança	*Características predominantes da ação do educador*
• bebês que não engatinham • dormem por longos períodos • alimentação líquida	• embalar no colo • dar mamadeira segurando o bebê no colo • dar banhos de imersão e chuveirinho; trocar fraldas • estimulação suave por períodos breves, apoiada no uso da voz baixinha, carícias físicas e acalantos

BERÇÁRIO 2	
Características mais marcantes da criança	*Características predominantes da ação do educador*
• bebê que engatinha	• incentivá-lo a deslocar-se arrastando-se ou engatinhando, atraído pela voz suave do educador e por brinquedos coloridos
• alimentação pastosa	• alimentá-lo no colo ou na cadeirinha alta
• aumenta os períodos de vigília	• aumentar os estímulos e brincadeiras por períodos mais longos • fazer muito uso do espelho
• compreende pequenas frases	• trocar fraldas, cantar e conversar com voz suave, acariciando-o
• dá passinhos trôpegos e cambaleantes	• usar a barra de locomoção sob espelho horizontal
RELAÇÃO ADEQUADA NO BERÇÁRIO	1 adulto para cada 3 ou 4 bebês, sendo, no mínimo, 2 adultos por grupo

MATERNAL 1	
Características mais marcantes da criança	*Características predominantes da ação do educador*
• anda bem livremente	• acompanhar de perto suas andanças
	• brincar com ele de rolar no chão
	• incentivá-lo a brincar de gatinhas sobre o chão liso e macio
• ainda chora para pedir o que deseja	• prestar atenção individual e direta durante os diálogos com a criança
• aponta objetos • fala algumas palavras • compreende proibição simples	• enumerar as partes de seu corpo, incentivando-a a repetir os nomes
• aprende a apontar partes do corpo • imita gestos de adulto	• acompanhar com gestos a linguagem da criança, ajudando-a a compreender o significado
	• folhear com ela livros ilustrados, apontando as ilustrações enquanto enuncia os respectivos nomes
• não controla urina nem fezes	• ajudá-la a usar o urinol
• alimentação sólida	• ajudá-la a comer com uso de uma colher auxiliar
• aprende a usar a colher e o copo	• incentivá-la a usar o copo e a colher
RELAÇÃO ADEQUADA NO MATERNAL	1 adulto para cada 6 crianças, com auxílio de 1 babá, sendo, no mínimo, 2 adultos por grupo

MATERNAL 2	
Características mais marcantes da criança	*Características predominantes da ação do educador*
• sobe escada com apoio das mãos, de gatinhas, com relativa facilidade • sabe correr, fugir e esconder-se	• estar presente e vigilante • estar presente ativamente em suas brincadeiras de correr, trepar e esconder • ensinar brincadeiras de roda
• fala designando-se na terceira pessoa • fala de coisas ausentes e usa de três a quatro palavras por sentença	• usar diálogo direto, podendo, às vezes, conversar com grupos de três ou quatro crianças, havendo proximidade física e afetiva
• ouve com atenção pequenas narrativas apoiadas em livros coloridos e ilustrados	• contar historietas com ilustrações grandes e coloridas
• acompanha música com o corpo, executando movimentos ritmados	• usar música de discos, fitas sonoras ou de instrumentos musicais
• bate no tambor com pauzinhos, tentando extrair sons	• fazer uso do tambor, pandeiro, xilofone, caixas e latas vazias
• revela grande interesse por brinquedos de puxar e empurrar ou arrastar	• fazer uso de brinquedos de puxar e de empurrar sobre rodinhas
• retira da boca alimentos que não lhe agradam	• ter paciência e carinho na introdução de alimentos novos
• retira o papel da bala antes de comer (gradativamente vai se tornando independente)	• incentivá-la e apoiá-la na iniciativa de fazer sozinha o que já é capaz • ajudá-la e incentivá-la a usar o prato e a colher
• exerce, cada vez mais, maior controle da micção e evacuação	• ajudá-la, com carinho, no uso do vaso sanitário e higiene pessoal

MATERNAL 2 (cont.)	
Características mais marcantes da criança	*Características predominantes da ação do educador*
• tira algumas peças de roupa com facilidade e, no fim do período, consegue vestir o *short* ou as calcinhas	• ajudá-la somente no que for preciso
• começa a demonstrar interesse na companhia de um coleguinha	• estimular conversinhas entre duas ou mais crianças
• percebe detalhes de forma e tamanho, revela uma crescente memória • revela grande interesse por brinquedos de empilhar e de introduzir peças	• empregar jogos de forma e tamanho, cubos de encaixe e de empilhar e brinquedos de introduzir peças em espaços vazados
• aprecia muito tampar, destampar e mexer	• oferecer panelas e bules com tampas e colheres de pau para mexer
• revela, por vezes, grande atração em introduzir pequenos objetos em orifícios	• tampar furos das tomadas de luz e afastar da criança contas, sementes e botões
• revela grande interesse na manipulação de objetos, "vê com as mãos" e mexe em tudo	• oferecer atividades livres e criadoras de desenho, modelagem, pintura com os dedos e colagem
RELAÇÃO ADEQUADA NO MATERNAL	1 adulto para cada 8 crianças, com auxílio de babá, sendo, no mínimo, 2 adultos por grupo

MATERNAL 3	
Características mais marcantes da criança	*Características predominantes da ação do educador*
• sobe escadas sozinha, apoiando uma das mãos, mas sem alternar os pés • corre, pula, escorrega com agilidade e rapidez • dá impulso sozinha no balanço, movimentando seu corpo • convida companheiros para brincar, participa com satisfação de atividades de grupo	• estar atento às suas andanças • acompanhá-la nas brincadeiras ao ar livre, de correr, de pular etc. • incentivá-la a erguer seu próprio corpo nas barras, argolas e cordas • propor jogos de bola, de corda e de correr como brincadeiras coletivas • fazer comentários orais com a criança sobre observações de pequenos animais, coisas da natureza e brinquedos, que já podem ser feitos em grupo, desde que acompanhados de material concreto
• usa o pronome *eu* na linguagem corrente	• ter à sua disposição um espelho vertical grande para observar imagem por imagem
• necessita experimentar papéis diferentes que lhe dêem força, poder e beleza, fazendo isso através do jogo do faz-de-conta	• oferecer material de dramatização: roupas de pai, de mãe, capas de super-heróis, capacetes, camisas de homem, véus de noiva, perucas, colares, pulseiras etc.
• necessita experimentar, através do mundo da fantasia, as situações que vive na família	• oferecer material da vida do lar: fogão, panelinhas, pratos, colheres, xícaras, bonecas, caminhas e roupas de boneca, telefone etc. • apresentar peças em teatro de bonecos, varas e ao vivo

MATERNAL 3 (cont.)	
Características mais marcantes da criança	*Características predominantes da ação do educador*
• sua linguagem apresenta um grande desenvolvimento, usa o tempo passado, aprende a reconhecer seus colegas pelo nome • faz associações de parentesco entre seus colegas e respectivas mães ou responsável mais freqüente	• contar muitas histórias rimadas • contar histórias de livros ilustrados • ampliar os momentos de conversa particular ou em grupos
• toma iniciativas de ação cada vez mais freqüentes • recusa sempre a ajuda do adulto • reage quando contrariam sua vontade, insiste em realizar seus desejos	• estimular suas iniciativas para independência, mas estar presente e disponível para prestar auxílio quando necessário
• chutes e mordidas podem-se tornar freqüentes, reforçados pelo sucesso, caso se revelem úteis na dominação de coleguinhas • revela grande interesse por jogos	• usar de carinho, firmeza e coerência na sua educação • manter a criança ocupada em atividades escolhidas por ela • empregar jogos de encaixe, de superposição, de enfiar e de construção, usando blocos e peças coloridas, de diversos tamanhos • empregar jogos de discriminação de cor, forma, tamanho e textura

MATERNAL 3 (cont.)	
Características mais marcantes da criança	*Características predominantes da ação do educador*
• os movimentos das mãos se aperfeiçoam • come bem, sozinha • lava as mãos e toma banho sozinha, com alguma ajuda	• oferecer atividades livres e criadoras de modelagem, desenho, pintura com dedos e pincéis, recorte e colagem • ajudá-la a arrumar o seu lugar à mesa e objetos de uso pessoal • ajudá-la a vestir as roupas mais difíceis
RELAÇÃO ADEQUADA NO MATERNAL	1 adulto para cada 12 crianças, sendo, no mínimo, 2 adultos por grupo, com auxílio eventual de babá

4

O Currículo de Atividades

De acordo com a nova Lei de Diretrizes e Bases da Educação Nacional, a Educação Infantil tem por objetivo geral desenvolver as capacidades inatas da criança de zero a seis anos e integrá-la no meio social em que vive. Segundo as diretrizes e parâmetros dessa nova lei, para se desenvolver o trabalho pedagógico deve ser traçado um plano de curso em que sejam determinados os *Conteúdos Conceituais*, *Procedimentais* e "*Atitudinais*" (*sic*), de forma integrada, definido por *Áreas de Estudo* e por Faixa Etária. Nesta proposta, a autora preferiu não subdividi-lo por faixas etárias, na tentativa de evitar a produção de compartimentos estanques, pois a opção por um trabalho de estimulação, como a defendida neste livro, realizado pela adoção do trabalho diversificado livre e criador, prescinde e desaconselha qualquer nivelamento previsto por idade cronológica, feito *a priori*, e aceita como verdadeiro apenas aquele alcançado pela própria criança como resposta aos desafios de um ambiente estimulador. O leitor, contudo, poderá facilmente organizar o seu plano de curso por faixa etária, caso assim o deseje, observando a seqüência de comportamentos previsíveis, segundo faixas de idade, acompanhado das sugestões de atitude aconselhável do educador, já descritas neste livro em capítulo anterior.

Por Currículo de Atividades de uma creche deve ser entendido o conjunto de todas as experiências oferecidas, sob sua responsabilidade, a fim de promover o desenvolvimento pleno da criança, suas capacidades inatas e sua integração social no meio em que vive. Tudo aquilo que acontece com o bebê ou a criança, da hora de sua entrada no estabelecimento, sua recepção, à hora da saída, sua entrega aos responsáveis, faz parte do currículo de vida e aprendizagem, age sobre a sua formação e influencia na estruturação de sua personalidade. Se positivas e estimulantes, essas experiências estarão contribuindo para o seu desenvolvimento. Se negativas, ao contrário, poderão estar contribuindo para a existência de bloqueios ou quaisquer dificuldades de aprendizagem.

Cabe à creche, como sua responsabilidade primeira, a promoção de experiências que estimulem o desenvolvimento das capacidades de cada uma das crianças sob os seus cuidados. Algumas dessas atividades serão de rotina, relacionadas à troca de roupa, banho, higiene, sono e alimentação. Outras serão referentes a experiências estimuladoras do desenvolvimento afetivo, intelectual e social. Embora na prática elas se interpenetrem, pois mesmo as atividades de rotina devem estar sempre envolvidas numa relação afetivo-social, de caráter educativo, entre o adulto e o bebê, e sejam geradoras de conhecimento, para efeito didático elas serão enfocadas neste livro separadamente.

É agindo e interagindo com os adultos e outras crianças à sua volta que a criança constrói o seu conhecimento e as bases da estrutura de sua personalidade. Essas experiências, resultantes da ***ação*** da criança sobre o meio ambiente, podem ser de caráter físico, intelectual, social ou afetivo, mas todas contribuirão, de forma integrada, para o seu desenvolvimento. Portanto, quando falamos do currículo de uma creche, estamos nos reportando às atividades da criança, proporcionadas, intencionalmente, por esta creche. Isto quer dizer que, embora deva predominar a informalidade sobre a formalidade, essas atividades precisam ser pensadas e planejadas para que ofereçam as melhores e mais completas oportunidades de crescimento e de construção de conhecimento, quer seja físico, quer seja intelectual, quer seja de cunho afetivo-social, abrangendo uma ou mais *áreas de estudo*, ou seja, atividades de rotina como banho, troca de fraldas, de roupa, recepção, alimentação, sono ou despedida.

O trabalho do educador consistirá, basicamente, em selecionar os estímulos adequados à promoção do seu desenvolvimento, tendo sempre em mente a criança como um todo indivisível, peculiar e único, com suas potencialidades e dificuldades, tendo por objetivo o desenvolvimento de suas potencialidades e o encorajamento para vencer eventuais dificuldades, valorizando mais a integridade psicológica da criança do que uma visão centrada em características isoladas de sua personalidade. Por mais diferentes que possam ser os educadores entre si, um ponto comum deve caracterizar a sua ação: o de centrar-se sobre o desenvolvimento da criança, importando-se *mais* com sua *segurança afetiva básica*, como fator essencial ao desenvolvimento, do que com qualquer outro objetivo. Da qualidade da relação do adulto educador com sua criança dependerá todo o sucesso do currículo oferecido pela creche. A pessoa com quem constrói vínculos afetivos estáveis é sempre um mediador seu, que sinaliza e a motiva a adotar condutas, valores, hábitos necessários ao convívio social.

Bases da educação infantil da creche ou pré-escola

É na primeira infância, de zero a seis anos, que o indivíduo forma hábitos, valores, atitudes e constrói as bases de sua personalidade. Qualquer ação psicopedagógica planejada para essa faixa etária tem que estar implantada em fortes bases afetivas, pois o desabrochar da inteligência se faz envolvido em profundas emoções, todas frutos da convivência do aluno com o seu educador. O planejador não deve conceber a criança como somatório de intelecto e personalidade como partes fechadas e isoladas em si mesmas, mas sim compreendê-la como um indivíduo completo e integrado, em formação de sua personalidade, em que qualquer intervenção do meio deixará gravadas marcas na sua maneira de ver, de pensar e de sentir. Por exemplo: temer reações adversas do adulto ou esperar dele uma postura de proteção e apoio; muitas das atitudes em relação à vida se aprendem muito cedo, em função de as experiências sofridas em suas tentativas de relacionar-se e receber conforto do adulto por quem seja cuidado terem sido ou não positivas e gratificantes. Querer resolver problemas ou desistir de procurar soluções inteligentes e honestas e se acomodar também são atitudes que se formam nos seis primeiros anos de vida, assim como construir uma sexualidade feminina ou masculina também pode ser influenciado, devido ao papel que lhe foi supostamente imposto por expectativas do meio familiar e confirmado pelo círculo social mais próximo. Considerar as opiniões e os direitos alheios são aprendizagens essenciais ao raciocínio inteligente, que precisam ser construídas e envolvem experiências de disputa de brinquedos ou lugares, resolvida, democraticamente, ao longo de repetidas situações cotidianas e reais que não têm hora ou local previsto para acontecer, nem podem ser tratadas como matéria pelo professor. São experiências sociais de uma creche ou pré-escola natural e democrática que precisam de uma mediação consciente do educador.

Quando fatos são bem assimilados, quer sejam conceitos físicos ou sociais [valores morais], a estruturação do raciocínio torna-se mais organizada e coerente. E por isso é de suma importância, pois só o conhecimento prévio, bem estruturado, permite à criança interpretar fatos novos da realidade, com mais riqueza e mais rigor. Cada estrutura posterior é sempre construída pela elaboração de uma estrutura anterior, e estas se tornam parte das novas estruturas, como resultado de uma seqüência de experiências vividas. Não há hora, local ou conteúdo predeterminados a dirigir e sistematizar a ação educativa numa creche, cujo educador precisa estar liberado e disponível para atuar, centrado nas necessidades da criança no momento necessário e sob a influência dos estímulos do ambiente daquele momento.

Os Três Eixos da Educação Infantil

O *Referencial Curricular para Educação Infantil* determina três grandes eixos em torno dos quais todas as atividades psicopedagógicas do currículo devem girar: *o brincar, o movimento e o conhecimento de si e do outro.*

O brincar

"A intervenção intencional baseada na observação do brincar das crianças, oferecendo-lhes material adequado assim como um espaço estruturado, permite o enriquecimento das competências imaginativas e organizacionais infantis. Cabe aos profissionais organizarem atividades de brincar que sejam definidas como tais e que sejam diversificadas para propiciar às crianças a possibilidade de escolherem entre as diferentes opções, elaborando de forma pessoal e independente os conhecimentos e seu estilo de trabalho futuro." (*Referencial Curricular da Educação Infantil*, pág. 23.) Este eixo vai determinar que a metodologia adotada seja o trabalho diversificado, criativo, de livre escolha, em conformidade com os preceitos defendidos por esta autora há mais de 20 anos. (Ver *Educação Pré-Escolar*, desta autora.)

Determinado como eixo curricular, o *brincar* poderá se apresentar nas diferentes formas, todas obrigatórias na educação infantil, permeando todas as atividades curriculares:

a) brincar com papéis ou faz-de-conta;
b) jogos de construção;
c) jogos com regras.

O movimento

No início da vida e na primeira infância é através do ato motor que a criança se aproxima do mundo. O movimento precisa ser visto pelo planejador na sua função não apenas cinética de deslocamento, mas na sua função tônica, ou seja, "nas variações musculares responsáveis pela qualidade dos gestos, pela manutenção de posturas e pelo equilíbrio, que não resultam necessariamente em deslocamentos ou em ação sobre objetos, mas que têm um papel fundamental na expressão da criança"... "cuja eficácia está na interação com o meio social". (*Referencial Curricular da Educação Infantil*, págs. 41 e 42.)

Ainda sobre o mesmo enfoque de valorização do movimento, o Referencial Curricular justifica a finalidade do movimento como Eixo Curricular, que deverá:

a) permitir oferecer um caminho para as trocas afetivas;
b) facilitar a comunicação;
c) sustentar a percepção;
d) sustentar a reflexão mental;
e) sustentar a expressão de idéias;
f) apoiar a construção do sujeito;
g) possibilitar a exploração do mundo físico e o conhecimento do espaço.

Segundo este novo enfoque, temos agora de forma legal a defesa sobre a não-permanência da criança parada, ouvinte e obediente às ordens de um professor, esperando que lhe entregue uma folha ou brinquedo e aguardando que lhe diga o que fazer; mas sim, ao contrário, como sempre foi defendido pela autora em suas publicações anteriores sobre educação pré-escolar, "a preparação de atividades e de projetos para creches, pré-escolas e instituições afins deverá contemplar o movimento de dimensão que ele merece ter". Com o ambiente, visto em seus aspectos físico, social e emocional de forma integrada, é que o planejador de currículo deve se preocupar. Não será suficiente ter hora e local para correr ou ter aula de educação física, dança ou natação. Não bastarão mais espaços livres e materiais abundantes, *mas liberdade para que a criança se movimente em busca de uma atividade, de forma livre, que ela possa escolher entre várias opções* e que ela possa interagir no meio social, discutindo suas idéias e preferências, aproximando-se do educador e dos coleguinhas a fim de expressar suas intenções ou receios. Que a comunicação possa efetivamente se realizar "olho no olho e pele com pele", fator essencial para que uma criança pequenina se comunique com alguém. Ela precisará de momentos de "rodinha", sentada à volta do adulto ou no seu colo mesmo e, sobretudo, deverá ter permissão de aproximar-se deste para expressar seus desejos e suas angústias; e não estar sentada em cadeiras enfileiradas esperando, imóvel, que o adulto lhe dirija, distante, a palavra, como acontece no ensino fundamental. Para efeito didático somente, podemos descrever este ***ambiente educativo*** em aspectos distintos:

a) ***Físico*** — diz respeito ao espaço, sua organização, equipamentos próprios e materiais adequados;

b) ***Social*** — diz respeito à permissão para se movimentar e escolher o que fazer, com o que e com quem brincar, dentro dos limites combinados com o grupo, sob a coordenação do educador;

c) ***Emocional*** — diz respeito à disponibilidade afetiva do educador para aceitar a aproximação da criança e saber ouvi-la, atendê-la; diz respeito ao clima social democrático do ambiente, em que as relações possam ser positivas e acontecer sem medo; diz respeito à garantia de direitos fundamentais, como liberdade de expressar seus sentimentos e opiniões, e à consciência gradativa de seus limites.

Conhecimento de si e do outro

"O estabelecimento de um clima de segurança, confiança, afetividade, incentivo, elogios e limites colocados de forma clara e afetiva dá o tom de qualidade da interação entre educadores e crianças." (*Referencial Curricular da Educação*

Infantil, pág. 80.) O educador consciente de que o vínculo é para a criança uma fonte contínua de significados reconhece e valoriza a relação interpessoal. É preciso que o educador seja espontâneo, verdadeiro e autêntico na sua relação com a criança, respeitando-a como parceira de interação. Caso encontre dificuldades em estabelecer vínculos prazerosos com alguma delas, deve procurar ajuda da equipe para encontrar uma solução. O eixo de trabalho com identidade e autonomia deve ser também regido pela ética, norteada pelo respeito, liberdade, solidariedade e cooperação. Gradativamente, a criança aprende a ser autônoma, num movimento contínuo de avanços e retrocessos em sua independência física, motora, social, intelectual e moral, e isso é sempre resultado da qualidade da convivência dentro do grupo e, em especial, da relação e vínculo que estabelece com o adulto de referência, que funcionará como mediador cooperativo no seu crescimento pessoal e social.

PARÂMETROS — ÁREAS DE ESTUDO — CONTEÚDO E PLANO DE CURSO

Áreas de Estudo

O espírito que envolveu os educadores responsáveis pela concepção dos *novos Parâmetros da Educação Infantil* foi bem mais evoluído que dos anos anteriores, porque hoje não apenas admitem, mas também determinam e demarcam as áreas de estudo e respectivo conteúdo, que até poucos anos atrás eram consideradas inadmissíveis como proposta de trabalho pedagógico junto a crianças de idade inferior a três anos. Também se aperfeiçoou, tornou-se mais real e clara a distribuição das áreas de conhecimento infantil, o que torna mais fácil e objetivo para o educador elaborar um plano curricular. A autora faz aqui apenas uma ressalva quanto à importância de subordinar qualquer planejamento de currículo a certos princípios, que vão descritos adiante, para que não se perca o caráter integrativo que deve predominar e não se transforme o currículo numa colcha de retalhos, o que aconteceria encarando-se indevidamente as áreas de estudo como disciplinas isoladas, a saber:

1. CONHECIMENTO DO MUNDO
2. ARTES VISUAIS
3. LÍNGUA ORAL
4. LÍNGUA ESCRITA
5. MATEMÁTICA
6. MÚSICA

CONHECIMENTO DO MUNDO

A exploração do meio ambiente é a ação que propicia a construção do conhecimento, das ciências físicas, naturais e sociais. Os fatos e fenômenos da natureza e do meio social são os verdadeiros geradores da motivação da criação, que, dessa forma, procura, age, observa, experimenta, vê, pega e cheira e se apropria do conhecimento, constrói para si uma idéia a respeito do fato que experimentou e sentiu com todo seu sistema orgânico sensorial e emocional. O conhecimento do mundo não deve ser encarado como o fim da educação, mas como meio, através do qual, pela sua construção e apropriação, a criança cresce construindo conceitos, dominando procedimentos e estabelecendo atitudes que facilitarão a sua adaptação ao mundo a seu redor: "conteúdos conceituais, procedimentais e atitudinais" (*sic*). O conteúdo relativo a esta área de estudo será relacionado e sugerido adiante.

ARTES VISUAIS

A expressão de seus pensamentos e emoções através das artes plásticas e visuais, assim como sua sensibilização à produção artística também devem ser encaradas como meio e conteúdo de crescimento e adaptação ao mundo. O domínio das cores, formas, volumes e texturas, nos seus diferentes matizes, nuances e combinações, propiciará a construção e o desenvolvimento de conceitos, procedimentos e atitudes que agirão como facilitadores da sua capacidade de expressão e de adaptação ao mundo: *crescimento*. Nesta área serão objeto de estimulação as inteligências: lógica espacial e lingüística. O conteúdo relativo a esta área de estudo será relacionado e sugerido adiante.

LÍNGUA ORAL

Esta área expressa melhor que todas o caráter integrativo das áreas de estudo, pois o desenvolvimento da língua oral se fará presente em todas as atividades de estudo, qualquer que seja a área ou conteúdo. É possível que a creche desenvolva também o conhecimento de uma segunda língua, aproveitando-se da inesgotável plasticidade da criança pequena e sua receptividade à sonoridade, ritmo e melodia de uma outra linguagem humana, caso ela esteja presente, em uso e de forma lúdica e prazerosa, dentro da relação afetivo-social adulto-bebê, em atividades como: canto, histórias e brincadeiras típicas infantis. Há, no entanto, atividades voltadas especialmente para o desenvolvimento e compreensão da língua oral materna, como será sugerido adiante. De qualquer forma, o conteúdo referente à língua oral integrará os aspectos conceituais ou de significado, procedimentais ou, no caso, sintáticos e articulatórios e da atitude ou adequação do uso da linguagem como expressão de suas idéias, sentimentos e aspirações e à compreensão da língua ouvida. A inteligência lingüística deverá, portanto, receber uma adequada estimulação, que se inicia quando o bebê abre os olhos e entra em contato com o adulto, sempre, porém, numa situação prazerosa, e permeará todas as atividades do dia. O conteúdo relativo a esta área de estudo será relacionado e sugerido adiante.

LÍNGUA ESCRITA

A alfabetização da criança se inicia muito antes do ensino formal da alfabetização. O homem nasce equipado para a leitura simbólica e demonstra cedo toda esta predisposição para a leitura, conforme tenho esclarecido e divulgado em minhas obras sobre alfabetização. O contato com a língua escrita, através da leitura de historietas, de anúncios, de rótulos de embalagens conhecidas, de instruções para jogos, etiquetas com nomes de objetos conhecidos e, em especial, de seu próprio nome nos objetos de uso pessoal, feita pelo adulto junto à criança, propicia a sua aproximação da língua escrita. O registro de relatos sobre experiências vividas, ditados pela criança, ou de pequenos enunciados que faz, depois de seus desenhos, progressivamente, consegue fazê-la perceber e se apropriar do significado da língua escrita como registro de idéias e significados, o que é essencial a um currículo de pré-leitura. O conteúdo relativo a esta área de estudo será relacionado e sugerido adiante.

MATEMÁTICA

A inteligência lógico-matemática é fruto de uma longa construção de conceitos a respeito de relações de grandeza, mas a capacidade para esse tipo de realização nasce com o homem e precisa ser convenientemente estimulada e utilizada para não ficar embotada. A construção do número como representação de quantidades descontínuas (adequado à primeira infância) será a meta principal, o que envolverá outros conteúdos, como o descrito adiante, mas a atitude receptiva senão de amor pela matemática e o sentimento positivo com relação a este conhecimento deverão ser encarados e perseguidos com a mesma seriedade e tenacidade. Os jogos inteligentes, as situações lúdicas, observar, contar e comparar grandezas, classificar elementos e construir conjuntos deverão ser uma constante propiciada pelos eventos naturais do dia-a-dia da vida dentro da creche. O rigor dos procedimentos e métodos só poderá ser fruto de uma progressiva busca pelo aperfeiçoamento gradativo dos esquemas infralógicos e sensoriais da criança pequenina, substituídos, passo a passo, pelos esquemas pré-operacionais e, quando muito, pelos operacionais concretos, por volta do final da idade de seis anos. O conteúdo relativo a esta área de estudo será relacionado e sugerido adiante.

MÚSICA

Comprovadamente, a musicalidade e o ritmo são inatos e evidentes em todos os bebês humanos. Manter o curso do desenvolvimento da inteligência musical deverá ser uma das responsabilidades de toda creche e fruto de um trabalho pedagógico de estimulação específico. A construção de conceitos relativos ao conhecimento dos sons, à produção de sons e ritmo, assim como o desenvolvimento da sensibilidade e gosto estético pela música de qualidade deverão ser fruto de um trabalho pedagógico competente e prazeroso. O conteúdo relativo a esta área de estudo será relacionado e sugerido adiante.

Conteúdo

Todos os conteúdos devem ser encarados de forma a estimularem a construção do indivíduo como um todo íntegro, original e único, e concebidos não como uma quantidade de conhecimento a ser "passada", "oferecida", "doada" ou "distribuída" pela creche e "absorvida" e "memorizada" pela criança. *O conteúdo deverá ser o meio gerador de fatos que estimularão a ação exploratória* da criança, que assim construirá conceitos, métodos, atitudes e procedimentos de ação adequados à aprendizagem.

CONHECIMENTO DO MUNDO

1. Natureza, seus fatos e seus fenômenos físicos e biológicos;
2. Seres vivos, características e formas de vida;
3. Inter-relação do mundo vegetal, animal e mineral: cadeia ecológica;
4. Máquinas simples e motores e suas aplicações;
5. Transportes e sua função no trabalho e lazer do homem;
6. Profissões, profissionais e o trabalho do homem e da família;
7. Cidadania: Participação e interação nos diversos grupos sociais, levando a Construção do Eu (auto-estima, autonomia, conhecimento de suas capacidades e limites);
8. Desenvolvimento de objetos de interesse e afinidade no campo das ciências físicas, biológicas e sociais.

ARTES VISUAIS

1. Desenvolvimento do gosto estético e senso crítico;
2. Expressão do pensamento através das artes plásticas e dramáticas;
3. Criatividade como redefinição do uso de materiais;
4. Utilização adequada e criativa dos materiais;
5. Exploração e conhecimento das cores;
6. Exploração e conhecimento das formas;
7. Exploração e utilização de texturas na composição plástica;
8. Aquisição de formas de lazer através das artes plásticas.

LÍNGUA ESCRITA

1. Grafismo como expressão de idéias e sentimentos;
2. Formas da escrita como representação da língua oral;

3. Uso da língua escrita restrito dentro de seu nível de conhecimento sobre algum vocabulário de visualização;
4. Ganho de interesse e curiosidade pela escrita e desejo de dominá-la com instrumento de registro de idéias.

LÍNGUA ORAL

1. Uso da fala para expressar idéias, aspirações e sentimentos;
2. Aperfeiçoamento da fala e da compreensão;
3. Aperfeiçoamento da articulação dos sons da fala;
4. Aperfeiçoamento da pronúncia com vista à correção da língua falada;
5. Uso do vocabulário adequado e ampliação do vocabulário de uso e de compreensão;
6. Expressão oral através de frases completas;
7. Expressão através da comunicação oral, gestual e corporal.

MATEMÁTICA

1. Estruturas infralógicas;
2. Estruturas lógicas;
3. Noção de quantidade contínua e descontínua;
4. Classificação de idéias, ordenação e seriação;
5. Posição no espaço;
6. Atributos de objetos;
7. Formação de conjuntos;
8. Pertinência, inclusão, exclusão e interseção;
9. Construção do número;
10. Uso do raciocínio lógico na solução de problemas de grandeza;
11. Interesse, curiosidade e afinidade pela ciência matemática.

MÚSICA

1. Expressão corporal;
2. Organização espacial;
3. Desenvolvimento do ritmo;

4. Aquisição de formas de lazer;
5. Autodisciplina;
6. Sensibilização do ouvido à escala musical;
7. Aperfeiçoamento do gosto musical;
8. Desenvolvimento do interesse pela produção musical.

Metodologia

A preconizada é a *Cadeia de Estímulos Integrados*, desta autora, em que fatos de interesse da criança geram uma série de experiências concretas, mediante atividades integradas, estimulando o exercício do pensar, do brincar, movimentar e ser que ampliam suas possibilidades de interagir com o meio em que vive. A metodologia se processa apoiada no trabalho diversificado e através deste trabalho diversificado, livre e criador, entremeado com atividades coletivas dirigidas pelo educador.

A conquista da autonomia e independência da criança, objetivo final do trabalho educativo, se dá frente às solicitações do meio ambiente, e isso é feito de forma oral-afetiva, não sistemática, apoiada nas oportunidades de estímulos do meio ambiente. Da mesma forma que as intuições maternas levam a mãe, quando boa educadora, a orientar o filho na exploração do meio ambiente e, assim, conseguir fazê-lo alcançar gradativamente tanto o domínio e conhecimento das coisas à sua volta, quanto a sua progressiva autonomia, o currículo de atividades da criança pequena deve se constituir de diferentes experiências exploratórias, conduzidas *tanto pela oportunidade, quanto pela participação cooperativa do adulto educador.* O adulto educador deve pautar sua ação psicopedagógica de forma semelhante à da mãe boa, que, seguindo suas intuições, substitui, gradativamente, sua tutela de proteção do bebê por uma ação de espectadora participante e confiante na autonomia de seu filho. Isto poderia, para efeito didático, ser assim resumido:

Seqüência natural de estímulo à autonomia, passo a passo:

1. Fazer *pelo* bebê, conduzindo a ação acompanhada da fala sobre o que está sendo feito;
2. Fazer *junto com* o bebê, acompanhando com a fala o que está sendo feito e como deve ser feito;
3. *Estimular o bebê a realizar*, com sua ajuda, o que deve ser feito e está sendo enunciado pela sua fala;
4. *Apoiar as iniciativas de realização independente* do bebê, reforçando com a fala as atividades a serem feitas.

A metodologia mais adequada de realizar um eficiente currículo de atividades-experiências com crianças da faixa etária da primeira infância é aquela que entremeia o método de centro de interesse com unidade de experiências e pequenos projetos, como uma cadeia de estímulos integrados — CEI —, já descrito no livro *Educação Pré-Escolar*, de minha autoria.

> *A Cadeia de Estímulos Integrados* é uma metodologia que consiste num conjunto integrado de estímulos que se desencadeiam a partir de um fato gerador de interesse e promovem uma série de experiências que propiciam a construção de conhecimentos, em paralelo ao desenvolvimento integral da criança. O educador será um coordenador das motivações das crianças, conduzindo sua ação exploratória, e o responsável e provedor do ambiente, que deve ser rico em estímulos que desencadeiem experiências produtivas de conhecimento: físico, social, conceitual, metodológico e de atitudes.

> FATO GERADOR > EXPERIÊNCIAS ENCADEADAS > CONHECIMENTO

Por este processo de trabalho, cada fato novo surgido ou apresentado à criança, que seja do seu real interesse, poderá ser o desencadeador de outras experiências a ele relacionadas durante o tempo em que o interesse perdurar, sem contudo abranger obrigatoriamente todas as atividades da creche ou exigir atividades de culminância, como seria o caso dos centros de interesse ou das unidades de experiência. Pequenos projetos podem freqüentemente completar uma CEI. O trabalho deve se desenvolver naturalmente, abarcando o máximo de associações que sejam assimiláveis à criança, e cessar, também naturalmente, quando o interesse desta começar a decair. (Ver *Educação Pré-Escolar*, da mesma autora.)

Princípios que devem nortear a elaboração do currículo

Na elaboração de currículo de educação infantil, alguns dos seguintes princípios devem ser levados em consideração, pois demarcam certas características que o tornam mais adequado a bebês e crianças de creche:

Continuidade

À medida que a criança cresce, o seu grau de interesse permanece por mais tempo sobre um mesmo assunto; então é útil que se dê continuidade às experiências pelas quais o grupo se mostrar interessado. Por exemplo: se uma criança trouxe uma borboleta para a creche e esta foi motivo de interesse e de muitos comentários, o educador deve procurar contar uma história ou ler um livro informativo de ciências sobre a vida das borboletas. Deixar o interesse morrer na simples observação casual do bichinho seria um enorme e lastimável desperdício e desrespeito ao grupo, pois impediria a riqueza proporcionada pela troca de experiências entre as crianças. A continuidade visa proporcionar um maior número de abordagens sobre o mesmo tema, o que aumenta as possibilidades de compreensão do fato ou fenômeno, amplia o vocabulário e as chances de construção do conhecimento pela criança.

Integração

As atividades psicopedagógicas do currículo de uma creche ou pré-escola devem oferecer experiências que proporcionem o desenvolvimento e a construção do conhecimento da linguagem, do raciocínio lógico, do conhecimento social e do conhecimento físico do mundo dos seres inanimados e dos seres vivos da natureza. Não há, porém, muita possibilidade de se separarem ou de se identificarem experiências isoladas nessas áreas do conhecimento, quando o aprendiz é um bebê ou uma criança, na sua primeira infância. Uma atividade de separar folhinhas colhidas no jardim, pelas suas características aparentes, pode gerar experiências da área de linguagem, da área social, do conhecimento físico e experiências lógicas, de raciocínio.

Vejamos a seguir o quadro de exemplo, a respeito de um estudo sobre folhas:

ÁREAS DE ESTUDO

LINGUAGEM	SOCIAL	FÍSICA	LÓGICA
nomear as cores; nomear as quantidades; ampliar o vocabulário.	respeitar a vez; ouvir o colega; trocar opiniões.	descobrir cores; descobrir formas; reconhecer textura.	reunir por semelhança; comparar quantidades; seriar por tamanho.

O importante é que o educador acredite que não deve fragmentar o planejamento do currículo em aulas isoladas, mas deve estar ciente de que *uma mesma atividade pode atender a vários objetivos* e que essas oportunidades não devem ser desprezadas, mas devem ser bem aproveitadas como motivadoras de estudo. Deve saber, ainda, que *um mesmo objetivo também pode ser atingido por diferentes atividades*, sendo importante que, ao planejar o currículo, preveja fazer novas abordagens de um mesmo assunto enfocado em ocasião anterior, pois não estaria desperdiçando o seu tempo, nem o das crianças. Abordagens diferentes de um mesmo tema, em momentos diferentes, ampliam o conhecimento existente sobre o assunto. Não confundir com o programa de matérias do ensino fundamental.

Características

1. ***Assistemático sobre o sistemático.*** As experiências do currículo que se relacionam diretamente às oportunidades surgidas ao longo do dia têm mais chances de contar com o interesse direto da criança e, portanto, com a possibilidade de garantir a sua atenção, o que faz com que essas experiências possam trazer maior contribuição à construção do conhecimento. Isto não quer dizer que não se devam planejar as atividades do dia, mas, sim, que o educador deve-se mostrar atento às oportunidades surgidas, que se mostrem do interesse de seu grupo, e disposto a abrir mão do seu planejamento em favor destas. Desperdiçar uma oportunidade sempre pode representar uma grande perda para o desenvolvimento da criança.

2. ***Atual sobre o remoto.*** A criança vive no presente, no que ela pode tocar, ver e pegar para sentir e compreender. A idéia de passado e de futuro ainda não existe na criança de idade inferior a quatro anos. É, por essa época, que começa a se construir a noção incipiente de futuro, sempre relacionada ao presente. Por exemplo: "Quantos dias faltam para o dia X?" (de alguma festa) "Falta muito tempo?"A noção é formada a partir de resposta a "quantos dias eu tenho que dormir para acordar no dia da festa?" A idéia de passado não é muito boa; a construção da seqüência temporal é ainda confusa e nebulosa na faixa de idade das crianças de uma creche. O educador deve, portanto, evitar planejar, com seu grupo, atividades que vão demorar muito a acontecer.

3. *Concreto sobre o abstrato.* O conhecimento do mundo se dá através da exploração direta dos objetos. A criança precisa ver, pegar, ouvir, para poder sentir e compreender. Pegar e levar um objeto à boca para "vê-lo" melhor é uma verdade incontestável a todos os bebês deste planeta. Um bom educador não deve desperdiçar seu tempo com explicações verbais sobre coisas que não estejam presentes e, sim, selecionar objetos e planejar atividades que ofereçam muitas possibilidades de a criança mexer, experimentar e descobrir características do objeto, *agindo* sobre ele.

4. *Geral sobre o particular.* A percepção do mundo se dá sempre do geral para o particular, da descoberta de detalhes ligados a um todo já conhecido. Na criança esta característica é ainda mais acentuada que no adulto. Ela pode, às vezes, perceber pequenos todos, mas é a partir destes todos que descobrirá os detalhes que os compõem. Qualquer atividade que leve a criança a investigar detalhes em um objeto será sempre do seu interesse, contará com a sua atenção e, assim, proporcionará descobertas e aprendizagens. Ela descobre, por exemplo, que a árvore tem folhas e só depois percebe que as folhas podem ser diferentes nas cores, nas formas, nas texturas etc. Uma eventual iniciação à leitura pode ter muito sucesso, partindo do reconhecimento de nomes inteiros, especialmente do seu próprio nome e nomes de outras pessoas ou objetos de seu interesse particular. O ensino de letras isoladas teria pouco ou nenhum sentido, mas tais letras poderiam se tornar atraentes, quando associadas a um nome de seu conhecimento, como partes de um todo conhecido.

5. *Próximo sobre o distante.* Coisas e objetos ausentes ou distantes da sua ação não podem ser percebidos e compreendidos pela criança. A base do conhecimento físico é a manipulação investigatória do objeto, que se dá no tempo presente. O educador deve planejar atividades que sejam ricas em experiências de ver, tocar, pegar, cheirar e experi-

mentar, até saborear, quando possível. As atividades devem estimular o uso de todas as percepções.

6. ***Simples sobre o complexo.*** As atividades devem ser introduzidas de forma bem simplificada, com poucas regras e movimentos; mais tarde, depois de aprendidas pela criança, podem ser enriquecidas com detalhes de execução mais complexa. Depois de dominar o uso do pincel, usando tinta, que apanha de dentro de um único recipiente, ela pode enfrentar a utilização de dois potes de tinta, com dois pincéis diferentes de uma só vez. A coordenação de movimentos exigida pela pintura com pincel é complexa e só pode ser alcançada gradativamente se a atividade for realizada com freqüência. A pintura com os dedos seria o passo inicial que daria a ela oportunidade de descobrir como a tinta funciona, espalhando-se ou escorrendo e colorindo uma folha de papel. A criança é capaz de aprender tudo, desde que lhe sejam oferecidas experiências suficientes e ajustadas à sua capacidade, começando pelas mais fáceis e simples de dominar.

Características das Atividades Educacionais

1 - *Livres* versus *dirigidas*

O currículo de atividades de educação infantil, quer sejam de uma creche ou pré-escola, é constituído por dois tipos diferentes de atividade, em relação à participação do adulto educador. Nas atividades dirigidas, o adulto comanda a brincadeira ou conversa com todo o grupo reunido de uma vez. As atividades dirigidas são aquelas realizadas por todo o grupo em conjunto, atentos à fala ou direção do adulto educador. Em oposição, atividades livres são aquelas em que a criança tem várias opções a escolher entre inúmeras atividades oferecidas e pode brincar sozinha ou acompanhada de outra criança, sempre, no entanto, sob a supervisão e na companhia de seu educador. Um currículo de atividades de uma creche deve, necessariamente, oferecer os dois tipos de atividade, de forma alternada, embora devamos estar conscientes de que, quanto menor for a criança, maior deve ser a flexibilidade do adulto em se adequar às necessidades e interesses dela e menor deve ser a tentativa de forçar-lhe a atenção ou conduzir a sua atividade neste ou naquele sentido.

A criança pequenina tem como característica uma capacidade muito reduzida de prestar atenção, por mais de alguns minutos, a qualquer atividade, especialmente aquelas que dependam de ouvir, tendo que ficar parada para tal. Elas gostam de ouvir histórias; estas, porém, devem ser curtas e muito ilustradas e, se possível, permitir algum tipo de interferência da criança, com suas mãozinhas tocando o livro, se isto se fizer necessário no momento. O currículo de atividades numa creche tem que atender a essa peculiaridade, oferecendo o maior número possível de atividades livres entremeadas de outras, de pequena duração, que exijam sua atenção dirigida. Dessa forma poderemos contar com o sucesso, pois estaremos garantindo sua possibilidade de interesse. À medida que a criança cresce, aumenta também sua capacidade de atenção. O educador precisa saber adequar a duração das atividades ao nível da criança com que estiver trabalhando. A variação da capacidade de atenção, do bebê à criança de quatro anos, é muito grande.

Vejamos no quadro a seguir o que deve ser consultado quando o educador for inexperiente com crianças de baixa idade:

TEMPO DE ATENÇÃO DIRIGIDA DA CRIANÇA

IDADE	DURAÇÃO MÉDIA	DURAÇÃO MÁXIMA
até 1 ano	1 a 2 minutos	3 minutos
de 1 a 2 anos	2 a 3 minutos	4 minutos
de 2 a 3 anos	2 a 4 minutos	5 a 8 minutos
de 3 a 4 anos	3 a 8 minutos	10 a 15 minutos
de 4 a 5 anos	de 4 a 10 minutos	15 a 20 minutos

Esta aparente instabilidade da atenção do bebê e da criança até quatro ou cinco anos não deve ser encarada como um comportamento negativo que deva ser combatido, como se pensava e se fazia no início do século, com certeza a custo de muito sofrimento para a criança, nas escolas que tentavam treiná-la no silêncio, em busca da introspecção. O fato de dedicar pouco tempo a muitas atividades diferentes aponta para a grande curiosidade, que a caracteriza, pela investigação dos objetos à sua volta, e é justamente essa capacidade exploratória que irá propiciar-lhe a construção do conhecimento do mundo. Esse abastecimento multidirecionado de informações é característico do cérebro em desenvolvimento, cuja plasticidade vai sendo perdida à medida que o cérebro envelhece. Crianças submetidas precocemente a treinamentos perdem mais rapidamente essa plasticidade e tornam-se mais duras de aprender. Com o objetivo de se evitarem os prejuízos daí decorrentes, o educador deve não apenas respeitar a alternância de atividades livres e dirigidas e o tempo adequado destas, como também dar preferência às atividades que, mesmo dirigidas, permitam algum tipo de interferência ou participação criativa da criança.

As atividades livres devem ter uma duração de 20 a 40 minutos no máximo, dependendo da idade das crianças do grupo, nunca excedendo esse tempo, pois a criança desta faixa etária não tem autonomia suficiente para permanecer longos períodos sem atenção direta do adulto. Isto poderia deixar-lhe assustada, confusa, insegura ou deprimida. *As atividades livres*, dentro de uma creche ou pré-escola, *exigem a presença ativa, participante e cooperativa do adulto. São livres porque é a criança quem escolhe a atividade a fazer e dedica-se a ela o tempo que quiser*, substituindo-a por outra, que lhe der vontade, *mas não quer dizer que sejam livres da atenção do educador.* São livres apenas da sua direção. O *adulto precisa estar sempre presente e participante de forma cooperativa.* O trabalho diversificado livre, diferente de um trabalho diretivo, obtém disciplina espontânea da criança, pois é decorrente do seu interesse pela atividade escolhida.

Não é, de forma alguma, uma dinâmica que resulte em desordem ou desrespeito às regras de boa convivência.

Vejamos no quadro a seguir alguns exemplos que relacionam atividades livres e dirigidas separadas em duas colunas:

ATIVIDADES EM RELAÇÃO À ATUAÇÃO DO ADULTO EDUCADOR

ATIVIDADES DIRIGIDAS	ATIVIDADES LIVRES
• Apresentação de uma atividade nova de arte.	• Atividades de artes plásticas (todas).
• Apresentação de um jogo novo.	• Brincadeiras no tanque de água.
• Brinquedos cantados.	• Brincadeiras no tanque de areia.
• Cinema ou vídeo.	• Dramatização livre na casinha da boneca.
• Educação musical.	• Dança livre.
• Jardinagem na horta.	• Jogos de construção.
• Hora do banho ou da troca de roupas.	
• Hora da história.	• Jogos psicopedagógicos.
• Hora do lanche ou do almoço.	• Recreação livre na área coberta.
• Hora das novidades.	• Recreação livre em área externa.
• Recreação dirigida, jogos ou educação física.	• Soninho.
• Rodinhas de chamada.	
• Rodinhas de conversa.	
• Rodinhas de conversa sobre o tempo e dia da semana: "janelinha do tempo" e calendário.	
• Teatrinho: de bonecos, de varas, de sombras etc.	

2. *Calmas* versus *movimentadas*

Ao planejar as atividades do dia, o educador precisa considerar ainda o fato relativo ao grau de mobilidade exigida das crianças. Estas precisam de ação e movimento para crescer e aprender. Contudo, é necessário cuidar para não estressá-las ou excitá-las por um tempo exagerado com atividades muito movimentadas, nem deixá-las enfadar-se, entregues à monotonia de atividades muito calmas, por períodos prolongados. Em tudo deve prevalecer o bom senso de uma dosagem adequada dos dois tipos de atividade. É por esse motivo que o planejamento das atividades do dia se faz importante e necessário. A diferença de qualidade de um trabalho ser oferecido por uma babá ou um professor está justamente na competência profissional que este pode oferecer, implicando um bom nível de conhecimento a respeito da criança e dos inúmeros fatores e aspectos que um currículo encerra e que precisam ser considerados, quando do seu planejamento. As atividades de muita movimentação com os grandes músculos são essenciais para promover o crescimento físico e não podem deixar de fazer parte das atividades do dia, pelo menos duas vezes, uma pela manhã e outra à tarde, mas devem sempre ser seguidas de outras que proporcionem a volta à calma e ao relaxamento das tensões.

As atividades que exigem grande movimentação devem ser realizadas na área externa da creche, seja num jardim, numa horta, no parque de brinquedos ou numa área coberta, que deve existir, sempre, para possibilitar essas atividades, mesmo em dias de chuva. É inaceitável montar uma creche sem pátio coberto para brincadeiras movimentadas. Não seria saudável manter crianças pequenas confinadas entre quatro paredes de uma sala durante um ou, às vezes, vários dias por causa de temporais. A imobilização das crianças ou restrição a grandes movimentos gera agressividade e cólera, responsáveis por outros tipos de conflito relativos à saúde mental que terminam por deteriorar o clima emocional do ambiente. Se constante, a imobilidade fragiliza ou impede o desenvolvimento da musculatura relativo à saúde física.

O quadro a seguir apresenta exemplos das atividades mais comuns de um currículo pré-escolar, grupadas pelo seu grau de mobilização e relacionadas em ordem alfabética. Todas devem fazer parte do currículo psicopedagógico de uma creche.

ATIVIDADES QUANTO AO GRAU DE MOBILIZAÇÃO DA CRIANÇA

MOVIMENTADAS	SEMIMOVIMENTADAS	CALMAS
1. Arrastar-se	1. Aparafusar	1. Cantar
2. Arremessar	2. Colar	2. Comer
3. Balançar-se	3. Construir	3. Desenhar
4. Correr	4. Dramatizar	4. Conversar
5. Dançar	5. Encaixar peças	5. Dormir
6. Engatinhar	6. Enfiar peças	6. "Ler" (apreciar livros de gravuras)
7. Escorregar	7. Jogar (jogos de salão)	7. Ouvir histórias
8. Equilibrar-se	8. Limpar e arrumar a sala	8. Observar
9. Jogar bola	9. Martelar moderadamente, peças que exijam pouco esforço	9. Tomar banho
10. Nadar	10. Modelar	
11. Mergulhar	11. Pintar com dedos	
12. Pedalar	12. Pintar com pincéis	
13. Plantar	13. Recortar	
14. Pendurar-se	14. Serrar (madeira macia)	
15. Pular	15. Varrer a sala	
16. Pular corda		
17. Rebater (bolas, sacos)		
18. Saltar obstáculos		
19. Suspender-se		
20. Trepar		

Objetivos do currículo
Duas grandes ações do currículo de educação infantil

O objetivo maior de qualquer ação educativa visa sempre à autonomia física, intelectual e psicológica do educando e, mesmo quando pequenino, o objetivo não é diferente. Embora o fim possa parecer muito distante, precisamos tê-lo em mente para planejar com eficiência os modelos de atividade a desenvolver de acordo com esse princípio. Os bebês nascem e permanecem por muito tempo dependentes do adulto, porém suas iniciativas para a independência são inatas e estão presentes, em diferentes níveis, em toda sua trajetória de crescimento. Engatinhar ou esforçar-se para ficar de pé são fatos bastante visíveis que comprovam a busca incessante do ser humano pela autonomia, desde a mais tenra idade. É evidente que, dentro de uma creche, não seria viável para um bebê atingir o máximo de sua independência física, mas deve haver toda uma postura da instituição de levá-lo a tornar-se, gradativa e continuamente, mais independente da ajuda do adulto. Levar a criança a incorporar hábitos e atitudes coerentes com a busca de sua autonomia é uma das ***grandes ações ou objetivos*** do trabalho de educação infantil.

Das suas relações com o mundo, através do exame perceptivo dos objetos, em que emprega todo seu equipamento visual, auditivo, tátil, olfativo e gustativo, o bebê constrói conhecimento. Tudo envolvido em situações afetivo-sociais que, quando positivas e estimuladoras, o impelem para novas experiências. Quando negativas, bloqueiam sua ação, são inibidoras do desenvolvimento. Todas as experiências psicomotoras proporcionadas por uma creche devem ser fruto de cuidadoso planejamento e responsabilidade, pois serão a base e a porta de acesso a todo conhecimento de suas crianças. Constroem conhecimento físico, intelectual, infralógico e geram atitudes positivas ou não em relação ao objeto, fato ou fenômeno.

A creche é uma instituição que **ainda não é escola.** Portanto, não deve ser organizada como tal, no seu formalismo, sistematização e rigidez. A creche é uma organização de educação que a precede, que é anterior à escola, a qual visa ao ensino fundamental. Assim como a pré-escola, a creche não visa à escolarização do aluno, nem à passagem de conteúdo ou matérias, mas ao que é essencial à aprendizagem futura e à formação de hábitos e atitudes adequados à melhor utilização da inteligência, das habilidades inatas, fazendo o aluno ganhar gradativa e crescente autonomia intelectual e social, desenvolvendo linguagem e pensamento. Visa também ao desenvolvimento de habilidades psicomotoras, de forma integral e harmoniosa, que ativem os mecanismos exploratórios da criança, únicos capazes de produzir conhecimento, assim como visa à saúde física e mental da infância de uma sociedade. Não importa que a instituição que a administre se chame creche, jardim de infância, jardim-escola, creche-escola, escola maternal, *prezinho*, oficina da criança ou quantas outras denominações a instituição possa adotar, ao sabor da criatividade ou da legislação vigente — será sempre **pré-escolar** a educação oferecida nesses estabelecimentos que educam indivíduos na sua primeira infância.

O papel do educador na creche

A educação da primeira infância ou pré-escolar já nasceu ***não-diretiva e centrada nas habilidades pessoais de cada criança***, não a tratando como aluno passivo e receptivo. A instituição criada para tal propósito foi o Jardim de Infância, que não concebia o seu trabalho como um mero preparativo ou compensação para a ingresso no ensino fundamental. Também não era o Jardim de Infância uma cópia simplificada do ensino escolar posterior. Com Froebel, em 1837, surge a idéia de que o crescimento se dá de dentro para fora, como resultado direto das condições de estimulação do meio ambiente. Antes deste educador, nunca se havia pensado em educação para esta faixa etária com o relevo e a importância dados por ele. É preciso compreender a verdade de que, mesmo talvez mais por intuição, Froebel pudesse ter descoberto a relação entre o potencial das sementes, que encerram em si todo um potencial de vir a ser, caso as condições do meio ambiente lhes sejam propícias, e *ambiente educativo*, como aquele que deveria oferecer *condições essenciais que favorecessem o desabrochar das habilidades inatas da criança.* Froebel, educador considerado o pai do Jardim de Infância, comparou o papel do educador de crianças pequeninas com o de um *jardineiro*, responsável pelas condições propícias do meio ambiente, no cultivo das potencialidades especiais de cada criança. *O educador infantil deve ser um estimulador do desenvolvimento, coordenador das motivações de seu grupo, interagindo de forma cooperativa com a criança.* Nunca deverá se comportar como um comandante que aplica ordem unida a seu batalhão ou um mero recreador espectador e, muito menos, um animador de auditório que passa informações de massa através de seu discurso oral.

Será importante abordarmos, ainda que sucintamente, algumas noções sobre os tipos de conhecimento humano desenvolvidos no século XX que, embora ocorram de forma integrada, se isolados para efeito de estudo, podem ser classificados em três tipos diferentes, segundo Piaget — físico, lógico e social —, pois reúnem um campo de conhecimento essencial para um elaborador de currículo.

1. *Conhecimento físico.* É aquele que parte da descoberta das propriedades físicas do objeto, é de natureza concreta e se constrói a partir da *ação* da criança sobre o mesmo, como: forma, tamanho, cor, textura, peso etc. É sempre fruto da *ação psicomotora* da criança e deverá estar colocado dentre os objetivos de conhecimento específicos da educação infantil.

2. *Conhecimento lógico.* É aquele centrado nas *relações* entre as propriedades ou valores de um objeto. É abstrato, mas se constrói também a partir da ação que leva à compara-

ção e à reflexão. A matemática é um conhecimento lógico, abstrato e exato. A *ação psicomotora*, que envolva além da ação exploratória física o pensamento e a vontade consciente de conhecer, é responsável por toda a base da construção do conhecimento lógico infantil. Deverá ser fruto das descobertas construídas através das brincadeiras e desafios, como as dos "jogos inteligentes" e de outras atividades lúdicas, em que o deslocamento das peças para efeito de comparação seja um de seus desafios prazerosos.

3. *Conhecimento social*. É aquele que se constrói a partir das *relações interpessoais*. É arbitrário, pois depende de valores e costumes de um determinado grupo, mas é surpreendentemente importante, porque é aquele que gera o clima indispensável de cooperação mútua, entre a criança e o adulto, a solidariedade entre os coleguinhas e o bem-estar, capaz de conquistar a segurança afetiva básica, essencial ao desenvolvimento saudável e à construção do conhecimento. É dentro deste contexto social que a criança constrói a sua personalidade, incluindo aí a sua sexualidade. As relações entre os de mesmo nível e o adulto de referência interferem e canalizam ou padronizam a identidade assumida pela criança. A ***formação de hábitos*** facilitadores da vida física e social da criança é também uma das grandes ações do currículo de uma creche que poderão influenciar o tipo e a qualidade de vida e de disponibilidade para a aprendizagem. É a ação da criança a fonte de seu conhecimento, e a afetividade, a mola que dirige essa ação.

Para facilitar a organização e planejamento do currículo de educação infantil, integrando todo este conhecimento e atendendo aos ***Três Eixos da Educação Infantil*** — *o brincar, o movimento e o conhecimento de si e do outro* —, que, segundo as novas Diretrizes da Educação Nacional, devem conduzir todas as atividades curriculares, também é importante que o educador tenha em mente os *objetivos específicos do currículo de educação infantil* que se confundem com suas *duas grandes ações* que devem permear todas as atividades curriculares de uma creche: a ***formação de hábitos*** e o ***desenvolvimento psicomotor***.

1 - *Formação de hábitos*

A seleção a seguir aponta uma série de hábitos que, se incorporados à maneira de viver da criança, em muito facilitarão a sua vida e abrirão atalhos e caminhos para a construção de conhecimentos. É sempre oportuno e importante lembrar que a formação de um hábito exige, em primeiro lugar, a compreensão da sua necessidade ou valor; em segundo lugar, freqüência e repetição exaustivas. Portanto, nunca se deve esperar que, apenas por algumas advertências do educador, os hábitos logo possam estar formados. Ao contrário, é preciso muita persistência e tolerância por parte do adulto, na repetição de uma rotina, juntamente com uma atitude constante e coerente, que demonstre o valor que ele atribui aos hábitos que pretende formar. É também muito pelo exemplo repetido do adulto educador que se faz educação, pois é sabido que a criança o toma como modelo a seguir.

Não há horário definido para a formação ou desenvolvimento dos hábitos e atitudes, mas o educador deve estar adequadamente prevenido e preparado para explorar todas as oportunidades do dia, à medida que forem surgindo, e agir de forma suave, branda e carinhosa, mas com persistência, perseverança e exemplo, pois da implantação dessas atitudes vai depender o sucesso de seu trabalho.

a) De ordem geral:

Dos cumprimentos da hora da entrada às despedidas do final do dia, através do exemplo e de incentivos à adoção de atitudes sociais adequadas (que levem ao ***conhecimento de si e do outro***, como exigência de um dos *Três **Eixos*** que permeiam a Educação Infantil, segundo as novas Diretrizes Nacionais da Educação), o educador deve, através de um ambiente agradável, em que as relações sociais possam ocorrer buscando o respeito aos direitos um do outro, desenvolver os hábitos de:

1. Cortesia, como: ouvir com atenção, esperar a vez, agradecer, cumprimentar, usar a expressão *por favor*, ao solicitar uma ajuda ou algum objeto, cooperar na arrumação, na guarda de materiais da sala etc.;
2. Alimentação, relacionados à escolha dos alimentos e aos hábitos à mesa;
3. Asseio e higiene pessoal;
4. Ordem e cuidado com objetos de uso pessoal;
5. Economia, como o ***não-desperdício*** de alimentos e materiais.

b) De ordem intelectual:

A construção das estruturas lógicas do raciocínio e do conhecimento exige a incorporação de certos hábitos e a construção de algumas atitudes da criança frente ao novo, ao desconhecido, que o educador deve ter o cuidado de implantar, dia a dia, momento a momento, nas situações oportunas, previstas ou imprevistas, no planejamento das atividades do dia, guiado pelas motivações naturais de seus alunos, por serem elas essenciais ao cidadão inteligente.

1. Observação;
2. Comparação;
3. Classificação;
4. Ordenação;
5. Seriação;
6. Indagação, investigação e questionamento;
7. Criação de soluções, por tentativas e intuições de iniciativa intelectual da criança;
8. Discussão de idéias e opiniões;
9. Expressão oral, plástica e corporal de sentimentos e idéias;
10. Memória visual, tátil, olfativa, cinestésica e desenvolvimento do hábito de memorizar pequenas canções e poesias.

c) De ordem ecológica:

Despertar a curiosidade pelo conhecimento das ***relações de interdependência*** entre as espécies de vida animal e vegetal, através da observação continuada, deve ser uma meta constante do currículo, que visa facilitar a progressiva integração da criança ao ambiente a seu redor e pode ser ampliada se exercida através do:

1. Cuidado com plantas, realizado como rotina / hábito;
2. Cuidado com pequenos animais, realizado como rotina / hábito;
3. Hábito de observar animais vivos e seus hábitos, dentro de seu ambiente natural;
4. Hábito de observar plantas e os "habitantes" de suas folhas, tronco ou raízes;
5. Hábito de observação do tempo e de fenômenos meteorológicos;
6. Hábito de observação dos diferentes tipos de solo, como areia, terra vegetal, argila, mistos. Solos mais porosos e permeáveis ou mais argilosos e impermeáveis à penetração da água.

d) De ordem higiênica:

O objetivo da formação dos hábitos citados a seguir é o ganho gradativo da autonomia e a conseqüente auto-afirmação e segurança, além de cuidados com a saúde:

1. Formação do hábito de controle dos esfíncteres;
2. Formação do hábito de escovar os dentinhos após as refeições;
3. Formação do hábito de lavar as mãos antes da alimentação e sempre que estiverem sujas;
4. Formação do hábito de tomar banho, lavando a cabeça, as orelhinhas e cada uma das partes de seu corpo até os dedinhos dos pés, enxugando tudo direitinho;
5. Formação do hábito de pentear os cabelos;

6. Formação do hábito de guardar e cuidar da roupa pessoal, especialmente dos agasalhos quando retirados do corpo, da sua toalha e dos pertences pessoais.
7. Formação do hábito de ajudar na limpeza e arrumação da sala de atividades.

2 - Desenvolvimento psicomotor

Na base de todo o conhecimento há sempre um ato perceptivo. É através da ação exploratória, usando seus olhos, boca, nariz, ouvidos e mãozinhas que a criança descobre o mundo ao seu redor e forma imagens deste, que vai acumulando como ilhas de memória em seu cérebro em desenvolvimento. Continuando sua ação exploratória, experimentando o seu corpo junto aos objetos que olha, vê, pega, ouve, cheira e leva à boca, a criança vai organizando, gradativamente, em sua memória os conceitos e relações como traços mnemônicos, que se ampliam e se organizam em estruturas do conhecimento. São ações motoras, portanto, a base do conhecimento, fruto da função cognitiva da inteligência humana, subordinada também ao seu aspecto emocional. Lembremos que o ***movimento*** deve ser, segundo as novas diretrizes da educação infantil, um de seus eixos. Continuemos pois.

Todas as atividades propostas às crianças devem propiciar o desenvolvimento integrado de aspectos motores, intelectuais, sociais e emocionais, fazendo com que elas exercitem todo seu corpo em atividades que lhes proporcionem também alegria e prazer. Dessa forma, garantimos o desenvolvimento de uma personalidade sadia, segura e satisfeita consigo mesma. O sucesso e a felicidade são os agentes seguradores do desenvolvimento da auto-estima, essencial a toda aprendizagem e à realização do desabrochar pleno das capacidades do indivíduo. Outro eixo que deve permear toda ação educativa, também segundo as novas diretrizes da educação infantil, é o ***brincar***, é a ludicidade que deve ser componente obrigatório na maioria absoluta das atividades oferecidas em uma creche.

As atividades psicomotoras devem oferecer estímulos ao desenvolvimento das percepções e de habilidades motoras e intelectuais da criança, permitindo a livre expressão de seu pensamento, em lugar de cópias de trabalho do adulto, pois assim a criança estará também desenvolvendo atitudes de iniciativa, responsabilidade, direção da própria atividade, criatividade, autoconhecimento e segurança. Trabalhos pedagógicos planejados para obter o simples treinamento das percepções não podem ser admitidos num verdadeiro currículo de educação infantil, quer de uma creche ou de uma pré-escola saudável, pois dessa forma não estariam exercendo os estímulos adequados ao desenvolvimento de habilidades inatas e especiais de cada indivíduo e do seu estilo pessoal de ser.

As áreas afetiva (ou emocional), cognitiva e motora se interpenetram na construção do conhecimento, contudo, para efeito de planejamento de atividades essenciais a um bom currículo pré-escolar, enumero abaixo algumas, de acordo com objetivos específicos de estimulação do desenvolvimento de crianças, desde bebê até os quatro anos.

1. Aproximação e Estimulação da Leitura

Aqui podemos apreciar a relação de atividades típicas da área de estudo da "língua escrita" que têm por objetivo maior levar a criança a incorporar o significado da escrita como registro de pensamento, pré-requisito essencial a uma futura alfabetização.

— Chamada, calendário e janelinha do tempo (reconhecimento visual de nomes e palavras);
— Leitura de "pré-livros" (manuseio de livrinhos de gravuras e respectivos nomes escritos);
— Jogos de leitura (de encaixe, loto, baralho de cartas, de memória etc.);
— Histórias lidas ou narradas, de fantasia ou de ciência, em prosa ou poesia;

— Registros escritos da linguagem infantil criativa ou de relatórios de experiência.

2. *Estimulação da Linguagem e Pensamento*
Atividades típicas da área de estudo da "língua oral".
— Exploração, nas rodinhas, dos temas gerados pela CEI (Cadeia de Estímulos Integrados);
— Situações reais da rotina do dia com ênfase no diálogo afetivo direto com o adulto;
— Ouvir e contar histórias;
— Memorizar e cantar cantigas de roda e outras letras;
— Expressão oral durante as dramatizações.

3. *Estimulação da Expressão Corporal e do Ritmo*
— Apreciação musical (ouvir, apreciar, acompanhar os movimentos sugeridos pela música);
— Educação musical (acompanhar a escala musical com movimentos ascendentes e descendentes do corpo total, de braços ou de mãos);
— Dança (livre ou com movimentos combinados com o grupo);
— Teatro (jogos de teatro como mímica ou de acompanhamento de sonoplastia);
— Pintura a dedo, com ou sem acompanhamento de música.

4. *Estimulação da Coordenação e Controle dos Grandes Movimentos*
— Educação física;
— Recreação livre;
— Dança.

5. *Estimulação do Grafismo e Coordenação da Musculatura Fina*
— Artes plásticas, desenho, pintura, modelagem, recorte e colagem.

6. *Estimulação da Acuidade Auditiva*
— Audição musical;
— Canto;
— Execução de instrumentos musicais simples;
— Jogos específicos (sons não-vocais, sons vocais e sons na palavra);
— Poesias.

7. *Estimulação da Discriminação Visual*
— Artes plásticas: desenho, pintura, modelagem, recorte e colagem;
— Jogos específicos.

8. *Estimulação da Memória*
— Histórias e poesias;
— Teatro;
— Coreografia e movimentos de brinquedos cantados;
— Jogos específicos (de memória visual, auditiva e cinestésica).

9. *Estimulação do Raciocínio Lógico*
— História, jogos lógicos, jogos inteligentes, jogos de construção, artes;
— Jogos que estimulem: observação, movimentação, deslocamento e distribuição de peças com o objetivo de obter uma igualdade em situações de: observação, comparação, análise, identificação, classificação, ordenação, memória, direção, seqüência, tamanho e quantidade. Brincadeiras associadas à imaginação, criação de hipóteses ou intuições, dedução, solução e síntese.

Da inconveniência dos treinamentos

É a atividade lúdica que alia desafio ao prazer, que deve predominar na maioria das atividades oferecidas às crianças pequenas, seguidas das atividades criadoras, realizadas através das artes, que estimulam a organização e construção do pensamento e a expressão de idéias. Ampliam a base de experiências psicomotoras, formam hábitos facilitadores da independência, exercitam a atenção e a autodisciplina, de forma ativa e inteligente, e formam valores morais e sociais, frutos de experiências físicas, pessoais e interpessoais, que aliam desafios à descarga de tensões, além de propiciarem satisfação e lazer, indispensáveis à manutenção da saúde mental. Hoje, determinado como um dos Eixos do Currículo de Educação Infantil, o brincar deve estar presente na maioria absoluta das atividades da creche. É importante ressaltar que todo material oferecido para o trabalho de arte, assim como para os jogos, deve ser de uso coletivo, a fim de tornar possível a realização do trabalho diversificado de livre escolha. A educação que partilha materiais também partilha regras de uso, proporcionando assim a necessária formação moral-social e a noção de bem comum, indispensáveis a um cidadão democrático.

Atividades do currículo do Maternal II e Maternal III

O quadro da *pág. 118* apresenta todas as atividades de um dia numa creche para as crianças maiores de dois anos, do maternal, organizadas como *Atividades Diversificadas Livres* (*coluna da esquerda*), em que a criança tem oferecimento variado de opções e o direito garantido de escolher uma ou mais atividades a realizar; na *coluna da direita*, as atividades realizadas de forma coletiva e sob a coordenação do educador: as *Atividades Coletivas*. O quadro também define o tempo de duração médio que cada tipo de atividade deve ocupar em um período de oito horas, ao todo, podendo ser mais ou menos flexível e alterado para se ajustar às necessidades de cada estabelecimento. O objetivo desse quadro é auxiliar o educador a organizar seu planejamento diário de atividades, incluindo dentre as atividades de rotina, como troca de roupa, higiene, banho, sono, almoço e lanche, as atividades psicopedagógicas, de arte, hora da história e jogos.

A seqüência ficará por conta do estabelecimento, segundo a disponibilidade de espaços que possa oferecer. A mesma sala ambiente de artes, por exemplo, pode servir a mais de um grupo, assim como a sala de jogos psicopedagógicos, conseguindo desta forma uma otimização de recursos e facilitação maior na manutenção dos espaços ou uma *Sala de Multimeios*, que poderia oferecer cinema, música, local e equipamento para dramatização, blocos de espuma para transposição, colchões grossos, colchonetes e espelhos. O mesmo pode acontecer com o refeitório e o parque de recreação. Embora o quadro registre como diárias e obrigatórias as atividades de artes plásticas e as de jogos, as de recreação livre e as de história também devem ser consideradas como tal e devem ser realizadas diariamente. Educação física e musical podem se alternar, não sendo consideradas como atividades obrigatoriamente diárias.

Dentre as atividades de artes plásticas, todas as variedades apresentadas devem ser oferecidas, obrigatoriamente, todos os dias da semana, embora cada criança consiga realizar umas duas ou três apenas. A oferta deve ser variada, a fim de proporcionar a experiência de escolher, conseguindo, desta forma, manter a criança atenta por estar sempre realizando uma atividade de seu interesse. Com o passar do tempo e com o incentivo e encorajamento do adulto, todas as crianças conseguirão passar por todas as experiências e descobrir suas aptidões e interesses particulares, o que também tem seus benefícios com relação ao conhecimento que fazem de si próprias.

ATIVIDADES

DIVERSIFICADAS LIVRES	COLETIVAS
1a. *ARTES PLÁSTICAS* (50 minutos) diárias obrigatórias	1b. *ATIVIDADES INICIAIS* (65 minutos)
• Escolha e distribuição/atividades (5 minutos): 1. desenho com lápis-cera; 2. desenho com giz; 3. pintura a dedos; 4. pintura com pincel; 5. modelagem; 6. recorte e colagem; 7. técnica de enriquecimento especial da semana. • Limpeza e arrumação (5 minutos).	• Entrada/recepção das crianças (15 minutos) • Troca de roupas (10 a 20 minutos) • Hábitos de eliminação no troninho ou vaso sanitário (15 a 20 minutos) • Rodinha das novidades (15 minutos) • Chamada, calendário e janela do tempo (10 minutos)
2a. *JOGOS PSICOPEDAGÓGICOS* (50 minutos) diários obrigatórios	2b. *INTERMEDIÁRIAS* (150 minutos)
• Apresentação do material, escolha e distribuição das atividades (10 minutos): 1. Construção com blocos graúdos; 2. Construção lógica (tipo Lego); 3. Jogos de percepção (cor, forma, tamanho...); 4. Dramatização livre no cantinho ou "casa da boneca"	A seqüência varia de acordo com a disponibilidade de local específico em cada creche. • Colação (10 a 15 minutos) não exige local específico, desde que respeitadas as condições de higiene • História (15 a 20 minutos) na própria sala, em local especial ou na área externa, desde que em lugar confortável, calmo e aprazível

ATIVIDADES (cont.)

5. Cantinho para dramatização – "teatrinho"; 6. Cantinho de leitura com livros de história; 7. Cantinho de ciências com material específico. • Arrumação e guarda do material (5 minutos). (Vide *Educação Pré-Escolar* da mesma autora.)	• Rodinha de Ciências (20 minutos) na sala para desenvolvimento da Cadeia de Estímulos Integrados • Almoço (30 minutos). Deve ser realizado em refeitório próprio ou numa das salas, desde que resguardadas as condições de higiene e conforto necessárias • Higiene da boca (10 a 15 minutos). O local deve ser próximo ao refeitório ou ao local de recreação. Há dois momentos de higiene: um depois do almoço e outro depois do lanche da tarde • Sono (50 minutos) em local próprio ou adaptado com colchonetes. Não sendo necessário fazer escurecimento, deve-se manter a luz natural • Lanche (15 minutos). É preferível fazer-se uso de um refeitório, porém a própria sala pode ser utilizada para essa finalidade • Educação Física / Música (20 a 30 minutos) em dias alternados. É necessário haver disponibilidade de dois tipos diferentes de local para educação física: um na área externa, ao ar livre, e outro, em área coberta, salão ou ginásio, com uma parede de espelho.
3a. *RECREIO LIVRE* (duas sessões de 30 minutos)	3b. *FINAIS* (60 minutos)

ATIVIDADES (cont.)

• O recreio livre dá-se na área externa, que deve ter um espaço equipado com os aparelhos necessários ao exercício livre dos grandes músculos e deve ocorrer duas vezes por dia pela manhã e à tarde. Para dias de chuva é necessário dispor-se de uma área coberta para a mesma finalidade. (Vide livro *Educação Pré-Escolar*.)	1. Troca de roupas (10 minutos); 2. Rodinha para apreciação e entrega dos trabalhos do dia (20 minutos). A entrega deve ser diária; 3. Saída (20 minutos).
TOTAL a: 2h20minutos	TOTAL b: 4h40minutos

5

ESTIMULAÇÃO ESSENCIAL

Introdução

Creche não é escola nem preparação para futura escola. Creche deve ser um lugar bom de ficar, de brincar, de comer, de dormir e de crescer, o que inclui aprender, aprender muitas coisas úteis, coisas do dia-a-dia de qualquer criança:

- reconhecer o nome das coisas
- falar
- engatinhar
- sentar
- andar
- conversar
- usar o vaso sanitário
- vestir o *short* ou a calcinha
- lavar as mãos
- escovar os dentinhos
- tomar banho
- comer sozinha

Junto a isso, é claro, a criança vai descobrir que existem:

- coisas grandes e coisas pequenas
- coisas dentro e coisas fora
- coisas altas e coisas baixas
- coisas grossas e coisas finas
- meninas gordas e meninas magras
- comidas de que ela gosta e comidas de que não gosta
- histórias de que gosta e as de que não gosta

- coisas macias e coisas duras
- pessoas de quem gosta e outras que estranha

E ainda aprende:

- a cantar e a dançar
- a ouvir e a contar histórias
- a ser o super-homem ou a fada
- a ser o leão ou a bruxa malvada
- a fazer desenhos e modelagens
- a ver como andam as formiguinhas
- a ver como crescem as plantinhas
- a sentir que o sol esquenta as coisas e faz calor
- que o vento sopra as folhinhas
- que o caracol carrega a casinha

A linguagem e o desenvolvimento psicomotor é a base do seu conhecimento, porém, acima e mais importante que tudo, é a descoberta do "eu existo". Um bebê, se falasse, talvez pudesse dizer, em algum momento durante os primeiros três anos de vida: "Eu descobri que *existo*, que tenho olhos, boca e nariz, que tenho a *minha* barriga, que não sou um pedaço da minha mãe, nem a continuação do papai, eu sou *eu*, e *sou assim*." Esta é a construção do conhecimento mais vital para si, o do seu ***eu***, indivíduo especial. Esta declaração poderia ser enunciada, mas certamente é pensada ou simplesmente *sentida* por todas as crianças. Justamente isso é o que aponta a importância da educação nesse início de vida: a estruturação das bases da personalidade, o descobrir-se como pessoa, destacado do universo familiar, embora a ele ligado afetivamente, assim como a outras pessoas de suas relações próximas, como o seu educador, adulto de referência, na creche.

O currículo de atividades maternais, conforme Froebel chamou às atividades exercidas pelo adulto junto a crianças pequeninas, numa gradativa "substituição e complementação do trabalho de sua mãe", *deve ser rico em experiências de base afetivo-social*, produto de relações interpessoais ricas e estimulantes, entre adulto e criança. *Um currículo de estimulação*. Naturalmente, Froebel via a figura materna como uma mãe sempre boa, aquela que conjugava proteção e estimulação. O papel do adulto educador deve moldar-se neste modelo, semelhante ao da mãe (boa), que protege, sem sufocar ou restringir demasiadamente, e estimula o filho a crescer: andar, falar, experimentar coisas novas. *Incentiva-o a tentar realizar sozinho* determinadas tarefas, mas, ao mesmo tempo, está presente e *disponível para auxiliá-lo* e protegê-lo quando necessário.

O brinquedo e a saúde mental

Freud ensinava que "uma criança brinca não somente para repetir situações satisfatórias, mas também para elaborar as que lhe foram traumáticas e dolorosas". Ao brincar, a criança desloca para o exterior seus medos, angústias e problemas internos, dominando-os por meio da ação. Vejamos então não apenas pelo lado pedagógico, ligado à construção do conhecimento, mas enfoquemos o valor do brinquedo, dos jogos e atividades lúdicas, por sua importância na organização das emoções da criança.

Em torno dos quatro meses inicia-se a primeira atividade lúdica do ser humano, o jogo do esconde-esconde. Brincar de se esconder, aparecer e desaparecer ou de fazer aparecer e desaparecer objetos, atrás de um lençol. Nesse momento do desenvolvimento, o bebê atravessa uma etapa conhecida como posição depressiva, na qual ele tenta elaborar a necessidade de se desprender da relação única com a mãe para poder passar para a relação com o pai, estabelecendo, assim, uma tríade — mãe-pai-filho — que forma as bases das futuras relações do indivíduo com o mundo. Brinca com os olhos. Fechá-los e abri-los é perder o mundo ou possuí-lo. Brinca com os sons de seu corpo, o balbucio, por exemplo. Brinca extasiado com o chocalho. Os sons tocam e se calam.

Manipula-o, chupa-o, morde-o, joga-o ao chão, aperta-o nas mãozinhas. Quando atira algum objeto no chão, sempre espera que lhe sejam devolvidos. Não age por maldade, nem para controlar o adulto. Ele experimenta o poder de recuperação daquilo que ama. *Essa experiência de perda e recuperação é uma característica da fase que precisa ser bem vivida para ser bem elaborada.* É uma atividade lúdica em que o bebê precisa da cooperação do adulto, na qual a estimulação se mostra essencial ao desenvolvimento da sua saúde mental. Para muitos bebês, essas experiências acontecem na creche, e seu significado precisa ser entendido pelo seu adulto educador.

Aos poucos, a criança adquire diferentes modos de elaborar a angústia da perda. Através dos brinquedos e brincadeiras com o adulto, intui, sente e elabora que as pessoas e os objetos tanto podem aparecer como desaparecer. É através da ludicidade que alcança este sentimento-conhecimento.

Uma vez realizados jogos com seu corpo e com os das pessoas que o cercam, o bebê passa a brincar e explorar coisas inanimadas como o buraco da banheira, por onde some a água, que prende a sua atenção e interesse quase de forma obsessiva. Todos os bebês do mundo passam por isso e metem suas mãozinhas para ver aonde a água está indo. Outros buracos como os de canos, fendas na parede, da fechadura, de tomadas, a tampa de uma caneta, óculos serão alvo de atração irresistível e, juntos com um pau, um lápis e o próprio dedo servirão todos para unir e separar. Os adultos que lidam com bebês precisam compreender a função psicológica de todas essas brincadeiras a fim de participarem, como reforço e, ao mesmo tempo, protegê-los dos riscos que representam as diferentes tentativas de introduzir pequenos objetos em locais perigosos.

Entre oito e 12 meses, as diferenças anatômicas dos sexos se manifestam nos brinquedos. A menina prefere colocar objetos em lugares ocos. Os meninos, ao contrário, parecem preferir procurar objetos com os quais possam penetrar em lugares ocos, como carrinhos dentro de uma garagem. Túneis e garagens são brinquedos de sua predileção e permanecerão assim por um longo tempo. Os carros, aviões e locomotivas são a paixão dos meninos, compartilhada com as meninas. Crianças dessa fase já se deslocam, engatinhando, no espaço circundante, e seu campo de ação se amplia, começando uma paciente e consciente exploração dos objetos. Só o caminhar, no entanto, vai-lhe permitir afastar-se voluntariamente dos objetos e reencontrá-los. Acompanhar e tentar ajudar a adaptação de uma criança dessa fase, que ainda não elaborou bem sua capacidade de recuperação de objetos, pode ser difícil e complicado. A criança terá que ter seu tempo e experiências para elaborar os sentimentos de angústia da separação, junto à consciência da possibilidade de recuperação. Quanto mais lúdicas forem suas experiências nesse sentido e mais oportunidade de vivenciá-las tiver, mais segura e preparada estará.

Uma criança ama e teme as substâncias que saem do seu corpo, como fezes e urina. Uma vez que elas estão condenadas a desaparecer, devido às proibições do adulto, a criança busca na água, na terra e na areia os substitutos permitidos das fezes e da urina. Aos dois ou três anos, poderá dar vazão a esses sentimentos, ao brincar com a massa sintética de modelagem, que será um dos seus brinquedos preferidos, portanto indispensáveis numa creche.

Entre onze e dezoito meses aparecem os tambores, globos e bolas como brinquedos prediletos, simbolizando o ventre fecundo. O tambor serve à necessidade de descarga motriz. Uma tampa de alumínio e uma colher de pau são, para a criança dessa faixa etária uma atração irresistível. Se o adulto não quiser ceder suas panelas e colheres, precisa tratar de providenciar seus substitutos, brinquedos permitidos. Ao final do primeiro ano, o globo e a bola constituirão o centro de seus interesses. Além das bonecas e bonecos, os animais prediletos, de brinquedo ou de verdade, corporificam os filhos imaginados, que serão objetos de amor e de maus-tratos, e propiciam jogos essenciais ao desenvolvimento de uma personalidade saudável. Não podem ser omitidos na educação das crianças dessa idade. Bonecos, bonecas e animais representam os filhos e satisfazem suas necessidades de paternidade e maternidade.

Tampas, frigideiras, pratos e talheres servem para preparar e dar alimentos a seus filhos ou para submetê-los a privações. Essa experiência de alimentar e ser alimentado também auxilia a elaboração da perda e da recuperação. Não é por acaso que a casinha de bonecas ou o cantinho da dramatização livre da vida no lar deve fazer parte obrigatória do equipamento de uma creche ou pré-escola. Fogões e pias e mais pratos, bules, xícaras, panelas e frigideiras, junto a colheres e mamadeiras, todos de brincadeira, devem estar presentes na vida de uma criança de dois a seis anos.

Aos dois anos, começam a se interessar por recipientes que utilizam para derramar substâncias de um lugar para o outro. Sob o aspecto da construção do conhecimento físico, essas experiências são a base do futuro conhecimento de capacidade, que somente se completará por volta dos nove ou dez anos, mas, sob o ângulo psicológico, o interesse por essas brincadeiras indica a vontade da criança de conseguir controlar os esfíncteres. São motivações simultâneas. O estimulador competente encontrará tempo e disposição para cooperar nessas brincadeiras. A hora do banho é um momento bastante propício, mas é importante providenciar brincadeiras num tanque com água ou pequena piscina, incrementado com baldinhos, regadores e vasilhas.

Aos três anos, descobre como reter na memória ou recriar as imagens, diminuindo sua angústia de perda, através dos desenhos e garatujas, que passam a se tornar indispensáveis ao desenvolvimento saudável da criança. Essa atividade, aos poucos, compartilha com a modelagem, o centro de interesse da criança. A pintura alia a possibilidade do desenho, a oportunidade de mexer com líquidos que escorrem. Portanto, deve estar entre as atividades oferecidas às crianças de três anos. Somente os brinquedos de corda, que se movimentam sozinhos, causam profundas frustrações nas crianças pequenas, pela impotência e incapacidade de usá-los. Por isso devem ser evitados. Criança pequena não se satisfaz em ver e assistir, ela tem necessidade de fazer, e isso inclui pegar e mexer. Oferecê-lo e evitar que a criança toque o brinquedo é, no mínimo, injusto e incoerente.

A organização genital se desenvolve pouco a pouco, e meninos e meninas se sentem impelidos a experiências genitais, mas conseguem sublimá-las, quando o impulso sexual é canalizado para outras brincadeiras não-sexuais. Quando apanhados numa brincadeira desse tipo, não devem ser condenados ou punidos, sob pena de estarmos fazendo com que eles incorporem um valor negativo, de coisa suja, ruim ou pecaminosa à inocente brincadeira. Como diferem os valores a respeito da aceitação desse fato, como coisa da natureza humana normal, nas diferentes comunidades e grupos sociais, é indicado que os profissionais da creche enfrentem, com muita delicadeza, problemas dessa ordem e cuidem de apresentar outras brincadeiras como substitutos de interesse no momento, sem recriminações ou reprimendas. A simbologia da vida genital é muito rica entre os três e cinco anos, devendo ser aceita como fato natural do crescimento e tratada com simplicidade. Os órgãos genitais serão registrados nos desenhos infantis, com a mesma naturalidade como desenham a boca e o nariz.

Por volta dos três ou quatro anos, a destruição e a desordem começam a incomodá-los, pois lhes produzem sentimento de angústia e temor da perda de controle da situação. Começam, então, a manifestar interesse pela ordem e pela limpeza, que devem ser aceitas e incentivadas. *A luta contra tendências destruidoras começará a mostrar-se ativa e deverá ser apoiada e estimulada pelo exemplo e educação.* Por essa época, também se nota que dá mais prazer a uma criança ter de volta o seu brinquedo consertado que receber outro novo no seu lugar. Em termos de saúde mental, é mais fortalecedor acreditar na recuperação de uma perda do que conformar-se com a substituição de um objeto por outro. Adultos sábios, profundos conhecedores de criança, saberão encontrar disponibilidade e interesse em auxiliar uma criança a consertar o seu brinquedo, cientes de que esse seu cuidado será benéfico à reestruturação emocional dela. Conquistará seu amor e admiração. Cultivará a esperança.

Alguns cuidados essenciais ao brinquedo

1. A interferência na atividade lúdica, pelo adulto, prejudica o desenvolvimento da experiência que a criança realiza ao brincar e não deve ser admitida. Brincar junto com a criança significa não inventar por ela e não criar situações não imaginadas por ela, mas limitar-se a apoiá-la e acompanhá-la na sua fantasia.

2. Ao contrário do que muitos adultos podem imaginar, a criança não necessita de muitos brinquedos ao mesmo tempo, pois em demasia podem estancar o processo de fantasia e criação e confundi-la em suas experiências. Estímulos em excesso estressam; eles devem ser apresentados moderadamente.

3. Outro conceito errado, muito difundido, está relacionado ao tamanho dos espaços. Não é necessário que o local de brincar seja muito amplo, mas, sim, um recinto próprio do qual a criança se sinta dona, íntima, segura e à vontade dentro de *seus* domínios. Qualquer criança brinca melhor e mais tranqüila num local conhecido, onde saiba onde fica cada coisa.

4. Segundo Arminda Aberastury, "criança que brinca bem, tranqüila, com imaginação, dá prova de saúde mental, ainda que apresente muitos pequenos sintomas que possam angustiar os pais". Este, aliás, deve ser um fato observado quando num estudo ou avaliação do desenvolvimento de uma criança: sua forma de brincar. Passe a observá-la brincando e aprenderá muito a respeito dela.

A relação do adulto educador com a criança

Nesses primeiros anos de vida, a criança precisa muito do adulto, e a relação que mantiver com ele será fundamental ao processo, tanto de formação de sua personalidade, quanto de aprendizagem, que é, nessa fase da vida, essencialmente de transmissão oral e de bases afetivas. O adulto deve ser o intermediador entre a criança e o objeto de sua ação e conhecimento. O estimulador deve agir com ele, deve brincar *cooperativamente.*

Se a relação com o adulto educador for boa, gratificante, a criança gostará dele, confiará nele e procurará imitá-lo, e isso a impelirá a crescer. Na medida em que conta com o adulto como porto seguro para seus momentos de dificuldade, ela se sente confiante e estimulada a continuar sua ação exploratória do mundo, o que a fará ampliar o seu conhecimento do universo à sua volta e de si mesma. Quanto mais conhecimento construir a respeito do mundo e de si mesma, mais forte e segura se sentirá, mais confiante e capaz de continuar sua ação exploratória, e continuará crescendo. Ela aprenderá a gostar de aprender, a ter vontade de crescer. Todo o processo de ***estimulação essencial*** visa a ajudá-la a tornar-se gradativamente mais independente, auxiliando-a a criar e fortalecer uma boa imagem do seu *eu*. Somente uma boa dose de auto-estima consegue impelir a criança a enfrentar novas experiências que resultem em crescimento. Este deve ser o objetivo da ação estimuladora.

Se a relação com o adulto educador não for boa, quer por *superproteção*, ação que inibe, sufoca, fragiliza o indivíduo, quer por *rejeição*, desamor, negligência, abandono, duas ações aparentemente opostas, mas que têm efeitos semelhantes, a criança retrair-se-á, insegura, com baixo nível de autoestima e se fechará às possibilidades de exploração do mundo e de crescimento. Ela se recusará, como padrão de conduta, a experimentar coisas novas e, pior, aprenderá a ter medos (do adulto e das experiências novas) e, em conseqüência, descobrirá caminhos de agressão ou de fuga que cada vez mais a distanciarão da liberdade, independência e aprendizagem, tornando-se prisioneira de si mesma, circunscrita a seu mundo interior e particular. Por isso, quando essas experiências de castração ou de negligência e abandono são fortes e prolongadas, geram patologias mentais sérias e, muitas vezes, irreversíveis, por estarem formando as bases estruturais de uma identidade. Quando brandas, levam a criança a recusar-se sistematicamente a experimentar coisas novas e manter sua curiosidade sob controle fechado, escolhendo, como alternativa, esperar que os outros façam por ela, pois isso implica menos risco de sofrimento e de fracasso, que é o que uma criança, fragilizada em sua identidade, mais teme. Neste caso, perderá a oportunidade de aprender. Não se tornando receptiva aos estímulos, não haverá crescimento, e isso é um processo de incorporação de hábitos progressiva, em que, cada vez mais, ela tenderá a esperar que os outros façam, em seu lugar, aquilo que não tem coragem de experimentar por si mesma. O resultado desastroso disso pode ser facilmente observado em asilos de crianças abandonadas. Ao fim de algum tempo, todas parecem menos dotadas. Caberá ao adulto estimulador conquistar a sua confiança, o que já se mostra não ser um trabalho de natureza exclusivamente pedagógica, mas, sim, de estimulação essencial do desenvolvimento, ***de natureza psicopedagógica***.

Conceito de estimulação essencial

Estimulação essencial é toda ação psicopedagógica, de base afetivo-social, exercida sobre a criança, e reside no oferecimento e manutenção de condições essenciais ao seu desenvolvimento pleno e harmonioso. É realizada de forma oral e afetiva, sistemática e assistematicamente, ligada diretamente às situações vivenciadas pela criança no ambiente da vida natural. A estimulação essencial só pode ser exercida quando existir disponibilidade afetiva do adulto educador. Sem esta condição, não existem brinquedos ou materiais capazes de mobilizarem, na sua plenitude e integração, as forças necessárias à exploração e ao conhecimento do mundo. O adulto precisará ser o intermediador entre a criança e o objeto de sua exploração. Mesmo que os objetos sejam atraentes, é a confiança no adulto, por sua natureza essencial, que faz com que a criança tome iniciativas de investigação e realize as indispensáveis trocas com este. É fundamental que o adulto lhe dê o *feed-back* necessário à promoção da construção do conhecimento.

Todas as situações de cuidado do bebê devem ser envolvidas por um clima de afetividade, na busca de se manter uma efetiva comunicação com o mesmo. Nada pode ser feito mecanicamente. O desabrochar do ser humano exige, além dos cuidados de higiene e boa alimentação, relações humanas de base afetivo-social que proporcionem estímulo para o desenvolvimento saudável da sua vida emocional e intelectual. Exige sensibilidade por parte do estimulador para agir em conformidade com a capacidade e disponibilidade da criança no momento adequado. Prefiro por isso o adjetivo *essencial* para qualificar o trabalho de estimulação, ao mais comumente utilizado, *precoce*, que parece dar uma conotação de algo a ser feito antes do tempo, ou seja, precocemente, o que não seria adequado, nem desejável.

A estimulação essencial reside em incentivar a criança a realizar um exercício natural, de sua própria iniciativa, ajustado às suas possibilidades físicas e motoras do momento. A estimulação deve produzir, na criança, *uma resposta de mobilização de esforço voluntário para alcançar um fim determinado pelo seu próprio interesse.*

Interagindo com a criança, estimula-se o desenvolvimento da inteligência, fazendo com que o bebê desenvolva o comando ou direção de suas ações e possibilitando a ele ajustar continuamente suas respostas motoras aos seus intentos que, gradativamente, vão-se tornando atos conscientes. Os bebês não se desenvolvem no vazio social. A intermediação do adulto na mobilização de seus esforços é essencial ao seu crescimento. Por outro lado, a consciência do desejo e a consciência da necessidade agem como *reforço da estruturação do **eu**, outro objetivo e efeito da estimulação essencial.* A consciência do eu individual, sempre necessariamente anterior à consciência do eu social, é produto e condição de cooperação. É trabalho para ser realizado antes dos três anos de idade. Portanto, em grande parte, na creche.

A estimulação essencial retira a criança da inércia, pelo convite à brincadeira afetivo-social com o adulto. *Essa relação lúdica, de cooperação mútua, necessariamente envolvida de linguagem, amplia o mundo de significados e de palavras, o mundo de experiências intelectuais da criança*, dando acesso a um universo de imagens auditivas, da fala, associadas às situações concretas e significativas, proporcionadas pela brincadeira.

A estimulação não é apenas importante; ela é ***essencial*** ao desenvolvimento pleno e harmonioso da criança e atua sobre todas as funções psicomotoras, abrangendo até, se corretamente realizada, o desenvolvimento afetivo da criança, o incremento de sua auto-estima, visto como bem-estar psicológico, que deve ser o objetivo máximo da ação do adulto estimulador.

O estimulador deve interagir com o bebê de forma tal, que facilite o processo de desenvolvimento psicológico-afetivo deste, propicie o seu processo de separação-individuação e a estruturação das bases de sua personalidade, sob condições ótimas de saúde mental. Para isso é essencial que esta relação adulto-bebê seja boa, isto é, proporcione prazer ao bebê.

Formação do estimulador

A ação educativa adequada às características do desenvolvimento das crianças na primeira infância é de alto grau de responsabilidade e não deve ser exercida de forma diretiva ou por treinamento, sob o risco de gerar desajustes ou desvios de comportamento, frutos de experiências negativas e dolorosas ou bloqueadoras. Coerção e autoritarismo são duas formas de domínio do homem e de sua mente que precisam estar, necessariamente, afastadas da educação dos bebês, nessa fase de formação de suas estruturas básicas de raciocínio, pois criam e desenvolvem formas de dependência moral e intelectual, heteronomia, oposto da desejável autonomia intelectual, essencial à construção das bases do futuro julgamento crítico. A conduta do estimulador deve ser a de um líder democrático, que propicia, coordena e mantém um clima de liberdade da ação da criança, limitado apenas pelos direitos naturais dos outros. A de *um educador que coordena sua ação à ação da criança, pelo conhecimento e ligação com as emoções desta.* A de *um educador que atue em sintonia com a criança para estabelecer a necessária cooperação mútua.* Esse educador precisa, necessariamente, ter antes construído a sua própria autonomia intelectual e emocional. Ele precisa *ser também um profundo conhecedor, e curioso, do desenvolvimento humano,* para ser capaz de fazer diagnósticos rápidos e precisos, elaborando hipóteses prováveis e criando situações em que possa testar e avaliar essas hipóteses, com segurança, a fim de ampliar, continuamente, seu conhecimento sobre crianças e, em especial, sobre a criança com quem estiver lidando para melhor adequar a sua ação educativa. Ele deve ser um consumidor e estudioso compulsivo de livros sobre psicologia infantil e observador apaixonado de crianças.

A empatia, como aptidão inata do educador, é fundamental, mas precisa ser ampliada pelo conhecimento, especialmente da filosofia e da psicologia. Cursos meramente de exposição oral e de leitura não formam, infelizmente, esse tipo de profissional, não o qualificam para diagnosticar e conhecer a criança com a qual lida e não dão suficientes segurança e autonomia ao educador para que seja capaz de traçar as metas de seu trabalho, definir os seus propósitos de vida e de educação. Não oportunizam o desenvolvimento de laços essenciais de afinidade psicológica com crianças e não oferecem chance ao profissional de verificar se ele possui essa inestimável e imprescindível aptidão. É preciso aliar a teoria à prática e valorizar o conhecimento produzido a partir desta.

É preciso que o educando professor se aproxime da criança, para que laços afetivos se criem e, então, possam trocar o indispensável *feed-back* entre si e se conhecer. Sem haver disponibilidade afetiva do educador de crianças pequeninas não haverá crescimento técnico profissional possível. E esta disponibilidade afetiva é uma qualidade indispensável ao trabalho de um estimulador. Ver fotos da pág. 347 a 355.

Estimulação essencial no berçário

A estimulação não precisa ocorrer necessariamente em horários predeterminados. Embora o dia seja planejado de forma a oferecer momentos especiais para se fazer o trabalho de estimulação, ela deve acontecer durante os momentos de relação do bebê com o adulto educador. Os momentos de rotina, como trocar fraldas, dar mamadeira, água ou dar banho, devem ser aproveitados para a realização de atividades de estimulação básicas que compreendem essencialmente o contato íntimo de comunicação afetiva do bebê com o adulto educador. Vejamos alguns exemplos:

- conversinhas com voz suave, carinhosa e melodiosa;
- carícias na pele do bebê, acompanhadas de conversinhas;
- embalo agarradinho do bebê, com suavidade e carinho;
- brincadeiras de esconde-esconde alegres, sem excitação exagerada.

Todas as atividades devem ser envolvidas de linguagem afetiva, oral e gestual, além de contato físico prazeroso. A relação deve produzir prazer nos dois envolvidos: adulto e bebê. Se não for assim, não estará acontecendo. O estimulador e a criança devem estabelecer uma relação harmoniosa e perfeita de corpo, pensamento e emoção, para que seja completa e mútua. Criada esta situação, o adulto incentiva a criança a explorar o seu próprio corpinho, o do estimulador e os objetos próximos, levando-o a tocá-los com suas mãozinhas. Dessa forma, o estimulador encorajará o bebê a sentar, a pôr-se de pé, a andar, sempre que sentir ser o momento adequado, sem forçar o bebê a fazer aquilo para o qual ainda não está capacitado. Embora as atividades devam ter como características a alegria, o prazer e a estimulação, elas não devem ser exageradamente excitantes e, nunca, barulhentas. O bebê reage bem à voz calma, baixinha, suave e melodiosa do adulto, e reage mal a gargalhadas em volume alto, à voz estridente e a brincadeiras muito movimentadas.

Além das atividades naturais, espontâneas, proporcionadas pela oportunidade das situações de rotina, há outras que se podem realizar, de forma mais planejada, através do uso de brinquedos específicos. Mas, de qualquer maneira, são a disponibilidade afetiva do educador e sua presença atuante as garantias do sucesso da estimulação, pois, só dessa forma, o bebê pode se sentir tranqüilo, seguro, receptivo e disposto a reagir aos estímulos proporcionados pelos brinquedos. Vejamos alguns exemplos de materiais e brinquedos indispensáveis a um trabalho de estimulação essencial num berçário que devem fazer parte do equipamento básico da sala de estimulação.

Brinquedos e materiais de estimulação no berçário

- Almofadas de todos os tamanhos, formatos e cores, forradas de tecido colorido ou estampado vibrante, com fronhas ou forros que possam ser trocados e lavados constantemente.
- Almofadas mais duras, também em diferentes formatos e cores vibrantes, forradas em plástico ou vinil, que possam ser diariamente higienizadas com pano embebido em álcool.

- Argolas de várias cores e tamanhos que possam ser puxadas, enfiadas e empilhadas em pinos especiais, de material plástico, leve, resistente, colorido e lavável.
- Bebês-conforto de material plástico, resistente, colorido e lavável, para deixar o bebê reclinado, por alguns minutos, sobre o colchonete durante as brincadeiras de estimulação.
- Blocos de espuma plástica em vários formatos de sólidos, forrados de tecidos coloridos e laváveis.
- Blocos de espuma plástica em vários formatos e tamanhos de sólidos, forrados em plástico ou vinil, que possam ser diariamente higienizados com pano embebido em álcool.
- Bolas de várias cores e tamanhos, leves e macias, feitas de material de fácil higienização.
- Bonecos macios, leves, coloridos e laváveis.
- Brinquedos compostos por peças coloridas, de tamanho tal, que não possam ser introduzidas por inteiro na boca, para atarraxar, enfiar e encaixar umas dentro das outras.
- Brinquedos de puxar, feitos em material de cores atraentes e laváveis.
- Brinquedos e móbiles coloridos e laváveis que produzam som quando tocados.
- Chocalhos dos mais diferentes formatos e sons.
- Colchonetes finos, de espuma plástica, forrados de tecido colorido, impermeável e lavável, para amortecer as quedas do bebê no início da aprendizagem da marcha.
- Colchões mais grossos para brincadeiras de puxar, enrolar, dar pulos e cambalhotas, também forrados de tecido colorido, impermeável e lavável.
- Conjuntos de barris ou de vasilhas de encaixar e empilhar, de material de cores atraentes, leves e laváveis.
- Conjuntos de cubos de encaixar e empilhar, de material de cores atraentes, leves e laváveis.

- Espelhos horizontais e verticais que reflitam a imagem do bebê, quer esteja deitado de bruços no chão, sobre o colchonete, quer esteja sentado ou recostado em bebê-conforto, quer esteja de pé.
- Guizos introduzidos dentro de brinquedos de forma que produzam som quando sacudidos ou movimentados, de tal tamanho que não possam ser introduzidos na boca, pendurados fortemente em outros brinquedos e móbiles.
- Móbiles coloridos que possam ser puxados pelos bebês, suspensos por elásticos grossos e coloridos. Um sobre cada berço e vários sobre o espaço da estimulação. Devem existir na creche em número suficiente para serem trocados a cada semana.
- Pandeiros resistentes, laváveis e coloridos.
- Tambores resistentes, laváveis e coloridos.

Duração das atividades de estimulação no berçário

De forma assistemática

A estimulação deve ser exercida como forma de brincadeira gentil, carinhosa e suave em todos os momentos de contato do adulto com a criança de maneira oportuna. Essa forma é a não-sistemática e absolutamente essencial na rotina da creche. *Contatos frios e mecanizados* são incompatíveis com o trabalho junto ao bebê, pois *interrompem o processo de estimulação, de relacionamento e vinculação* do bebê com o adulto. Todos os cuidados de higiene e de alimentação devem ser envolvidos pelo traço de relacionamento afetivo do estimulador. Todas as oportunidades com o bebê devem ser momentos que produzam uma relação afetiva de prazer para o adulto e a criança.

De forma sistemática

A estimulação também deve ser realizada de forma sistemática, planejada em, pelo menos, duas sessões por dia, uma na parte da manhã e outra à tarde, nos momentos em que o bebê estiver desperto, respeitando-se seus horários e períodos de sono e de vigília, estes (os períodos de vigília) cada vez maiores à medida que o bebê cresce. Sempre que acordado, o bebê deve ser levado ao colchonete fino, no chão, junto à barra de locomoção, espelhos, almofadas, bebê-conforto, brinquedos e móbiles, no recanto organizado para a estimulação. Neste local deve o estimulador estar pronto e disponível para brincar prazerosamente, usando de toda sua técnica e intuição afetiva para conseguir o máximo de mobilização do bebê. Isso inclui abraçá-lo, colocá-lo sobre o ventre, estando o estimulador deitado de costas ou sobre o seu colo, quando sentado sobre o colchonete. O bebê também pode ficar recostado em algum encosto de almofadas ou no bebê-conforto, de bruços sobre o colchonete, deitadinho de costas ou em pé, agarradinho à barra de locomoção. Sua posição deve ser modificada a cada cinco minutos ou sempre que revelar desconforto. Seu rosto deve estar sempre voltado, e suas mãos próximas a algum brinquedo atraente ou ao espelho. O importante é que o estimulador esteja presente, atuante e disponível afetivamente e disposto a brincar com o bebê, oferecendo brinquedos e criando brincadeiras, numa forma a desafiar o bebê a realizar algum movimento em direção a eles, a fim de tocá-los. O desafio tem que estar sempre presente, dosado de forma tal, que seja sempre possível ao bebê coordenar suas ações motoras a fim de obter o prazer como recompensa pelo seu esforço. Dosar adequadamente o grau de desafio será sempre uma busca e uma prova de competência do estimulador.

Substituição programada de brinquedos

Para que os brinquedos conservem o seu caráter estimulante, devem ser atraentes e despertar a curiosidade do bebê. Para que se mantenham com essas características é preciso que sejam renovados periodicamente. Sugiro que cada coleção de brinquedos seja oferecida, no máximo, pelo prazo de uma semana, quando deve ser substituída por outra. Cada coleção deve ser composta por brinquedos que atendam a variados objetivos de manipulação, explorando diferentes habilidades motoras e perceptivas do bebê. Os móbiles devem ser substituídos na mesma periodicidade, não devendo permanecer por mais de uma semana sobre o berço, nem sobre a área de estimulação, por mais bonitos que sejam. Por esse motivo, deve ser feita a anotação dos brinquedos oferecidos, no caderno de observações do estimulador, a fim de que possa existir uma forma facilitadora do controle do oferecimento variado de brinquedos e que não possibilite repetição continuada de brinquedos preferidos pelo adulto. Os brinquedos devem ir e vir periodicamente.

Caderno de registro de observações

Um bloco ou caderno de anotações das observações do dia deve estar sempre à mão para que o estimulador registre as reações novas do bebê quando são apresentadas. Esse caderno pode ser único para todo o grupo para não complicar as atividades do adulto, porém tem que ser datado, a cada dia, e conter todos os registros referentes a cada fato ocorrido sobre o desenvolvimento de cada bebê. No momento de redigir, no final do mês, o relatório de avaliação de cada criança sob sua responsabilidade, ele faz a leitura deste caderno, que contém todas as observações diárias, e retira daí os fatos mais relevantes do desenvolvimento de cada um, que estarão registrados e datados em ordem cronológica, e monta os relatórios individuais.

O quadro a seguir apresenta uma organização de horários que aponta vários momentos do dia em que a estimulação pode acontecer — cinco sessões ao todo. Naturalmente, como não pode fazer estimulação em grupo com vários bebês ao mesmo tempo, ele se organiza de tal forma que consiga realizar pelo menos duas sessões por dia, com cada bebê, uma pela manhã e outra à tarde, de forma mais demorada e com possibilidade de registro no seu caderno de observações do dia.

HORÁRIO DE ATIVIDADES DO BERÇÁRIO

HORÁRIO	ATIVIDADE	AÇÃO PSICOPEDAGÓGICA
Entre 7h e 7h30min	Chegada do bebê	Recepção, com acolhida afetiva e troca de informações com o responsável.
Entre 7h15min e 8h	Troca de roupas	Entremeada de conversinhas, com voz suave e melodiosa e carícias físicas espontâneas. Tudo em clima de alegria e com marcante bom humor.
Entre 7h30min e 8h	Solário Primeira sessão de estimulação	Presença cooperativa do educador auxiliada por alguns brinquedos, exceto quando o bebê adormece. É, na verdade, a primeira sessão de estimulação do dia, e por causa disso os brinquedos deverão estar selecionados, evitando-se a repetição continuada dos mesmos durante muitos dias.
Entre 8h e 8h30min	Suco ou colação	No colo, com carinho e conversinhas.

HORÁRIO DE ATIVIDADES DO BERÇÁRIO (cont.)

HORÁRIO	ATIVIDADE	AÇÃO PSICOPEDAGÓGICA
Entre 8h30min e 9h	Primeiro banho	Momento muito propício à estimulação de todo o corpo, que deve ser respeitosamente manipulado por carícias físicas, junto ao contato da água e do sabonete, gerando prazer e alegria. Nunca poderá ser um ato frio e mecânico, como uma lavagem de pratos. Alguns brinquedos preferidos também poderão estar presentes. O "diálogo" afetivo entre o adulto e o bebê é indispensável. O adulto deve acompanhar com sua fala as atividades que estiver realizando, empenhando-se para que o bebê esteja participando atento à sua linguagem.
Entre 9h e 10h	Sono e/ou segunda sessão de estimulação	Depois de um breve e indispensável passeio de colo, para mexer em móbiles atraentes que devem existir no berçário, o bebê deve ser colocado no chão, sobre um fino acolchoado, ou reclinado em um bebê-conforto. Sempre de forma confortável e próximo aos brinquedos selecionados para o dia. A presença e a participação do adulto são indispensáveis e devem ter a finalidade de intermediar a brincadeira. Se forem muitos os bebês, o adulto dá atenção, um pouquinho, a cada um. Nunca se dirigindo a todos ao mesmo tempo. Nesta área ficam os espelhos e a barra de locomoção.

HORÁRIO DE ATIVIDADES DO BERÇÁRIO (cont.)

HORÁRIO	ATIVIDADE	AÇÃO PSICOPEDAGÓGICA
Entre 10h e 11h	Almoço (para maiores de quatro meses) Mamadeira (para os menores)	Nenhuma atividade pode ser exercida de forma mecânica e impessoal; nem o melhor dos alimentos justificaria isso. É preciso que o adulto converse com o bebê a que estiver alimentando ou o aconchegue, no colo, se estiver dando a mamadeira. Sua voz deve ser muito suave, mas alegre e prazerosa. Um elo afetivo-social deve-se estabelecer entre o bebê e o adulto nesta hora.
Entre 11h e 11h30min	Sono e/ou terceira sessão de estimulação	Repete-se a brincadeira sobre o acolchoado e faz-se um pequeno passeio de colo, aguardando a hora do banho.
Entre 11h30min e 13h30min	Quarta sessão de estimulação	Em geral pode ser mais elaborada que a primeira, pois os bebês permanecem acordados por mais tempo. Pode-se introduzir uma atividade musical, desde que muito suave e prazerosa, ou acrescentar um jogo mais elaborado.
Entre 13h30min e 14h	Segundo banho, se verão, ou se necessário	O procedimento é o mesmo que do banhinho pela manhã.
Entre 14h e 15h	Lanche	Qualquer forma ou momento de alimentação deve gerar trocas afetivas e conversinhas do adulto com o bebê. Nunca poderá ser um ato mecânico destituído de afetividade.
Entre 15h e 16h30min	Quinta sessão de estimulação	O mesmo que nas anteriores, procurando-se utilizar brinquedos diferentes. A hora é propícia à narrativa de um livrinho de gravuras ou atividade musical.

HORÁRIO DE ATIVIDADES DO BERÇÁRIO (cont.)

HORÁRIO	ATIVIDADE	AÇÃO PSICOPEDAGÓGICA
Entre 16h30min e 17h30min	Preparação para a saída	Registros finais nas agendas-cadernetas, verificação, guarda e arrumação dos objetos pessoais do bebê na sua bolsa. Troca de fraldas como atividade afetivo-social entre o adulto e o bebê.
Final do dia	Entrega do bebê	Da mesma forma que na recepção do bebê, é importante que haja uma troca de informações orais entre o educador e o responsável pelo bebê, apesar dos registros na agenda. O bebê não pode ser passado como um simples objeto das mãos de um para as de outro.

Atividades do grupo maternal

Da mesma forma que no berçário, as atividades de estimulação no grupo de crianças maiores, no maternal, exigem a presença ativa, carinhosa e estimulante do adulto, para que se estabeleça uma comunicação afetiva que torne a criança receptiva, segura e disposta a reagir aos estímulos proporcionados pelas brincadeiras com o estimulador. Não basta que os materiais e brinquedos sejam atraentes; é a qualidade da relação com o adulto que mobiliza o interesse e o esforço da criança.

Atividades espontâneas, lúdicas e criativas

Toda estimulação reside em incentivar a criança a realizar um exercício natural, por sua própria iniciativa, ajustado a seu nível de desenvolvimento. *Conquistar essa iniciativa voluntária é o papel do estimulador.* A estimulação deve produzir uma resposta de mobilização de esforço da criança para alcançar um fim de seu interesse, ou seja, responder a um desafio, ao qual ela esteja capacitada para resolvê-lo. Isso impõe uma atividade *lúdica* de sua escolha.

Treinamentos que exigem da criança apenas a execução de tarefas, sem a participação de sua direção intelectual, do seu comando voluntário, são formas incompletas, medíocres e desaconselháveis de trabalho com crianças inteligentes. A estimulação exige atividade mais criativa, ação motora que integre inteligência, emoção e imaginação. O objetivo da estimulação é o desenvolvimento integral e harmonioso da criança que a capacite a desempenhos, cada vez melhores e mais adequados, frente a situações futuras. Treinamentos não resistiriam a situações novas e imprevisíveis.

No maternal a estimulação também se deve realizar de duas formas, sistemática e planejada, e de forma assistemática, durante as atividades de rotina como as de higiene e de alimentação: almoços, lanches, troca de roupas, banho, passeios e conversinhas. Todas essas situações informais devem ser envolvidas em linguagem oral, afetiva e gestual, e de contato físico carinhoso: carícias, abraços e beijinhos devem fazer parte do elenco de atividades informais de relação afetuosa de estimulação essencial. É fundamental que adulto e criança estabeleçam uma relação completa de corpo, pensamento e emoção para que a linguagem do adulto entre em sintonia com a da criança. Estabelecido esse vínculo, o estimulador incentiva o exercício natural de exploração do mundo, que leva a criança a gradativamente ampliar e construir o seu conhecimento a respeito: do seu próprio corpo, corpo do adulto, objetos e animais ao seu redor, em suas relações de forma, tamanho, cores, quantidade e posição no espaço.

A ação do adulto deve ser um misto adequado de proteção e encorajamento que leve a criança a interessar-se por experimentar coisas novas e a fazer, cada vez mais, tentativas para alcançar o domínio de seu corpo e movimentos.

A estimulação pode se exercer de forma mais sistemática durante as atividades livres e criadoras, já descritas no capítulo sobre currículo, em uma ou duas sessões diárias, que incluam artes plásticas, jogos psicopedagógicos e dramatização livre, com a duração de 30 a 50 minutos, de acordo com a idade das crianças do grupo, conforme dados informados no mesmo capítulo. Para o estimulador é importante conhecer as ações indispensáveis que devem estar presentes num currículo de estimulação, a fim de poder planejar com maior eficiência os jogos e atividades a oferecer e selecionar os materiais de acordo com os estímulos que devem propiciar. A seguir, as ações da criança que o estimulador deve estimular:

1. Amassar (papéis, massinha feita com farinha de trigo, objetos macios);
2. Apertar (bichinhos macios);
3. Armar (jogos de peças que se encaixem);
4. Arrastar (brinquedos sobre o chão);
5. Bater (em bolas, caixas, latas, tambores e pandeiros);
6. Cantar (acompanhando a voz do estimulador, com ou sem instrumento musical);
7. Colar (papéis, tecidos e outros materiais adequados);
8. Colorir (com lápis-cera sobre folhas grandes de papel);
9. Dramatizar (histórias e personagens conhecidos, com liberdade de expressão);
10. Empilhar (brinquedos, blocos, argolas e afins);
11. Encaixar (peças de brinquedos, cubos ou vasilhas);
12. Encher e esvaziar baldes e forminhas com areia e água;
13. Enfiar (peças graúdas em pinos grossos);
14. Engatinhar por pisos duros e macios;
15. Escorregar por planos inclinados;
16. Esfregar;
17. Folhear (livrinhos de gravura);
18. Mexer (panelinhas e vasilhas com colher);
19. Modelar (areia molhada, massinha sintética ou massa de biscoito);
20. Montar (sobre almofadas, brinquedos ou sobre o corpo do estimulador);

21. Ouvir histórias narradas e rimadas ou poesias;
22. Ouvir músicas (gravadas ou de instrumento ao vivo);
23. Pintar com mãos e dedos;
24. Pintar com pincéis;
25. Pular de pequenas alturas sobre superfícies mais e menos macias;
26. Produzir sons com instrumentos simples;
27. Puxar e arrastar brinquedos por uma corda ou uma haste;
28. Rabiscar com lápis-cera;
29. Rasgar papéis;
30. Raspar;
31. Recortar com tesoura rombuda (maiores de três anos);
32. Rolar pelo chão liso ou forrado, duro ou macio;
33. Soprar (deslocar objetos leves, soprando em canudos plásticos, ou fazer espuma e bolas de sabão);
34. Tampar e destampar (caixas, vasilhas e panelas).

O lúdico e a liberdade de escolha devem ser obrigatórios

É fundamental que todas as atividades mencionadas sejam revestidas de um caráter lúdico que gere uma dose adequada de desafio, aliado a prazer. Em nenhuma hipótese deverão ser oferecidas como treinamento, objetivando exclusivamente melhores desempenhos motores. É indispensável que seja garantida à criança a liberdade de escolher, entre variada oferta de brincadeiras e materiais, aquela que mais corresponda ao seu interesse do momento.

Os materiais devem estar dispostos em mesinhas ou prateleiras, de forma que a criança possa escolher, apanhar e brincar com aquele que desejar. A metodologia empregada deve ser a do trabalho diversificado livre e criador, que defendo, desde os anos 60, como forma ideal e adequada à educação de crianças pré-escolares e que vem sendo, gradativamente, aceito e aplicado em todas as boas instituições, quer sejam creches ou pré-escolas, em todo este imenso Brasil (com imenso orgulho e gratificação para mim). Vide fotos pág. 356.

A atividade lúdica proporcionada pelos jogos, brinquedos e artes plásticas é essencial ao desenvolvimento intelectual e psicológico da criança pequena, pois incentiva-a a exercitar toda sua capacidade exploratória e investigativa natural, ajustada a seu desenvolvimento, assim como a elaborar seus sentimentos e emoções.

Repetindo Freud: "Uma criança brinca não somente para repetir situações satisfatórias, mas também para elaborar as que lhe foram traumáticas e dolorosas." Ao brincar, a criança desloca para o exterior seus medos, angústias e problemas internos, dominando-os por meio da ação.

Bonecas, bichinhos de pano, de pelúcia ou plástico laváveis; pias, fogões, panelas, loucinha e colherinhas; carrinhos de bonecas, telefones, vassouras e mesas de passar; indumentária masculina e feminina incrementada com capas de super-heróis, coroas e jóias devem fazer parte obrigatória dos equipamentos que levam à dramatização livre da vida no lar e de seus personagens. Todo o material de jogos psicopedagógicos que proporcionem os objetivos e atividades já descritos em capítulo anterior sobre currículos, assim como toda sorte de material de artes, como vão aqui relacionados, devem constituir o arsenal obrigatório de um adequado currículo de estimulação de crianças do maternal.

Relação do material de artes

1. Algodão para colagem;
2. Cola branca;
3. Folhas de cortiça, de plástico e de materiais variados que se conjuguem às atividades de desenho, recorte e colagem;
4. Folhas de papel de várias cores, espessuras e tamanhos;
5. Fios de barbante, de fita ou de lã para recorte e colagem;
6. Lápis-cera de bastão, de todas as cores;

7. Massa de modelagem não-tóxica, de várias cores;
8. Papéis de bala e forminhas de doce, para recorte e colagem;
9. Pedaços de tecido de várias cores, estampados e texturas para colagem;
10. Pincéis redondos e chatos, de tamanhos grandes e médios;
11. Pó para produzir anilina líquida de todas as cores;
12. Sucata de cartolina ou papelão de embalagens descartáveis para recorte e colagem;
13. Sucata de madeira, como fósforos e suas caixinhas, com a mesma finalidade;
14. Sucata de metal, como tampas, para a mesma finalidade;
15. Sucata de plástico, como embalagens descartáveis, com a mesma finalidade;
16. Tesouras rombudas;
17. Tinta-guache não-tóxica de todas as cores.

Horário da estimulação essencial no maternal

Assim como no berçário, a estimulação essencial deve ocorrer de forma sistemática, programada e assistemática, que se inicia no momento de ingresso na creche, através da formação do hábito de cumprimentar as pessoas, prolonga-se por todas as atividades do dia e termina, na despedida, à hora da saída. A estimulação mais sistemática é a que ocorre quando o educador destina um momento especial do seu tempo à realização de uma atividade que inclua um nível de desafio maior que surpreenda a criança numa atividade ou num jogo novo. De forma geral, isso ocorre com mais freqüência durante as atividades de educação física, de artes ou durante os jogos psicopedagógicos. Cabe ao estimulador programar, no mínimo, uma atividade de estimulação pela manhã e outra à tarde, lembrando-se sempre de que a ação do adulto deve ser um misto adequado de proteção e encorajamento que leve a criança a interessar-se por experimentar coisas novas e fazer, cada vez mais, tentativas para alcançar o domínio de seu corpo e movimentos. Lembrando-se, também, de que a estimulação é um ato de natureza afetivo-social e de cooperação mútua entre o adulto e a criança.

O horário de uma creche deve primar pela flexibilidade para se ajustar melhor às condições até mesmo climáticas de cada dia e às necessidades de desenvolvimento das crianças. A seqüência de rotinas deve, no entanto, ser estabelecida, embora a duração de cada atividade possa variar em função das necessidades do momento específico. O intervalo entre as refeições, no entanto, deve ser sempre respeitado, pois é essencial ao estabelecimento do relógio biológico da criança e do ritmo de suas funções fisiológicas, que comandarão até seus horários de sono e de vigília e determinarão os períodos mais adequados à estimulação psicopedagógica. A elaboração de horários, a fim de melhor distribuir as atividades durante o período de permanência da criança na creche, é uma das atribuições da direção, que deve realizá-la em colaboração estreita com seus assessores: pediatra, psicólogo, orientador pedagógico e nutricionista.

A título de sugestão, para complementar as informações dadas no capítulo anterior sobre currículo, sugiro dois exemplos de horário: um, de permanência longa, que vai das 7h da manhã às 8h da noite (12 horas), com quatro refeições oferecidas em intervalos de três horas, e outro, mais comum, que é o das 7h da manhã às 5h30min da tarde (10 horas e meia), com três refeições. Depois de estabelecido o horário a ser cumprido, o educador, no seu plano diário, deve programar duas sessões de 20 minutos cada, sendo uma pela manhã e outra à tarde, para a realização da estimulação de forma mais intencional, aumentando um pouquinho o grau de dificuldade de uma atividade, com a finalidade de exigir da criança uma mobilização de esforço intencional a fim de solucionar o problema.

SUGESTÕES DE HORÁRIO DO MATERNAL

1. HORÁRIO MAIS LONGO

HORÁRIO	ATIVIDADE
das 7h às 8h	Recepção e recreação livre na área externa
das 8h às 8h15min	Higiene
das 8h15min às 8h30min	Colação
das 8h30min às 9h15min	Recreação e jogos ao ar livre
das 9h15min às 9h30min	História
das 9h30min às 10h45min	Atividades livres e criadoras / artes plásticas na sala
das 10h45min às 11h	Higiene das mãos
das 11h às 11h30min	Almoço
das 11h30min às 11h45min	Higiene dos dentes
das 11h45min às 12h	Historinhas e/ou cantigas de ninar
das 12h às 14h	Repouso
das 14h às 14h30min	Colação (suco)
das 14h30min às 14h45min	Higiene
das 14h45min às 15h30min	Jogos psicopedagógicos na sala (ou recreação na área externa)
das 15h30min às 16h15min	Banho
das 16h15min às 16h30min	Lanche
das 16h30min às 17h30min	Recreação na área externa (ou jogos psicopedagógicos na sala)
das 17h30min às 18h15min	Atividades musicais na sala
das 18h15min às 18h30min	Higiene das mãos
das 18h30min às 19h	Jantar
das 19h30min às 19h45min	Higiene e preparação para a saída
das 19h45min às 20h	Saída

SUGESTÕES DE HORÁRIO DO MATERNAL (cont.)

2. HORÁRIO MAIS COMUM

HORÁRIO	ATIVIDADE
das 7h às 8h	Recepção e recreação livre na área externa
das 8h às 8h15min	Higiene
das 8h15min às 8h30min	Colação
das 8h30min às 9h15min	Recreação e jogos/educação física ao ar livre
das 9h15min às 9h30min	História
das 9h30min às 10h45min	Atividades livres e criadoras / artes plásticas na sala
das 10h45min às 11h	Higiene das mãos
das 11h às 11h30min	Almoço
das 11h30min às 11h45min	Higiene dos dentes
das 11h45min às 12h	Historinhas e/ou cantigas de ninar
das 12h às 14h	Repouso
das 14h às 14h40min	Jogos psicopedagógicos na sala ou recreação na área externa
das 14h40min às 15h10min	Recreação ao ar livre ou jogos na área externa
das 15h10min às 15h30min	Banho
das 15h30min às 16h15min	Lanche
das 16h15min às 16h30min	Atividades musicais na sala
das 16h30min às 17h30min	Higiene e preparação para a saída
às 17h30min	Saída

6

PERÍODO DE ADAPTAÇÃO À CRECHE

Nem sempre o ingresso na creche acontece tranqüilamente. O mais comum é que seja necessário dar um tempo de experiência à criança (e à mãe) para que ela passe a freqüentar, sem embaraços, choros e choramingas, um novo ambiente. A esse período chama-se adaptação, em que todo o cuidado da equipe da direção e dos educadores diretamente responsáveis pela criança se fará necessário. Ficar bem na creche, sem sofrimento e sem chorar, envolve muitos fatores e o sentimento de, pelo menos, duas pessoas mais diretamente envolvidas: mãe e filho.

O comportamento expresso pela criança durante esse período indica o estado emocional, resultado e resultante de uma série de sentimentos desenvolvidos durante a vida da criança, desde o seu nascimento, dentro da relação circunscrita aos adultos à sua volta e, especialmente, produto de sua relação com a mãe. Esse comportamento também é influenciado e expressa o significado que a separação possa representar para sua mãe. As possíveis dificuldades que esta possa ter em "dividir" o seu filhinho com terceiros influenciarão, de maneira marcante, a capacidade de autonomia da criança. O nível de segurança afetiva da criança é muito dependente do nível de segurança afetiva básica da mãe.

Os profissionais da creche precisam desenvolver conhecimentos relativos ao processo de separação-individuação de forma competente, a fim de se tornarem aptos a enfrentar, com sucesso e menor desgaste, os problemas decorrentes do período de adaptação. É preciso saber o que se passa com a criança durante esse período, como esse problema a afeta e como a conduta da mãe influencia o comportamento da criança, facilitando ou dificultando, antecipando ou adiando a "sua" adaptação. Também é preciso sentir como vai passando a mãe pela experiência. As crianças, as suas mães e os educadores precisarão de apoio psicológico e físico muitas vezes para ultrapassar as dificuldades desses dias. Ouvidos para ouvir, ombros para chorar e colos para acolher serão fundamentais, nesses dias, e a equipe da direção precisará ser pródiga em ofertá-los. O problema é de todos e assim precisa ser encarado. Não é um problema circunscrito à criança e ao seu educador. Toda a creche deve-se preparar para se ajustar às necessidades que o processo de adaptação exige. Tudo deve estar claro quanto ao papel da creche, suas responsabilidades e quanto aos recursos de que disporá para minimizar os problemas relativos à adaptação.

Com relação à criança, *ficar bem na creche*, separada, portanto, de sua mãe, *significa estar segura emocionalmente*, ou seja, *ter um bom nível de confiança na sua mãe*, o suficiente para poder permanecer afastada dela, sem medo de perdê-la, e isso é resultado de uma série de experiências passadas, que podem ter sido prejudicadas por vários fatores, conscientes ou inconscientes, por parte da mãe.

O ser humano passa por diversas fases, a partir do nascimento biológico, para atingir um relativo nível de autonomia que lhe *permita sentir-se como* ***alguém,*** *separado de sua mãe. Esse desabrochar,* usando a linguagem técnica, *é fruto da relação do bebê com sua mãe durante os primeiros meses de vida, basicamente os primeiros 36 meses e, em especial, os primeiros 24 meses.* Quando a mãe consegue oferecer-se disponível afetivamente a seu bebê, chegando a equilibrar, num saudável meio-termo, proteção carinhosa e estimulação de base afetiva para o crescimento para autonomia, o bebê torna-se uma criança segura, capaz de ficar afastada de sua mãe, mesmo em local desconhecido, porque adquire uma *confiança básica*, nela, indispensável para permanecer sozinho.

Há, porém, momentos muito difíceis durante esse processo de crescimento, no qual a criança se torna muito pouco capaz de aceitar uma separação maior da mãe, pelas próprias características normais da fase que estiver vivenciando.

É importante conhecer como e quando isso se dá para compreender as dificuldades por que passa a criança, aceitá-la melhor e esclarecer a mãe sobre as medidas mais convenientes a serem adotadas, que incluem, se necessário, o adiamento do ingresso da criança na creche.

Há ocasiões em que todo um trabalho de apoio psicológico tem que ser feito pelo psicólogo da creche, para ajudar a mãe a refazer e ajustar sua relação com seu filho, até que este adquira as condições psicológicas e emocionais necessárias para ficar bem na creche.

Forçar a criança, aos prantos, a ficar é uma violência covarde e criminosa, que pode marcar penosamente um indivíduo para o resto de sua vida. É preciso, no entanto, saber distinguir os vários tipos de choro, observando todo o comportamento expresso simultaneamente, para se permitir aceitar uma criança nessas condições. Há choros que significam pânico e ansiedade, que indicam incapacidade psicológica de a criança permanecer afastada da mãe, e choros que expressam chantagem emocional, que a criança teria aprendido a fazer para manipular a mãe. Esse gênero aparece, às vezes, no final da adaptação, quando a criança já adquiriu condições de ficar sozinha e até deseja isso, mas aprendeu, em resposta a necessidades afetivas da mãe, a exigir a presença física desta a seu lado. É importante perceber até que ponto essa necessidade da criança pela mãe foi *ensinada*, mesmo que inconscientemente, pela mãe, e se reflete uma necessidade sua de sentir-se amada, importante e indispensável para o seu filho. Essa é uma das causas mais freqüentes das dificuldades prolongadas de adaptação.

O problema de adaptação é complexo e não pode ser resolvido atentando-se apenas para o aspecto da criança. É a relação desta com sua mãe que tem de ser focalizada e *com-*

preendida pelo educador, auxiliado pelo psicólogo, para que se descubram as medidas mais adequadas à adaptação. Além do que cada caso é único e tem que ser avaliado em separado.

A adaptação no berçário

A grosso modo, até os sete ou oito meses não há apresentação de problemas dessa ordem (discutidos nos parágrafos anteriores), pois o bebê não distingue, visualmente, sua mãe de outros adultos estranhos. Sugere-se destinar dois ou três dias para *adaptação da mãe* à creche e ao que tudo isso possa significar para ela: sentimentos de culpa pelo "abandono" do filho, ciúme etc.

Nesse período convida-se a mãe a participar dos cuidados de seu filho, enquanto ela observa como os outros bebês são tratados pela equipe do berçário. Isso visa a tranqüilizá-la e, ao mesmo tempo, dá à equipe oportunidade de observar como ela cuida do bebê, conhecer os cuidados a que ele está acostumado a receber e como é a relação dos dois, para melhor compreender o bebê. Em creches assistenciais aproveita-se a ocasião para ensinar à mãe os cuidados corretos de higiene e alimentação, além de noções de estimulação.

No final dessa fase, o bebê pode apresentar o que se chama de "estranhar", porque sua maturação lhe permitirá perceber a diferença visual entre o *não-conhecido* (estranhos) e o *já conhecido* (mãe e familiares). Se a relação tiver sido boa (afetivamente suficiente) com sua mãe, a criança terá desenvolvido uma base suficiente de auto-estima, sentir-se-á segura e, em poucos dias, às vezes horas, estará aceitando o novo ambiente e as pessoas. Caso contrário, deve-se exigir a presença da mãe por um período mais prolongado, insistindo-se num contato maior dela com o filho, que, possivelmente, deve estar em déficit.

Abandonar, à força, um bebê que apresenta esse tipo de reação (incontrolável, com ansiedade e pânico) a estranhos é inteiramente desaconselhável. Além do mal que fará à saúde física e mental da criança, nada adiantará na sua adaptação e em muito prejudicará o trabalho de todo o berçário.

A adaptação no maternal

A adaptação nos Maternais 1 e 2

Por volta dos 18 meses, ao final do período de desenvolvimento da marcha e da manipulação, em que um grande investimento motor foi realizado, ocupando o bebê por um longo período, ele volta a demonstrar consciência da existência da mãe e a precisar muito dela, como que para "reabastecer-se" afetivamente. Esse período prolonga-se até os 24 ou 30 meses, até o domínio da linguagem, e constitui-se no mais difícil período de adaptação.

Por essa época, toda paciência será necessária para dar tempo à criança para desenvolver a confiança nos adultos e no ambiente novo (desconhecido) e restaurar a confiança básica que precisa ter em sua mãe.

Qualquer déficit nos cuidados maternos, anteriores à fase, leva à diminuição da auto-estima da criança e à conseqüente vulnerabilidade sua. A conduta negativista normal dessa fase junto à ambivalência de sentimentos (desejo de autonomia, como libertar-se do domínio materno, e necessidade de proteção simultâneos) são dois complicadores característicos (e normais) da fase, que, se muito fortes, aconselham o adiamento do ingresso na creche para que se preserve a saúde mental da criança, que não estaria suficientemente fortalecida para suportar um afastamento real da mãe por período prolongado.

Para essa faixa de idade, o período de adaptação deve ser planejado para 15 dias. Na primeira semana, a permanência da criança na creche não deve ultrapassar duas horas diárias, e a mãe estaria junto à criança nas atividades ao ar livre e próxima à sua disposição, porém fora da sala, durante as atividades nesta.

A adaptação requer da criança a *decisão de ficar, por vontade própria, para brincar com os brinquedos oferecidos na sala*. Nessa época, a criança não se sente atraída por outras crianças e as ignora.

A entrada da mãe na sala dificulta a compreensão da separação e adia, interminavelmente, o período de adaptação. De outro lado, a permanência de uma mãe na sala perturba a tranqüilidade das outras crianças e, pelos dois motivos, deve ser evitada.

O importante é que a criança saiba onde a mãe está e tenha a permissão de ir e vir, à vontade, da sala até ela, quantas vezes precisar. Se possível, *a mãe deve ficar visível*, próxima à entrada da sala.

A atração exercida pelas brincadeiras é tão forte que muitas vezes acontece, com crianças pequeninas, esquecerem-se da mãe no primeiro dia e darem a falsa impressão de que já estão adaptadas, porque entraram sozinhas e ficaram entretidas na sala sem chorar. É preciso não nos deixarmos enganar e não fazermos alterações no programa de adaptação, nem suspendê-lo, pois o mais provável é que, depois de passado o encantamento inicial, a criança tome consciência da separação e fique muito angustiada.

A sala de atividades tem que ser (de forma que fique evidente para a criança) *o lugar em que a mãe não entra*. Se houver porta na sala, esta deverá ser transparente ou ficar aberta para que a criança consiga perceber que a separação de sua mãe não precisa de barreiras físicas e que ela é quem vai decidir ficar, embora isso também signifique perder a mãe... É importante o educador e a mãe conhecerem o quanto essa decisão deve ser difícil e dolorosa para a criança, embora isso represente, ao final, um passo para o seu desenvolvimento e para a almejada independência. Dos adultos são necessários muito carinho e paciência; e da mãe, em especial, o firme propósito de deixar seu filho ficar na creche entregue aos educadores.

A mãe, não apenas por palavras, mas pela sua atitude, precisa provar ao filho que *deseja que ele fique e que confia em que ele fique bem*. Para isso ela deve *evitar colocá-lo*, a todo momento, *no colo ou abraçá-lo e beijá-lo continuamente,* como que *para recompensá-lo do "infortúnio".* Essa mensagem a criança capta como uma *terrível ameaça de perda* que teme não suportar e entra em pânico, desatando em choros intermináveis.

Também não é recomendável deixar o educador com o encargo de "arrancar" a criança do colo e dos braços maternos. Deve caber à mãe colocá-la no chão, de forma clara, incentivando-a a ficar com o educador. Essa "passagem" precisa ficar evidente para a criança: a *mãe deixa, entrega,* e o educador a conduz com carinho para dentro da sala (para as brincadeiras).

A mãe deve ser aconselhada a evitar, em casa, todos os comentários sobre a "pena" que sente de ter que deixar a criança "sozinha" na creche, seu arrependimento por fazer isso etc., pois ela é muito sensível e alerta a esses sinais e deixas que a mãe dá, sentindo-se muito ameaçada de abandono e desenvolvendo um sentimento de medo complicado por fantasias que ela vai criar na sua imaginação. O sentimento de culpa pelo "abandono" dos filhos para trabalhar é muito comum na nossa cultura, pois as mães não foram educadas para isso, devendo ser discutido, com auxílio do psicólogo da creche, para que a decisão de deixar o filho seja consciente, clara e despida de sentimentos negativos que muito afetam a criança, indefesa para tal carga de sentimentos.

A criança que fica na creche, sem brincar, deve receber muita atenção do educador, pois também não está feliz nem adaptada; somente sua forma de reagir e expressar angústia e sofrimento é diferente da da criança que chora e grita.

Na segunda semana, o período de permanência da criança na creche deve ir aumentando gradativamente, começando por dois dias de três horas, um terceiro dia de quatro horas até perfazer o horário completo. A proximidade e a presença materna devem ir diminuindo concomitantemente, podendo esta afastar-se por uma ou duas horas nos primeiros dias até ausentar-se completamente no final da semana.

Não há, infelizmente, receita pronta que sirva para todas as crianças. Algumas, nessa fase, levam bem mais do que 15 dias para obter uma adaptação completa, enquanto outras conseguem isso ao final da primeira semana. Há que se ter bom senso e sensibilidade para avaliar e orientar o programa de adaptação de acordo com cada caso.

A adaptação no Maternal 3

A partir dos três anos, a maioria das crianças demonstra segurança suficiente para ficar afastada da mãe. A adaptação consistirá apenas em, se tanto, deixar a criança consumir algumas horas na exploração do ambiente novo, acompanhada a uma distância segura pela mãe, durante um período de uma semana. O programa de adaptação para crianças maiores de três anos deve ser semelhante ao das menores no que concerne à atitude das mães e educadores; somente o período destinado para se fazer a passagem completa (da mãe para a creche) será menor. Nos primeiros três dias a criança não deverá permanecer mais de duas horas na creche; a mãe estará sempre por perto, sem, contudo, entrar na sala de atividades, em que a criança deverá entrar sozinha. A permissão para entrar e sair para falar com a mãe deve ser, exatamente, a mesma dada às crianças menores. No quarto dia, se tudo correr bem, o tempo de permanência na creche poderá aumentar para três ou quatro horas, e a mãe, quando sentir que é viável, poderá ausentar-se completamente da creche. No final da semana, o tempo de permanência poderá ser de cinco ou seis horas, e já na segunda semana a criança poderá começar a freqüentar normalmente, permanecendo todo o período.

Uma sala de atividades, quando bem montada, conjugada a educadores alegres, simpáticos e carinhosos, oferece estímulos suficientes para atrair a criança e despertar nela a vontade de ficar para brincar. O *papel da creche* deve ser o de:

1. Despertar na criança o desejo de ficar para brincar, apesar de isso implicar separar-se de sua mãe (o porto seguro e conhecido);

2. Dar tempo e condições para a criança optar por ficar, tendo oportunidade de experimentar afastar-se e retornar à sua mãe o tempo que for necessário;

3. Incentivar e auxiliar a criança a decidir-se por ficar;

4. Ajudar a mãe a decidir-se por uma opção e ensinar-lhe como transmitir essa decisão a seu filho;

5. Proteger a criança dos estímulos que a mãe produz que possam prejudicar a separação, esclarecendo o significado intrínseco de suas atitudes durante a adaptação em casa ou na creche em frente da criança.

Efeitos psicossomáticos eventuais da adaptação

O período de adaptação é sempre uma experiência dolorosa para a criança, durante a qual ela sofre até decidir-se a ficar, mesmo nos melhores estabelecimentos, onde o pessoal e o ambiente estejam preparados para recebê-la muito bem. É uma experiência penosa porque *implica uma perda* — a renúncia à proteção da pessoa já conhecida: *sua mãe*. Esse período pode ser mais ou menos longo e durar até mesmo poucas horas, mas sempre existe.

Quando a criança enfrenta muitas dificuldades para afastar-se de sua mãe, o que indica falta de segurança emocional ou segurança afetiva insuficiente na relação com a mãe, ela sofre muito e somatiza isso, podendo apresentar sintomas físicos, como: febre, vômitos, diarréias, tosse nervosa, bronquite de fundo nervoso, alergias etc. Todos esses sintomas devem nos alertar para possíveis desajustamentos da criança à nova situação, mesmo que ela não apresente choro na creche.

É possível também que o grande investimento emocional que a criança realiza durante esse período a torne menos resistente a infecções. Alguns pediatras suspeitam do alto índice de doenças apresentado na época do ingresso na creche, contudo, outros fatores não podem ser ignorados, como: primeira exposição da criança a grupos estranhos maiores e baixa idade da criança da creche, que corresponde a um menor grau de resistência imunológica. De qualquer forma, os pais devem estar informados da possibilidade de seu filho adoecer durante o período de adaptação e de como é importante observá-lo para distinguir com segurança a causa real da enfermidade. A mãe, principalmente, deve ser esclarecida sobre todos os problemas *normais* da adaptação e qual o seu papel como *agente ativo* nesse processo.

Entrevistas com os responsáveis

A preparação dos pais, especialmente da mãe, visando à facilitação do processo de separação para ingresso na creche precisa ser cuidadosamente feita, e isso exige um contato prévio do casal com dois profissionais da creche, o psicólogo e o pediatra, separadamente. Essas providências relacionadas à preparação do casal poderão ser acionadas, durante o contato dos pais com esses profissionais, nas suas respectivas entrevistas. O psicólogo terá a responsabilidade de descobrir e conhecer as características mais relevantes dos laços de ligação da criança com sua mãe, bem como traços da personalidade da criança, que poderão auxiliá-la ou não a ficar bem (sem a mãe) na creche e, simultaneamente, auxiliando os pais a melhor compreenderem o processo de adaptação, esclarecendo como deverão proceder, até mesmo traçando o programa de horários e tempo de duração. O pediatra deverá levantar dados sobre o estado físico da criança e eventuais restrições alimentares e procedimentos usuais frente a alergias, se for o caso. Paralelamente, terá oportunidade de sugerir à mãe a melhor maneira de lidar com a criança durante sua adaptação e preveni-la sobre eventuais somatizações passíveis de acontecer durante esse processo e como lidar com elas. Enfim, todo um processo de adaptação da creche à criança se iniciará bem antes do seu ingresso efetivo.

Entrevistas com o psicólogo

Essas entrevistas visam dar à equipe da creche um perfil básico da criança, da sua saúde, do meio em que vive e de suas relações com a mãe e a família, complementado por uma vaga noção das aspirações e idealizações dos pais a respeito de seu filho. Essas informações, mesmo que imprecisas e nem sempre muito fiéis à verdade, sempre ajudam a esclarecer o comportamento da criança e a melhor compreendê-la, principalmente se o médico e o psicólogo centrarem sua atenção, durante a entrevista, no comportamento da mãe, procurando descobrir seus medos e anseios mais profundos e tentando levantar características marcantes de sua personalidade.

A mãe é o agente padronizador da personalidade da criança, e seu modo de ser e agir durante a fase inicial de desenvolvimento desta é diretamente responsável pela maneira de ser da criança.

A tarefa do entrevistador consistirá, pois, em criar um clima de tal tranqüilidade e confiança que propicie o máximo de relaxamento e abertura por parte da pessoa entrevistada, para que seja possível *captar* o máximo de informações contidas, nas deixas insinuadas nos silêncios e entrelinhas de sua narrativa. Ouvi-la e observá-la atentamente, durante toda a entrevista, é essencial.

Outra finalidade da entrevista é preparar a mãe para uma atuação facilitadora da adaptação da criança na creche, isto é, fazê-la compreender que esta adaptação dependerá da possibilidade de a criança separar-se dela, e que seu papel na separação será fundamental. A entrevista possibilitará prestar algum esclarecimento à mãe sobre os problemas *normais* da adaptação e o seu significado que muito contribuirão para melhor atuaçao sua nesse periodo.

O roteiro apresentado a seguir para a entrevista psicológica deve ser usado apenas como sugestão para coleta de informações, que poderão ser obtidas ou não na sua totalidade, durante a primeira entrevista, e *deverá ser usado como apoio para iniciar a conversa*, que deverá ocorrer o mais livre possível e sem fazer a mãe sentir-se respondendo a um interrogatório. Algumas anotações o entrevistador poderá fazer na hora, como número de irmãos, tipo de residência, com quem dorme a criança etc. O resto anotará após a saída da mãe, redigindo um ligeiro perfil desta e um resumo da sua expectativa (comportamento que o entrevistador tem como provável) da criança, se for possível formulá-lo. Vide pág. 310.

Do resumo poderiam constar as seguintes informações:

Perfil da mãe

No próprio verso do impresso da entrevista, o psicólogo deverá traçar um perfil da figura dos pais separadamente e dos dois, como um casal, pois a criança é fruto e resultante das relações deste triângulo. A seguir, alguns pontos que podem orientar a pesquisa do entrevistador:

Aceitação da gravidez:

1. Sentimentos despertados na mãe frente ao conhecimento da gravidez: medos, anseios e frustrações.

2. Sentimentos despertados no pai frente ao conhecimento da gravidez: medos, anseios e frustrações.

3. Solução dada pelo casal em relação à aceitação da gravidez.

4. Relação psicossomática da mãe e feto: traços dominantes.

Aceitação da criança:

1. Idealizações, expectativas e anseios da mãe com relação ao filho e a seu futuro.

2. Idealizações, expectativas e anseios do pai com relação ao filho e a seu futuro.

3. Acordo do casal a respeito dessas expectativas.

4. Visão atual do filho, o que os pais reforçam e o que rejeitam na sua imagem.

Observação: Pais seguros, tranqüilos (bons) não precisam traçar metas e expectativas muito complexas para um futuro muito distante, e seus filhos tendem a ser mais felizes e seguros. Se estão satisfeitos com o filho que têm, preocupam-se mais com sua felicidade e saúde e traçam objetivos mais próximos e fáceis de alcançar. Grandes expectativas quase sempre estão acompanhadas de pais ansiosos e difíceis para a criança satisfazê-los, e embora, freqüentemente, digam o contrário tendem a produzir crianças tímidas, inseguras e irritadiças. Que sentimento a criança terá desenvolvido a respeito de si mesma frente às expectativas dos pais deverá ser preocupação dos profissionais da creche. Que comportamento terá desenvolvido para driblar essas ansiedades dos pais deverá ser outra das preocupações da creche para melhor entendê-la. O grau de aceitação que resulta numa criança feliz precisa estar adequado à capacidade desta criança, nem mais alto, nem mais baixo, e sintonizado com o que ela é.

Separação-individuação

1. Mãe que precisa da dependência do filho: reforça, enaltece a submissão e dependência.

2. Mãe que valoriza muito os cuidados de proteção que oferece à criança: resiste à separação.

3. Sentimentos do pai com relação a essa ligação; se apóia ou desaprova.

4. Mãe que valoriza comportamentos de independência do filho: facilita a separação.

5. Mãe que aponta muitas "deficiências" no filho (comportamentos negativos): possibilita efeitos de rejeição.

Perfil de expectativa da criança

A finalidade do levantamento de expectativas a respeito da criança visa tão-somente à elaboração de um plano de atividades que melhor possam agradá-la e tornar o educador responsável mais ajustado às prováveis necessidades dela durante o período de adaptação. As principais informações, no entanto, dizem respeito: quanto à saúde física, saber se apresenta problemas que exijam cuidados especiais; quanto ao comportamento sócio-afetivo, qual o grau de dependência do adulto que ainda apresenta.

Ao final da entrevista, o psicólogo deve entregar à mãe o *programa de adaptação* do qual constará o horário específico de cada dia. Esse programa básico poderá existir impresso na creche, para facilitar o trabalho, com espaços abertos para inclusão das respectivas datas e horários, próprios para cada caso (modelo à pág. 317).

Além do programa, a mãe poderá levar para ler em casa uma relação de informações sobre a adaptação que reforçarão a conversa tida com o psicólogo, durante esse primeiro contato para entrevista, e que deverão ser objeto de discussão, em reunião futura, com o profissional antes mesmo de a criança começar a freqüentar (sugestão à pág. 313).

Entrevista com o pediatra

A entrevista feita pelo pediatra visa obter um conhecimento específico sobre o estado de saúde da criança, devendo abranger aspectos físicos e mentais, de forma que o pediatra deve atentar para a forma como se desenrolou a gravidez, que muito pode elucidar o *como* a criança foi esperada e também o *como* a criança é tratada, além de levantar os sintomas por esta apresentados e as medicações rotineiramente utilizadas.

Dessa entrevista inicial, o pediatra retira as informações básicas que lhe permitirão determinar a orientação para o atendimento da criança. No caso de crianças alérgicas a determinados alimentos, por exemplo, é imprescindível orientar toda a equipe, antes do ingresso da criança na creche, e especificamente o nutricionista para as devidas providências. A temperatura habitual do banho também tem que ser, de imediato, informada ao educador responsável pelo grupo da criança.

Qualquer suspeita de componentes neuróticos ou psicóticos da personalidade da mãe, que, fatalmente, comprometerão sua relação com a criança, deve ser logo informada ao psicólogo responsável. Vide modelo pág. 308.

Ambos os documentos — entrevista psicológica e médica — devidamente preenchidos, assim como a orientação dada pelos respectivos profissionais para o período inicial, deverão ser imediatamente arquivados juntos e constituirão o início do *prontuário único* da criança do qual fará parte, daí para a frente, todo o registro de seu desenvolvimento: ocorrências psicopedagógicas e médicas, além de orientação dada, realizadas, periódica e continuamente, durante todo o tempo em que a criança estiver freqüentando a creche.

Relatório único

A entrevista psicológica e a entrevista médica, devidamente preenchidas, com todas as possíveis anotações feitas a respeito da criança pelos respectivos profissionais, deverão ser reunidas e arquivadas em uma única pasta, dando assim início ao prontuário único da criança. Desse prontuário farão parte todos os registros efetuados quanto ao desenvolvimento da criança: ocorrências psicológicas, pedagógicas e médicas e orientação dada ou prescrição feita. Se a filosofia do trabalho adotada traçar objetivos de desenvolvimento integral da criança, encarando-a como ser único, especial e indivisível, como faz a proposta deste livro e desta autora, não há justificativa que se sustente de montar arquivos separados, criando uma visão estilhaçada da criança. Não se podem aceitar silêncios, sigilos ou omissões de qualquer profissional, quando é preciso criar soluções para enfrentar problemas de uma pessoa única. Todas as informações podem ser importantes e, muitas vezes, vitais. A pasta do prontuário deve possibilitar o arquivamento dos dados, em ordem cronológica, permitindo que sejam folheados, a fim de facilitar sua interpretação na seqüência como ocorreram.

O programa de adaptação

O programa de adaptação pode ser preenchido num impresso já preparado para colher as informações, como data de início, horários e locais onde deverá ficar o responsável, apresentando suas limitações de espaço e movimentação em oposição às da criança. O programa impresso faz o responsável "ver" que a separação foi planejada para ser *um processo gradativo* e dá a ele a certeza de que este procedimento é tão regular que pode ser impresso para todas as crianças, o que pode fazer com que seja menos assustador. A sugestão do impresso está feita em capítulo específico. Modelo à pág. 317.

7

Organização e Funcionamento

1. Pessoal

O êxito de qualquer empreendimento está diretamente subordinado à qualidade de sua equipe, que, no caso de uma creche, deve contar com pessoal de formação técnica especializada, desde a função de direção até as de nível de execução, como os educadores, que devem ser especializados em educação pré-escolar. O melhor equipamento e as instalações mais sofisticadas nada poderão fazer sem as pessoas adequadamente qualificadas para o trabalho dentro da creche.

Três equipes devem compor o quadro de pessoal de uma creche. Foi tomado como exemplo, para ilustrar a descrição desse quadro de pessoal, o de uma creche, cujo projeto foi de minha autoria e cuja direção assumi, durante três anos e meio, no Instituto (superior) de Educação do Rio de Janeiro, organizado para atender 70 crianças em horário misto: integral e por turnos. Acrescentei aqui somente a opção do assistente social, cuja presença se fará indispensável quando em creches públicas. As quatro equipes são:

a. **Equipe técnica de direção**, completada pelo auxílio de um secretário;
b. **Equipe técnica docente;**

c. Equipe paratécnica;
d. Equipe de apoio.

a. Equipe técnica de direção

A equipe técnica compõe-se dos elementos realmente mais qualificados para o trabalho de educação e saúde da criança de zero a três anos e 11 meses. O nível de formação dos componentes da equipe deve ser, no mínimo, o superior, com pós-graduação em área específica, visando a interdisciplinaridade do trabalho. Vejamos de que elementos deve ser composta esta equipe.

Pedagogo

Especialista em administração escolar e educação infantil. Minha formação foi em pedagogia especial e pós-graduação em estimulação essencial do desenvolvimento, curso cujo objetivo era o de formação de equipes interdisciplinares de saúde e educação nos seus aspectos fisiológicos, neurológicos e psicológicos. O pedagogo precisa dominar o conhecimento de administração para poder gerir com eficiência, tendo a creche como visão empresarial. Espera-se contar, no futuro, com cursos de pós-graduação, oferecidos em faculdades de educação ou universidades, com a finalidade de preparar pessoal qualificado em educação infantil e administração de creches, visto ser este muito mais complexo que o de gestão escolar de ensino fundamental. Uma creche completa inclui, além dos educadores, o pediatra, o psicólogo, o nutricionista, os auxiliares de enfermagem e mais o assistente social, quando pública. São profissionais de diferentes áreas que precisam ter uma direção capaz de obter a interdisciplinaridade do trabalho de todos, a fim de alcançar êxito no empreendimento. Para efeito de cálculo de custo operacional é preciso saber que seu horário deve ser integral ou de, no mínimo, 25 horas semanais, quando possa revezar com um funcionário da equipe técnica, sempre dependendo do tamanho da clientela atendida.

Pediatra

De formação superior, de preferência completada por cursos voltados à formação interdisciplinar ou à estimulação essencial do desenvolvimento. Este profissional pode estar presente em dias e horários alternados ou em horário integral, de 44 horas semanais, no caso de a creche ser muito numerosa ou de ser uma instituição pública voltada para clientela que precise adotar o pediatra como seu médico-assistente particular. Há creches menores que funcionam simplesmente com visitas semanais (o dia inteiro), com bons resultados.

Psicólogo

De formação superior, de preferência especializado em estimulação do desenvolvimento ou com cursos para formação de equipes interdisciplinares. Deve trabalhar todos os dias em regime de horário integral. Ele e o orientador pedagógico devem estar muito próximos no exercício de suas funções. Quando este entrosamento é grande, ambos poderão revezar-se, permanecendo apenas 22 horas semanais cada um, dentro da creche. Dependendo da competência da direção, isso é viável e bastante satisfatório, podendo realizar-se sem problemas. Hoje, a figura do psicopedagogo poderia preencher as necessidades da função do orientador pedagógico ou do diretor da creche, desde que com especialização em administração.

Orientador pedagógico

De formação superior, com imprescindível especialização em educação infantil, habilitação em supervisão escolar e, de preferência, com pós-graduação em estimulação do desenvolvimento ou psicopedagogia. A competência em trabalho interdisciplinar trará qualidade ao seu desempenho. Seu regime deve ser o de horário integral de 44 horas. Dependendo de seu entrosamento com o trabalho do psicólogo, poderá dividir com este sua carga horária, a fim de se diminuírem os custos com pessoal. Isto também será possível, quando o diretor pedagogo tem habilitação e competência em educação pré-escolar e pode dividir responsabilidades com este profissional.

Nutricionista

Profissional técnico, no Brasil, de nível superior, que trabalhe em horário parcial uma ou duas vezes por semana.

Secretário

No caso de creches com número superior a 100 crianças, este profissional, auxiliar administrativo, se torna indispensável. Sua formação deve ser, no mínimo, a de ensino médio, de preferência com complementação técnica em contabilidade, administração financeira e até gerência de pessoal, com conhecimento imprescindível de informática. Seu horário deve ser integral.

b. Equipe técnica docente

Educadores

Professores com formação superior voltada para a educação infantil, realizada em curso de licenciatura plena feito em institutos superiores de educação ou em universidades (Lei 9.349/96; art. 63, I), ressalvando-se que os diplomas de cursos de educação profissional de nível médio, quando registrados, ainda terão validade nacional durante alguns anos (Lei 9.349/96, art. 41, parágrafo único). Trabalho em horário integral. A especialização em nível de pós-graduação em psicopedagogia deve ser estimulada.

Educadores especializados

Professores de educação física e de educação musical (que toquem algum instrumento pelo qual se façam acompanhar) podem fazer parte da equipe, com algum treinamento em serviço proporcionado pelo orientador pedagógico, com assistência do psicólogo. Trabalho em horários especiais, uma ou duas vezes por semana.

c. *Equipe paratécnica*

É formada por profissionais que lidam diretamente com a criança, completando a ação educacional e de estimulação, possibilitada pela sua formação em serviço. Essa equipe amplia, viabiliza e é essencial ao trabalho dos educadores.

Auxiliares de educação

Profissionais com formação de ensino médio voltada para recreação, mas complementada pelo treinamento em serviço realizado na própria creche, sob orientação de toda a equipe de direção, e coordenado pelo orientador pedagógico, junto ao educador, ao lado de quem trabalhe. Horário integral.

Auxiliares de enfermagem

Profissionais com formação de ensino médio voltada para enfermagem, complementada pelo treinamento em serviço realizado na própria creche, sob orientação de toda a equipe de direção, e coordenado pelo pediatra, junto ao educador, ao lado de quem trabalhe dentro do berçário. Noções de higiene e puericultura, como dar banho em bebês, trocar fraldas, dar mamadeiras, verificar temperatura e segurar o bebê, por exemplo, já devem fazer parte do conhecimento do profissional, antes de sua contratação pela creche. Horário integral.

Babás

Profissionais com formação do ensino fundamental, complementada pelo treinamento em serviço realizado na própria creche, sob orientação de toda a equipe de direção, e coordenado pelo orientador pedagógico, junto ao educador, ao lado de quem trabalhe. Horário integral.

d. Equipe de apoio

A equipe de apoio é indispensável ao bom e completo funcionamento da creche, e sua seleção e o aperfeiçoamento em serviço merecem o maior cuidado por parte da direção.

Cozinheira

Profissional com formação de ensino fundamental completo, com treinamento em serviço orientado e coordenado pelo nutricionista. Ela precisará ler e interpretar instruções e completar quadros sobre uso e estocagem de gêneros alimentícios. Precisa saber ler e escrever, sem dificuldade. Deve apresentar condições de saúde, higiene pessoal e habilidade específica para o trato com crianças pequenas. Trabalho em horário integral em regime de 48 horas semanais.

Auxiliar de lactário

Profissional com formação de ensino fundamental, com treinamento em serviço orientado e coordenado pelo pediatra e pelo nutricionista. Trabalho em horário integral. Este profissional, por lei ainda vigente para hospitais, deve atender, com exclusividade, ao preparo das fórmulas lácteas, sucos e papinhas do berçário, não devendo trabalhar como auxiliar de cozinha. Esta regra é admissível em hospitais, pois, se lidam com doença e seus germens patológicos, todo o cuidado de prevenção de contágio é absolutamente necessário e aceitável. O mesmo porém não acontece na creche, que só deve atender a crianças sadias, e onde, portanto, esse risco não existe. Sugiro aos diretores de creche e políticos da educação que defendam o direito da creche de usar os horários ociosos deste profissional na cozinha ou, mesmo, como auxiliar das babás e educadores na hora das refeições do maternal. Tal medida poderia baixar o custo operacional do empreendimento. O profissional deve apresentar condições de saúde, higiene pessoal e habilidade específica para o trato com crianças pequenas.

Auxiliar de cozinha

Profissional com formação de ensino fundamental, com treinamento em serviço orientado e coordenado pelo nutricionista. Trabalho em horário integral. O auxiliar de cozinha se torna necessário somente quando o número de crianças atendidas no maternal for superior a 70. Ele deve apresentar condições de higiene pessoal e habilidade específica para o trato com crianças pequenas.

Faxineiras e serventes

Profissionais com formação de ensino fundamental, com treinamento em serviço orientado e coordenado pela equipe de direção, sob a supervisão do pediatra, a respeito das normas de higiene e controle de contaminação ambiental. Trabalho em horário integral. Duas faxineiras correspondem ao atendimento até, no máximo, 70 crianças, mas, levando-se em conta o tamanho da área de construção, presença ou não de escadarias no prédio e área externa ajardinada, esse número terá que ser ampliado. Às vezes, um funcionário que cuide do jardim, horta, piscina e lave os vidros complementa satisfatoriamente o trabalho das faxineiras, que ficam restritas à area interna, cuja limpeza é mais sofisticada. Todos devem saber ler e escrever com facilidade e apresentar condições de saúde, higiene pessoal e habilidade específica para o trato com crianças pequenas.

Auxiliar de jardim

Torna-se necessário, quando a creche oferece uma grande área externa gramada e/ou ajardinada, com canteiros de horta e piscina. Somente a necessidade específica a cada estabelecimento pode ditar a norma a ser adotada. O profissional deve saber ler e escrever com facilidade e apresentar condições de saúde, higiene pessoal e habilidade específica para o trato com crianças pequenas.

2. Atribuições específicas

a. Atribuições comuns da equipe interdisciplinar

A qualidade do trabalho de uma creche está diretamente relacionada à competência de sua equipe de direção e à qualidade desta, à sua capacidade de trabalhar de forma coesa, sem divisões multifacetadas, resultantes de individualismos profissionais, defendidos, eufemicamente, como da ética profissional. A direção deve trabalhar de forma interdisciplinar, todos voltados ao mesmo objetivo que é o desenvolvimento integral da criança, e isso é o resultado de um persistente trabalho e propósito do diretor em diminuir ou mesmo extinguir os bordos e limites de ação profissional de cada um. A direção desse empreendimento precisa contar com todos e com a boa vontade de cada um; por isso, são necessárias reuniões freqüentes entre a equipe técnica, paratécnica e de apoio e a equipe de direção, em que se possam criar metas a serem atingidas pelo grupo e determinar, cooperativamente, os limites de ação de cada um. Delegar ao próprio grupo a tarefa de criar seu campo de ação e padrões de desempenho deverá ser um dos objetivos da direção.

Quanto mais integrado puder ser o trabalho da equipe técnica, melhores serão os resultados alcançados junto à criança. *Todo trabalho deve estar centrado no desenvolvimento infantil* e realizar-se de forma integrada, com um mínimo de bordos, arestas ou divisões estanques. Se cada profissional quiser exercer sua "especialidade" sobre a criança, esta acabará dividida, e a visão da individualidade da criança ficará prejudicada por visões estilhaçadas, tipo mosaico, que deformam a realidade e impedem a realização de um trabalho eficiente e adequado.

Os melhores resultados são alcançados quando a equipe técnica realiza o seu trabalho de *forma interdisciplinar*, diminuindo, ao máximo, os bordos ou limites de suas respectivas áreas de competência. Para que se realize o trabalho dessa forma, a equipe técnica precisa reconhecer e arcar com algumas atribuições comuns a todos os seus membros.

A relação a seguir, que apresenta como ficaram os pontos em comum estabelecidos pelos funcionários da creche do Instituto de Educação, após alguns anos de experimentação, avaliação cooperativa e aperfeiçoamento, pode servir de base para discussão inicial e elaboração de outras normas de uma outra creche:

1. Participar do planejamento global das atividades da creche.
2. Elaborar e apresentar à equipe o seu plano de trabalho.
3. Planejar, executar e avaliar, com a equipe, o programa de atividades.
4. Entrosar-se, continuamente, com os diferentes membros da equipe, visando ao atendimento centrado na criança.
5. Prestar a essa equipe técnica e à direção pedagógica (geral) informações significativas, obtidas através de sua área de ação.
6. Participar nas decisões referentes à matrícula e a desligamentos.
7. Participar das atividades da creche junto à família.
8. Participar do treinamento de pessoal, tanto em cursos regulares como em serviço.
9. Comparecer a reuniões, quando convocado pela direção, e promover reuniões com o pessoal de sua área.
10. Organizar programas para estagiários, supervisioná-los e/ou acompanhá-los em visitas.
11. Documentar suas atividades de acordo com as rotinas adotadas na creche.
12. Apresentar relatórios com a periodicidade estabelecida pela equipe.
13. Promover um ambiente acolhedor e afetivo para todos e, em especial, para as crianças, com a finalidade de preencher suas necessidades afetivas e educacionais.

b. Atribuições específicas da equipe interdisciplinar

1. Atribuições do pedagogo administrador

Recomendo que a escolha do diretor recaia sobre a figura do pedagogo, pois este profissional apresenta, com maior freqüência, as habilitações (supervisão, administração e *especialização em educação infantil*) que, mais de perto, correspondem às qualificações para o exercício do cargo. O pediatra e o psicólogo, possuidores dessas qualificações, também podem ser indicados para o cargo de direção.

Qualquer profissional das áreas de saúde e educação (pedagogo, psicopedagogo, pediatra ou psicólogo) tem condições para exercer o cargo de diretor, desde que possua, *além do conhecimento básico sobre desenvolvimento e saúde infantil*, conhecimento teórico e prático sobre administração de empresas. A autora apresenta o pedagogo como diretor, por estar essa obra assentada sobre sua experiência pessoal e por ter ela, como outros pedagogos, as habilitações de administração e supervisão escolar, obtidas durante sua graduação, além de ser especializada em educação infantil. Espera-se que, em futuro próximo, as universidades ofereçam, em regime de pós-graduação ou extensão universitária, cursos específicos em administração de creches para pedagogos, pediatras e psicólogos.

A seguir, as atribuições específicas de sua função, como diretor ou administrador de uma creche:

1. Determinar a linha filosófica do trabalho da creche.
2. Liderar o trabalho da equipe de assessores da direção no sentido de levá-los a determinarem os objetivos, planejar suas linhas de ação, suas estratégias e formas de avaliação, de modo a manter integrado todo trabalho da creche.
3. Coordenar a execução de projetos aprovados pela equipe, sugerindo modificações quando necessárias.

4. Promover reuniões periódicas e extraordinárias com a equipe interdisciplinar, a fim de manter o processo em curso.
5. Estabelecer o calendário dos eventos e atividades da creche e zelar pelo seu cumprimento.
6. Estabelecer os horários e rotinas de trabalho, assessorado pela equipe interdisciplinar, e zelar pelo seu cumprimento.
7. Promover reuniões periódicas e extraordinárias com responsáveis e familiares das crianças da creche.
8. Fazer a previsão orçamentária.
9. Fazer o cálculo da planilha de custo e determinar as mensalidades e formas de pagamento.
10. Criar o sistema, as normas e impressos burocráticos que viabilizem a gestão financeira do empreendimento.
11. Zelar pela manutenção de um bom clima de relações humanas dentro da creche, entre todos os seus membros, as crianças e seus pais ou responsáveis.

2. Atribuições do pediatra

1. Determinar medidas que tenham por finalidade manter as condições gerais de higiene e a prevenção de acidentes.
2. Examinar as crianças, assegurando-lhes imunização e demais medidas de prevenção e manutenção de saúde.
3. Estabelecer a periodicidade para os exames de saúde.
4. Realizar o atendimento das emergências quando necessário.
5. Manter a equipe da creche consciente e atualizada sobre as medidas de primeiros socorros que deverá empregar em caso de necessidade.
6. Acompanhar o desenvolvimento de cada criança, zelando por sua saúde física e mental.
7. Dar ajuda e esclarecimentos inerentes à sua função que venham a contribuir para melhoria do trabalho da equipe e da creche.

8. Participar de reuniões periódicas e extraordinárias, convocadas pela direção pedagógica (geral).
9. Elaborar fichas clínicas, calendários e planejamentos.
10. Realizar entrevista com pai e (mãe) de cada criança para levantar informações específicas sobre sua vida e saúde.
11. Zelar pelo cumprimento dos regimes alimentares prescritos pelo pediatra particular da criança, em especial pelo do bebê até um ano de idade.
12. Zelar pela administração de medicamentos prescritos pelo pediatra particular da criança.
13. Orientar a família quanto aos aspectos patológicos da saúde da criança, notadamente os relacionados com deficiências mentais, doenças congênitas e hereditárias.
14. Estabelecer rotinas de atendimento da criança que adoecer na creche e delegá-las ao auxiliar de enfermagem, na sua ausência.
15. Registrar em livro específico ocorrências e sugestões de medidas a serem tomadas relativas à manutenção de saúde e prevenção de acidentes, além da orientação de casos específicos.
16. Encaminhar os casos de urgência que não puderem ser atendidos na creche a hospitais ou clínicas previamente estabelecidos pela direção da creche e do conhecimento e acordo dos responsáveis.
17. Solicitar exames laboratoriais específicos a qualquer criança ou funcionário da creche, sempre que julgar necessário.
18. Prescrever regimes alimentares e medicações, até que a criança receba orientação específica do seu pediatra.

3. Atribuições do psicólogo

1. Observar o comportamento das crianças, dentro de situações espontâneas de sua vida na creche, com vistas a detectar algum eventual desvio de desenvolvimento e possibilitar a sua prevenção.

2. Levantar dados sobre o desenvolvimento da criança, com objetivo de melhor orientar os que lidam diretamente com ela.
3. Atender as crianças que exigem cuidados especiais, assim como orientar seus familiares.
4. Manter a direção pedagógica informada dos casos e procedimentos prescritos.
5. Elaborar fichas, formulários e demais formas de registros que auxiliem o armazenamento de dados relativos à história de casos.
6. Manter atualizados os registros de casos eventuais e procedimentos adotados ou prescritos em livro de ocorrências.
7. Dar assessoramento à equipe quanto à atuação correta junto às crianças com problemas de comportamento e suas respectivas famílias.
8. Participar da orientação e realização dos trabalhos de estimulação essencial do desenvolvimento.
9. Entrevistar responsáveis, de forma rotineira, eventual ou extraordinária, por solicitação sua, quando julgar necessário.
10. Participar e dirigir reuniões com responsáveis e familiares, abordando temas sobre desenvolvimento infantil, seus problemas e dificuldades, de forma periódica ou extraordinária.
11. Zelar pela manutenção de um clima de relações afetivas sociais dentro da creche e, em especial, entre adulto e criança.
12. Manter-se atualizado sobre temas relacionados a desenvolvimento infantil.
13. Selecionar textos e temas de leitura e orientar o estudo sobre o desenvolvimento infantil a ser feito pelos professores e assessores da equipe.
14. Esclarecer, continuamente, pais e professores sobre as dificuldades próprias da criança em sua fase de desenvolvimento.
15. Aprofundar-se no estudo das dificuldades do crescimento da criança em relação à separação da mãe e

estimular e promover o desenvolvimento de toda a equipe nesse sentido, apoiado em leituras, estudos e observações de casos reais da creche.

16. Manter registros cumulativos individuais de desenvolvimento da criança sempre atualizados e orientar os professores sobre a avaliação do desenvolvimento de cada uma.
17. Elaborar, no mínimo, um plano e um relatório anual sobre as atividades desenvolvidas e entregá-los à direção pedagógica (geral) da creche.
18. Colaborar no recrutamento e seleção de professores, bem como no seu treinamento, junto ao orientador pedagógico.
19. Prestar esclarecimentos a estagiários eventuais sobre objetivos e rotinas desenvolvidos na creche relacionados à ação psicopedagógica.

4. Atribuições do orientador pedagógico

1. Participar de reuniões periódicas e extraordinárias convocadas pela direção pedagógica (geral).
2. Planejar junto aos professores as atividades psicopedagógicas de estimulação do desenvolvimento.
3. Supervisionar a sua realização e avaliar seu resultados junto aos professores e assessores da direção.
4. Orientar e acompanhar os registros de observação do desenvolvimento infantil.
5. Selecionar e providenciar materiais, jogos e demais materiais psicopedagógicos.
6. Zelar pela manutenção do material pedagógico de propriedade da creche ou por ela tomado emprestado.
7. Zelar pelo preenchimento dos diários de classe e demais registros relacionados à ação psicopedagógica da creche.
8. Zelar pelo cumprimento das determinações emanadas da direção e assessores junto aos professores, auxiliares e babás.

9. Zelar pela manutenção das comunicações entre os membros de toda a equipe.
10. Manter sempre atualizado o registro de ocorrências e sugestões relacionadas à ação psicopedagógica.
11. Organizar e manter um cadastro de professores candidatos à admissão ao serviço da creche.
12. Participar do recrutamento e seleção de educadores, junto ao psicólogo, colaborando nas entrevistas dos candidatos e supervisionando o estágio de treinamento em serviço.
13. Zelar pelo cumprimento das determinações da direção, junto aos serviçais, quanto a rotinas, horários, alimentação, higiene e limpeza das instalações.
14. Prestar esclarecimentos aos estagiários eventuais sobre os objetivos, filosofia e atividades psicopedagógicas da creche, bem como supervisionar estágios de observação.
15. Elaborar, no mínimo, um planejamento e um relatório anual das atividades psicopedagógicas da creche e entregá-los à direção.
16. Supervisionar a elaboração dos planos semanais e cuidar do seu arquivamento para posteriores consultas e estudos.
17. Organizar e manter atualizado registro de dados e informações colhidas sobre cada grupo (turma), a fim de melhor orientar o trabalho a ser realizado.
18. Selecionar textos e temas de leitura e sugestões de atividades e divulgá-los entre os professores, com a finalidade de enriquecer o trabalho psicopedagógico da creche.

5. Atribuições do secretário

1. Lidar diretamente com o público para efeito de inscrição, matrícula, mudanças de horário, marcação de entrevistas etc.
2. Efetuar pagamentos.
3. Cobrar mensalidades.

4. Providenciar a compra de material de consumo.
5. Controlar o ponto dos funcionários.
6. Preparar as folhas de pagamentos.
7. Controlar o estoque de mateiral de consumo administrativo e pedagógico.

6. Atribuições do assistente social

1. Colher elementos para estudo social da família da criança.
2. Promover a integração família-creche através de contatos individuais e atividades de grupo.
3. Encaminhar a família aos serviços da comunidade quando necessário.
4. Atuar junto às famílias no sentido de formar espírito comunitário.

7. Atribuições do nutricionista

1. Planejar semanalmente e, eventualmente, quando necessário, a dieta alimentar de acordo com as exigências nutritivas da criança e as indicações de regimes alimentares especiais prescritos pelos pediatras particulares das crianças ou pediatra da creche.
2. Expor, em local visível às mães, o cardápio semanal da creche ou divulgá-lo da forma que for mais conveniente.
3. Supervisionar o preparo e a distribuição dos alimentos.
4. Zelar pelas condições de higiene da cozinha, lactário, despensa e higiene pessoal de seus funcionários.
5. Determinar normas e rotinas de limpeza e desinfecção de instrumentos e aparelhos usados na cocção (cozimento) de alimentos.
6. Planejar e providenciar a compra de gêneros alimentícios, instrumentos e aparelhos de cozinha, bem como zelar pela sua conservação.
7. Elaborar um sistema de compras e estocagem dos alimentos.

8. Orientar e treinar os funcionários, especialmente a cozinheira e o auxiliar de lactário, na cocção de alimentos, preparo de cardápios, limpeza, conservação dos alimentos e esterilização dos instrumentos e louça infantil.
9. Orientar e treinar o auxiliar de lactário, em ação conjunta com o pediatra da creche, na preparação de fórmulas lácteas, papinhas, sucos etc.
10. Planejar, implantar e avaliar o programa de educação alimentar da criança da creche.
11. Apresentar à direção da creche um relatório e planejamento anual de suas atividades como nutricionista da creche.

8. Atribuições dos educadores

Quando as atenções maternais e familiares têm que ser substituídas por uma instituição, cai sobre esta a grande responsabilidade da escolha das pessoas que irão substituir as mães ou a família durante sua ausência. O crescimento da criança de zero a três anos é vertiginoso, e, se oferecermos pessoas sem a formação e a qualificação adequadas e que desconheçam os problemas, dificuldades e necessidades específicas dessa faixa etária, forçosamente estaremos contribuindo para o aparecimento de desvios de comportamento ou desaceleração no desenvolvimento. É sempre indispensável que seja feita a contratação de pessoal devidamente qualificado para o exercício da função de tão grande responsabilidade.

Esse trabalho deve ser exercido, segundo as normas legais vigentes, por professores com formação superior voltada para a educação infantil, realizada em curso de licenciatura plena ministrado em institutos superiores de educação ou em universidades. O mais importante é que sua formação tenha sido realizada sobre uma sólida base de conhecimento sobre desenvolvimento infantil e psicologia. Preenchido este requisito, o candidato ao emprego deve ser submetido a uma entrevista pessoal, em que se avaliarão sua fluência oral, sua aparência pessoal em relação ao trato, saúde e higiene, e a uma prova escrita para se avaliar sua capacidade de redação própria e correção da língua escrita, além da linha filosófica de educação por ele defendida, tudo feito sob a responsabilidade da equipe de direção, especialmente do psicólogo e do orientador pedagógico. O pediatra pode pedir exames específicos de saúde que possam comprovar a aptidão de seu estado físico para o trabalho com crianças pequenas. Se possível, a entrevista pessoal e a prova escrita devem avaliar se existem disponibilidade afetiva para lidar com crianças e bebês e disponibilidade, interesse e curiosidade em aprender. Candidatos excessivamente seguros sobre seus pontos de vista dificilmente têm flexibilidade para mudá-los e oferecerão resistência ao treinamento em serviço, que é indispensável. A pós-graduação em psicopedagogia deverá ser estimulada como uma seqüência natural à sua formação.

O número de educadores deve ser adequado ao grupo de crianças, fator importante a ser considerado e já apresentado no capítulo sobre *clientela e grupamentos*. Aglomeração de crianças e reduzido número de adultos diminuem a atividade e os contatos afetivo-sociais e dificultam a comunicação, podendo até prejudicar o seu desenvolvimento intelectual e lingüístico, além do emocional. O número insuficiente de educadores para intermediar a brincadeira e a construção da aprendizagem pode também gerar problemas de saúde mental, decorrentes da insegurança emocional ocasionada pelo distanciamento do adulto.

Estudos feitos por especialistas das áreas de saúde e educação e comprovados, na prática, pela experiência da autora na direção de creche indicam, como proporção adequada, a seguinte:

- de 3 a 12 meses: 1 adulto para cada 3 ou 4 bebês, sendo, no mínimo, 2 adultos por grupo;
- de 12 a 24 meses: 1 adulto para cada 6 crianças, com auxílio de babá, sendo, no mínimo, 2 adultos por grupo;
- de 24 a 36 meses: 1 adulto para cada 8 crianças, com auxílio de babá, sendo, no mínimo, 2 adultos por grupo;
- de 36 a 54 meses: 1 adulto para cada 12 crianças, sendo, no mínimo, 2 adultos por grupo, com auxílio eventual de babá.

Também não podem se admitidas trocas freqüentes no corpo de educadores, pois a constância do adulto junto à criança é fator essencial à sua saúde mental. Além da escolha criteriosa e da manutenção do número correto de adultos por grupo é preciso oferecer meios que estimulem e permitam sua permanência na direção das atividades junto à criança, do início ao fim do ano, no mínimo.

Como recurso para baixar o custo de pessoal pode ser admitido o emprego de um educador especializado acompanhado de um educador auxiliar, por grupo, e mais uma babá, se for o caso de crianças menores de três anos. O educador será o responsável pelo planejamento, controle e avaliação das atividades, e o auxiliar complementará sua função na direção das atividades junto à criança. É, no entanto, importante manter-se, pelo menos, *um* educador especializado em educação pré-escolar por grupo (ou turma) de crianças. Muitas creches empregam, como auxiliares, professores recém-formados ainda cursando os estudos adicionais, por salários bem inferiores aos dos educadores efetivos. Essa medida é um recurso bastante interessante, pois, além de utilizar mão-de-obra mais qualificada, estimula o crescimento profissional e promove a ascensão dentro da carreira.

Devem ser consideradas como atribuições do educador, dentre outras menos específicas, as seguintes:

1. Estabelecer como prioridade do seu trabalho o desenvolvimento da individuação, da auto-estima e da segurança emocional da criança, base sobre a qual deverá se assentar o seu desenvolvimento intelectual.
2. Zelar pela segurança física, pela higiene e alimentação da criança, sem contudo forçá-la ou submetê-la a humilhação.
3. Oferecer satisfação às necessidades básicas afetivas e intelectuais da criança.
4. Estabelecer laços de comunicação, de ordem afetiva, com a criança, procurando interpretar seus gestos, expressão fisionômica, corporal e diversos tipos de choro.
5. Estimular a comunicação da criança nas suas mais

diversas manifestações: corporal, musical, plástica e verbal.

6. Estimular a investigação por iniciativa da criança e sua capacidade exploratória (dos objetos, pessoas e elementos da natureza).
7. Tentar obter reações de prazer da criança no contato com sua pessoa.
8. Despertar a atenção da criança através do uso de brinquedos, contato físico carinhoso e emprego de voz suave.
9. Sem renunciar ao conhecimento técnico profissional, deixar-se guiar pelas percepções intuitivas do comportamento infantil, objetivando sempre a melhor compreensão dos sentimentos da criança.
10. Estimular experiências físicas, sociais e intelectuais através de atividades espontâneas de livre escolha, em decorrência das quais a criança deverá conseguir:

— construir e ampliar o seu mundo de idéias;
— concretizar a imagem do seu "eu" social;
— descobrir e ampliar aptidões e interesses;
— organizar sua própria atividade;
— adequar a atividade ao seu nível de desenvolvimento;
— concretizar a aceitação de si mesma com suas capacidades e/ou deficiências inatas ou adquiridas.

11. Observar, criteriosa e continuamente, cada criança e fazer registro do seu desenvolvimento.
12. Planejar, realizar e avaliar atividades de estimulação que propiciem o desenvolvimento integral e harmonioso da criança.
13. Estar alerta para detectar eventuais desvios de comportamento e desenvolvimento e levá-los ao conhecimento da direção da creche através de registros escritos e contatos pessoais.
14. Elaborar planos semanais de atividade e entregá-los à orientação pedagógica ou direção, conforme o estabelecido na creche.
15. Selecionar ou adaptar métodos, técnicas e materiais pedagógicos de estimulação.

16. Responsabilizar-se pela conservação do material pedagógico utilizado nas atividades de estimulação.
17. Participar, ativamente, dos centros de estudo e reuniões de equipe convocadas pela direção.
18. Atender prontamente às solicitações do orientador pedagógico, pediatra e psicólogo da creche, mantendo entrosamento contínuo com esses elementos, visando à troca de experiências e ao aperfeiçoamento do trabalho.
19. Solicitar, com delicadeza, a cooperação do auxiliar e fazer-se acompanhar, por seu exemplo, na realização das atividades com a criança.
20. Solicitar, com delicadeza, o auxílio dos serviçais, sempre que necessário, e supervisionar o seu trabalho, visando à manutenção e ao aprimoramento contínuo da qualidade do serviço prestado à criança.
21. Manter atualizados todos os registros sob sua responsabilidade, sem erros nem rasuras.
22. Administrar somente medicamentos solicitados, por escrito, pelo responsável da criança ou pelo pediatra da creche.
23. Prestar primeiros socorros, sempre que necessários, seguindo criteriosamente a orientação dada pelo pediatra da creche.
24. Receber estagiários, supervisionar seu trabalho e prestar eventuais esclarecimentos durante sua visita de observação.
25. Junto a sua auxiliar e/ou babá, participar da higiene da criança: banho, escovação de dentes, lavagem de mãos e uso do vaso sanitário.

c. *Atribuições da equipe paratécnica*

1. Atribuições dos auxiliares de educação

1. Acompanhar a professora na realização das atividades junto à criança, procurando imitá-la na sua maneira de lidar com a criança.

2. Substituir o educador no atendimento à criança, sempre que necessário, procurando manter a mesma linha de ação utilizada por esse profissional na realização das atividades.
3. Auxiliar o educador nas providências, controle e guarda de material pedagógico.
4. Colaborar com o educador no planejamento das atividades e na avaliação das crianças, sempre que solicitados.
5. Participar das reuniões periódicas ou extraordinárias convocadas pela direção.

2. Atribuições dos auxiliares de enfermagem

1. Trocar fraldas, dar banhos e zelar pela higiene do bebê, fazendo uso de carícias e empregando voz suave e melodiosa.
2. Dar mamadeiras empregando a posição correta, com o bebê ao colo, obedecendo aos horários estabelecidos pelo pediatra da creche.
3. Lavar e enxugar a banheira, após cada banho, segundo a orientação do pediatra da creche.
4. Administrar papinhas e alimentos sólidos, rigorosamente dentro dos horários e segundo as prescrições do pediatra e nutricionista da creche.
5. Administrar exclusivamente medicamentos solicitados, por escrito, pelos responsáveis da criança ou prescritos pelo pediatra da creche, obedecendo à dosagem e aos horários específicos.
6. Prestar primeiros socorros, sempre que necessário, seguindo rigorosamente a orientação do pediatra da creche.
7. Providenciar e zelar pela lavagem, esterilização de mamadeiras e chupetas, seguindo rigorosamente a orientação do pediatra da creche.
8. Providenciar a lavagem, esterilização e troca de brinquedos após cada período de uso (duas vezes por dia).
9. Acompanhar as atividades desenvolvidas pelo esti-

mulador, completando sua ação junto à criança, em qualquer momento em que lide com ela.
10. Auxiliar o estimulador na confecção de material de estimulação.
11. Responsabilizar-se pela sua conservação e higiene.
12. Controlar as condições de higiene ambiental, comunicando à direção qualquer desatenção às normas de limpeza e desinfecção estabelecidas, pelo pediatra, para o berçário.
13. Estar atento às modificações de comportamento do bebê e dar ciência ao estimulador de suas observações.
14. Ajudar o estimulador e pediatra na avaliação e nas anotações e registro do desenvolvimento dos bebês.
15. Participar, ativamente, de centros de estudo e reuniões de equipe convocadas pela direção.
16. Procurar obter da mãe, à chegada dos bebês, o maior número possível de informações sobre a saúde da criança.
17. Conversar com as mães, na hora da entrega dos bebês, com o objetivo de prestar a elas os melhores esclarecimentos sobre o estado de saúde e vida de seus filhos.
18. Registrar fatos da rotina da vida do bebê na creche, obedecendo à orientação do pediatra quanto ao uso das cadernetas.
19. Colaborar no isolamento de crianças que eventualmente adoecerem na creche, prestando a elas os primeiros socorros, de acordo com as normas prescritas pelo pediatra da creche.

3. Atribuições das babás

1. Complementar a ação do educador, procurando imitar sua maneira de agir, nas falas e nos gestos.
2. Auxiliar, prontamente, a criança na sua higiene pessoal, sempre que necessário e nos horários estabelecidos pela creche.
3. Trocar fraldas e fazer a higiene das crianças, seguindo rigorosamente a orientação do pediatra da creche.

4. Auxiliar o educador na hora das refeições, ajudando a dar o alimento às crianças que ainda não comem sozinhas.
5. Auxiliar o educador na hora do repouso das crianças, providenciando colchonetes, lençóis, fronhas e travesseiros, e ajudar a arrumar esse material após seu uso.
6. Responsabilizar-se pelas crianças que aguardam os pais, após o horário regular de saída, zelando pela sua segurança e bem-estar.
7. Fazer a lavagem e desinfecção dos brinquedos após cada dia de uso.

d. Atribuições da equipe de apoio

1. Atribuições do auxiliar de lactário

1. Cumprir as determinações do nutricionista no que se refere às prescrições dietéticas.
2. Zelar para que o lactário se mantenha sempre em rigorosas condições de higiene.
3. Preparar fórmulas lácteas de acordo com a orientação do pediatra ou do nutricionista da creche.
4. Preparar sucos, sopinhas, chás e água para os bebês de acordo com as prescrições do pediatra ou nutricionista da creche.
5. Fazer a limpeza e esterilização das mamadeiras e utensílios do bebê.
6. Manter rigorosa higiene pessoal, fazendo uso de avental e mantendo os cabelos presos em touca.
7. Manter constante entrosamento com o pediatra, nutricionista e diretor da creche.
8. Colaborar, eventualmente, no cuidado direto com a criança.
9. Controlar o estoque de alimentos do lactário e prestar informação ao nutricionista sobre o gasto do material.

2. Atribuições da cozinheira

1. Cumprir as determinações do nutricionista no que se

refere às prescrições dietéticas e cocção de alimentos em geral.

2. Zelar para que a cozinha, copa e despensa se mantenham sempre em rigorosas condições de higiene.
3. Preparar alimentos sólidos, pastosos ou líquidos de acordo com as prescrições do nutricionista.
4. Controlar o estoque de alimentos e prestar contas ao nutricionista sobre os seus gastos.
5. Manter todos os utensílios e aparelhos da copa e cozinha em rigorosas condições de limpeza.
6. Manter rigorosa higiene pessoal e zelar para que sua auxiliar também a mantenha.
7. Manter constante entrosamento com o nutricionista e diretor da creche.
8. Colaborar, eventualmente, no cuidado direto com a criança.

3. Atribuições dos serventes

As tarefas dos serventes, que consistem em varrer, tirar o pó, desinfetar, lavar e passar a ferro, devem ser determinadas por setor e discriminadas como rotinas de limpeza e desinfecção, com horários e materiais cuidadosamente determinados e especificados pela direção, para que se possa ter um controle eficiente sobre todo o serviço de limpeza da creche. No caso de grandes estabelecimentos, é possível atribuir-se a lavagem e passagem de roupa a um funcionário exclusivo que não participe de outros serviços de faxina. Com essa medida, diminuem-se os riscos de contaminação mais comuns em grandes estabelecimentos. As atribuições de cada servente, portanto, variam de acordo com o tamanho da creche e por isso não podem ser descritas de uma forma comum a todas.

3. Planilha de custo

3.1. Relação de custo: pessoal × crianças

Para efeito de cálculo de custo para que se possa realizar uma previsão orçamentária e montar uma planilha de custos, apresento, primeiro, o quadro que expõe a relação de pessoal, determinada em função do número de crianças e, em seguida, apresento três modelos de levantamento de custo, em que se acrescentam aos dados anteriores o dos profissionais elementos da direção e os de apoio auxiliar, cujo número é quase invariável em relação ao tamanho da clientela, ou seja, qualquer que seja o número de crianças atendidas, o quadro da direção, o mais oneroso, não muda de tamanho, e o quadro de pessoal de apoio muda de forma insignificante, além de ser o de mais baixo custo. O número de funcionários não graduados varia em função do número de crianças, mas não diminui na mesma proporção, e o número de funcionários graduados é sempre constante. Essas variáveis precisam ser consideradas quando se deseja avaliar a viabilidade do projeto.

Dessa forma verifica-se que podem ser obtidos três resultados aproximados de custo, determinados pelo número de crianças atendidas pelo estabelecimento. O custo mais elevado se dá quando o número de crianças é inferior a 60, quando o custo do pessoal da direção e equipe de apoio fixa (cozinheira, auxiliar de lactário e faxineiras) fica relativamente mais pesado; o custo médio, razoável, gira em torno do atendimento acima de 70 crianças; o custo mais baixo ocorre quando se atendem acima de 120 crianças, pois o custo do pessoal da direção e equipe de apoio fixa fica mais diluído.

QUADRO 1

Grupamento	Grupo	Crianças atendidas	Educadores	Auxiliares	Babás	Auxiliares de enfermagem
Berçário	Gr. 1	06	XXX	XXX	XXX	02
	Gr. 2	06	XXX	XXX	XXX	02
Maternal 1	Gr. 1	10 a 12	01	XXX	01	XXX
	Gr. 2	10 a 12	01	XXX	01	XXX
Maternal 2	Gr. 1	16 a 18	01	XXX	01	XXX
	Gr. 2	16 a 18	01	XXX	01	XXX
Maternal 3	Gr. 1	20 a 25	01	01	XXX	XXX
	Gr. 2	20 a 25	01	01	XXX	XXX
TOTAL		104 a 122	06	02	04	04

QUADRO 2

O quadro a seguir mostra o alto custo do trabalho da creche, que se sustenta sobre pessoal altamente qualificado, e foi montado com o objetivo de auxiliar o administrador a calcular o custo do pessoal, levando em conta o nível de qualificação profissional, tomando-se por base uma clientela de tamanho médio (70 crianças).

Profissionais	Nível superior A	Nível superior B	Nível médio técnico	Nível médio	Nível básico
Pedagogo	01				
Pediatra	01				
Psicólogo	01				
Orientador	01				
Nutricionista		01			
Assistente social		01			
Educadores		06			
Professores especiais*		03			
Auxiliares de educação			02		
Babás					02
Aux. enfermagem				02	
Aux. lactário					01
Cozinheira					01
Serventes					02
TOTAL	**04**	**11**	**02**	**02**	**06**

* São aqueles eventualmente contratados para educação física e musical, que fazem parte do quadro de pessoal em regime de trabalho de poucas horas semanais. Quando o empreendimento comporta esse custo financeiro, a participação desses profissionais enriquece sobremaneira o trabalho de educação infantil, tornando válida a sua contratação. Ambos, porém, precisam receber orientação e assistência psicopedagógica dos profissionais da equipe interdisciplinar da creche.

O objetivo dos quadros a seguir é mostrar como se pode controlar o custo total com pessoal, quando se diluem os salários mais altos do pessoal mais qualificado e da equipe de apoio fixa por um número maior de crianças.

ESQUEMA 1

RELAÇÃO DE CUSTO ÓTIMO		
CRIANÇAS	Nº	FUNCIONÁRIOS
24 no BERÇÁRIO	01	PEDAGOGO
114 no MATERNAL	01	PEDIATRA
(24 + 40 + 50)	01	PSICÓLOGO
	01	ORIENTADOR PEDAGÓGICO
	01	NUTRICIONISTA
	08	AUXILIARES DE ENFERMAGEM
	01	AUXILIAR DE LACTÁRIO
	06	EDUCADORES
	02	AUXILIARES DE EDUCAÇÃO
	04	BABÁS
	01	COZINHEIRA
	03	SERVENTES
TOTAL: 138 CRIANÇAS		

ESQUEMA 2

RELAÇÃO DE CUSTO MÉDIO		
CRIANÇAS	Nº	FUNCIONÁRIOS
12 no BERÇÁRIO	01	PEDAGOGO
58 no MATERNAL	01	PEDIATRA
(13 + 20 + 25)	01	PSICÓLOGO
	01	ORIENTADOR PEDAGÓGICO
	01	NUTRICIONISTA
	02	AUXILIARES DE ENFERMAGEM
	01	AUXILIAR DE LACTÁRIO
	03	EDUCADORES
	03	AUXILIARES DE EDUCAÇÃO
	02	BABÁS
	01	COZINHEIRA
	02	SERVENTES
TOTAL: 70 CRIANÇAS		

ESQUEMA 3

RELAÇÃO DE CUSTO ELEVADO		
CRIANÇAS	Nº	FUNCIONÁRIOS
06 no BERÇÁRIO	01	PEDAGOGO
51 no MATERNAL	01	PEDIATRA
(10 + 16 + 25)	01	PSICÓLOGO
	01	NUTRICIONISTA
	01	AUXILIARES DE ENFERMAGEM
	01	AUXILIAR DE LACTÁRIO
	03	EDUCADORES
	03	AUXILIARES DE EDUCAÇÃO
	02	BABÁS
	01	COZINHEIRA
	02	SERVENTES
TOTAL: 57 CRIANÇAS		

Qualquer tentativa de diminuir o número de crianças do *Esquema 1* elevará o custo, pois não será acompanhada de uma diminuição do número de funcionários, especialmente os graduados, que mais oneram o custo do empreendimento.

A diferença do *Esquema 1* para o *2* é que a diminuição do número de crianças, não acompanhada da diminuição do pessoal graduado, onera o custo *per capita.*

O *Esquema 3* amplia a discrepância entre o número do pessoal graduado e o reduzido número de crianças.

É importante observar, no entanto, que qualquer aumento, mesmo que pequeno, no número de crianças entre o *Esquema 2* e o *Esquema 3*, resultará num acréscimo de custo, pois redundará na necessidade de aumento do número de educadores, auxiliares e babás, o que tornará o empreendimento muito oneroso e, provavelmente, inviável ou deficitário.

O importante a observar é o seguinte:

1) O número de funcionários graduados, o de mais alto custo, é praticamente constante, qualquer que seja o número de crianças.
2) O número de funcionários não-graduados varia em função do aumento do número de crianças, mas não diminui na mesma proporção, pois não se pode trabalhar com fração de pessoas. Vejamos o exemplo do *Maternal 2*. Pode-se trabalhar com duas turmas de 20 crianças (lotação máxima), oferecendo a cada uma delas um educador e um auxiliar recreacionista; portanto 20 crianças para dois adultos. Mas, qualquer quantidade entre 20 e 2 crianças não diminuirá o número de educadores, que continuará sendo dois para duas turmas menores, porém cada uma tendo o seu educador responsável. Da mesma forma, a partir de uma criança até o máximo de 20, será necessário pelo menos um educador.

3.2. Custo do material de consumo anual

Grande parte do material consumido nas atividades psicopedagógicas e alguns materiais de higiene e primeiros socorros podem ser previstos para consumo anual em função do número de crianças. Essa relação permite que se calcule, com grande margem de acerto, o custo dessa parte do serviço que, se somado às despesas com pessoal, alimentação, administração, manutenção, serviços públicos, serviços terceirizados (se houver) e de investimento, dará o custo final, com pouca margem de erro. Outra sugestão: para administrações iniciantes ou de creches semipúblicas ou comunitárias, esta relação pode servir como base para o cálculo de uma taxa de manutenção a ser cobrada mensalmente dos pais ou entregue a eles para que providenciem a compra do respectivo material, que poderá ser doado em duas épocas do ano. A relação apresentada apresenta a média de consumo em creches de 70 crianças aproximadamente.

a. Material de consumo do bebê

Da relação a seguir não constam as fraldas e roupas de uso individual do bebê, pois o modelo de creche aqui sugerido defende o cuidado, a lavagem e a substituição diária de roupas feitas sob a responsabilidade da família. Esse tratamento diminui muito o risco de contágio e fortalece os laços de ligação do bebê à sua família, além de baixar os custos da creche relativos à realização desse serviço. Os dois jogos de lençol podem ser substituídos dia sim, dia não, da mesma forma que as toalhas.

1. Quatro rolos de algodão de 500g (2kg)
2. Uma chuca, 1 mamadeira e 4 chupetas (identificadas)
3. Uma saboneteira (identificada)
4. Dois sabonetes para uso individual (identificados)
5. Dois jogos completos de lençol (identificados)
6. Duas toalhas de banho (identificadas)
7. Quatro vidros grandes de solução germicida para esterilização de utensílios
8. Seis envelopes de compressas de gaze de 7,5 × 7,5
9. Duas caixas grandes de cotonete (para curativos)
10. Seis caixas de 100 lenços de papel (600 lenços)
11. Quatro brinquedos novos (segundo orientação da creche)

b. Material de consumo da criança do maternal

1. Um milheiro de papel ofício branco — 40kg
2. Meio milheiro de papel ofício branco — 24kg
3. Duas caixas de lápis-cera (ou giz de cera) de 12 cores
4. Duas caixas de modelagem de 12 cores
5. Um vidro de tinta guache de 600g (cor à vontade)
6. Um litro de cola branca
7. Uma caixa de giz de cor
8. Doze folhas de papel glacê (lustroso), de cores variadas
9. Seis folhas de papel silhueta (preto)
10. Seis folhas de papel *kraft* (pardo)

11. Doze lixas de grau zero para desenho com giz comum ou de cera
12. Dois rolos de papel crepom (de cores variadas)
13. Três folhas de papel celofane (de cores variadas)
14. Quatro folhas de cartolina (de cores variadas)
15. Cinco folhas de papel de seda (de cores variadas)
16. Um litro de álcool
17. Duas caixas grandes de curativos auto-adesivos
18. Doze envelopes de compressas de gaze 7,5 x 7,5
19. Seis sabonetes grandes
20. Seis caixas de lenços de papel de 100 unidades (600 lenços)
21. Quatro rolos de toalhas de papel absorvente (descartável)
22. Duas caixas de cotonete (para curativo)
23. Duas toalhas de banho (identificadas)
24. Dois brinquedos novos (segundo orientação da creche)

3. 3. Despesas de naturezas diversas

Para efeito de uma completa previsão orçamentária, indispensável para se poder calcular o preço da mensalidade ou anuidade da criança e fazer a planilha de custo, o administrador precisa elaborar um projeto do sistema administrativo e calcular, então, o custo de sua operacionalização. Alguns itens ainda devem ser previstos, como os de despesas de naturezas diversas:

1. Despesas com material administrativo

1. Anúncios
2. Cópias xerox
3. Correio/postagem
4. CPMF
5. Despesas bancárias
6. Despesas judiciais
7. Materiais de expediente
8. Materiais de consumo do computador
9. Impressos

10. IPTU
11. Seguros do prédio e equipamentos

2. Despesas com serviços terceirizados

Há ainda outras despesas de natureza diferente, dependendo do tipo do sistema implantado na creche, que, se existentes, também precisam ser previstas no orçamento geral:

1. Aluguel de fitas
2. Assinatura de TV a cabo (se houver)
3. Dedetização
4. Ensino de inglês (se terceirizado)
5. Manutenção de computadores
6. Manutenção de piscina (se for o caso)
7. Segurança (vem se tornando comum)

3. Despesas com serviços públicos

1. Água
2. Gás
3. Luz
4. Telefone

4. Despesas de reposição de peças

1. Material do berçário e maternal
2. Material de cozinha
3. Material do lactário
4. Material da lavanderia
5. Material de limpeza
6. Material elétrico e hidráulico
7. Material de jardim

5. *Despesas de investimento*

1. Aquisição de brinquedos e jogos psicopedagógicos
2. Aquisição de equipamentos (fotográfico, de som, de filmagem, brinquedos maiores)
3. Aquisição de livrinhos de história
4. Aquisição de literatura profissional
5. Aquisição de mobiliário
6. Assinatura de revistas das áreas de saúde e educação

6. *Despesas com pessoal*

O cálculo das despesas com pessoal precisa levar em conta uma série de compromissos que se agregam aos simples salários. Menciono aqui apenas alguns itens que deverão servir de exemplo:

1. Alimentação (o nutricionista tem condição de calcular o custo *per capita*)
2. Cursos de aperfeiçoamento (devem ser previstos)
3. 13º salário
4. Férias
5. Abono de férias
6. FGTS
7. INSS
8. PIS
9. Seguro-saúde (se houver)
10. Seguro de vida em grupo (deve haver)
11. Uniformes
12. Vale-transporte

8

Rotinas de Saúde da Creche

Creche existe para exercer, pela família, os cuidados básicos de saúde física e mental, e de educação da criança, a partir dos três meses de idade, prestando-lhe assistência integral, o que inclui cuidados relativos à segurança, higiene, alimentação, afeto e educação. Cuidar de uma, duas ou três crianças em casa, em família, já exige uma certa organização e estabelecimento de normas de atendimento às crianças; administrar, porém, um ambiente repleto de criancinhas em grupos de variadas idades requer um nível de organização e estabelecimento de rotinas extremamente mais elaborado, a fim de se manter um ambiente especialmente seguro quanto à manutenção da saúde da criança. Para se alcançar isso, uma série de rotinas deve ser criteriosamente estabelecida com a finalidade até de se criarem formas de controle que possam ser continuamente avaliadas e cobradas de todos os funcionários da creche.

Um ambiente freqüentado por crianças oriundas de diferentes famílias, provenientes de diferentes lugares, com diferentes modos de vida, carrega diferentes tipos de micróbios e bactérias contra as quais as outras crianças não desenvolveram resistência ainda. É preciso estar consciente de que o *risco* de contaminação aqui é sempre muito mais elevado que o de casa, dentro de seu universo familiar. É fato comprovado que o número de infecções aumenta logo após o ingresso da criança na creche; mas, passado esse período inicial de acomodação, a freqüência de adoecimentos deve voltar para sua normalidade. O risco pode e deve ser controlado, e o seu combate deve ser assumido como obrigação fundamental da direção da creche. Acrescente-se a isso o fato de as crianças terem de ser transportadas de suas casas, atravessando e se expondo a outras formas de contaminação nessa viagem. A responsabilidade da direção de uma creche quanto à manutenção de um ambiente com baixo índice de risco de contaminação tem que ser assumida com muita seriedade e persistência. As normas e rotinas de saúde foram criadas com este propósito.

Apresento aqui as que foram criadas e adotadas pela equipe de direção da creche do Instituto de Educação do Rio de Janeiro e que eram rigorosamente realizadas. O nível de contaminação, durante os três anos e meio de minha direção, foi praticamente zero. As rotinas foram fruto de estudo e permanente avaliação, criadas sob a orientação do pediatra da creche, de acordo com as normas adotadas em instituições de saúde conceituadas como padrão, mas devem continuar sendo atualizadas, visto que o avanço tecnológico da produção de materiais de esterilização vem passando por grande progresso e aperfeiçoamento.

1. Higiene dos adultos

Todos os adultos que trabalham na creche devem ser submetidos a exame de saúde antes do ingresso na creche e, depois, em períodos regulares, duas ou três vezes ao ano. O exame de fezes deve ser rotina obrigatória, no mínimo de seis em seis meses.

1. Os funcionários do berçário devem usar cabelos presos, unhas limpas e aparadas, além de uniformes trocados diariamente. A adoção de uma cor única para todos os uniformes deve ser evitada, sendo mais aconselhável o uso de uniformes confeccionados em teci-

dos de cor, estampadinhos ou listrados, que facilitem a identificação e estimulem a discriminação visual do lactente. Também é preferível o uso de modelos funcionais que possibilitem amplitude de movimentos e adequação ao clima local a modelos mais rígidos e tradicionais de enfermagem. Ao chegar à creche, o funcionário do berçário deverá trocar o uniforme, lavar e escovar as unhas, lavar as mãos e antebraços, assim como escovar e prender os cabelos.

2. Os funcionários da cozinha e lactário devem seguir a mesma rotina de higiene dos funcionários do berçário.
3. Dos serventes, recreadores e babás deverão ser exigidas, no mínimo, a troca de roupa por uniforme limpo e a lavagem de mãos e rosto ao início de cada dia.
4. Dos educadores, auxiliares e babás deverão ser exigidos aspectos de higiene e limpeza correspondentes à manutenção do necessário asseio pessoal. O uso de jalecos limpos é aconselhável, desde que bastante confortáveis e adequados ao clima local. A existência de bolsos nos jalecos é muito útil e facilitadora das múltiplas atribuições do educador (guardar pequenos objetos). Pelo mesmo motivo dos uniformes do berçário, os jalecos devem ser confeccionados em cores agradáveis, estampadinhos ou listrados.
5. Todo adulto deverá lavar as mãos antes e após cada troca de fraldas e higiene das crianças.

2. Higiene das crianças

1. Trocar as fraldas de cada criança à hora da entrada, conversando alegremente com cada uma e trocando o forro do colchonete antes de colocá-la sobre a bancada.
2. Trocar as fraldas e lavar as crianças após permanência na areia.
3. Em caso de evacuação, lavar a criança com água e sabonete, enxugando-a em toalha individual e lavan-

do sempre a banheira, com sabonete, antes de cada uso, e secando-a com a própria toalha da criança.

4. Nas meninas, ao trocar as fraldas, limpar da frente para trás, a fim de evitar o contato das fezes com a genitália e para não levar a infecções.
5. Lavar as mãos antes e depois de cada troca de fraldas.
6. Não deixar fraldas sujas expostas, descarregar as fezes em vaso sanitário próximo, fazendo imediatamente a descarga com água no vaso e levando a fralda para lavagem imediata.
7. Trocar as fraldas e lavar mãos e rosto da criança antes do almoço e antes da saída.
8. Levar, no início do dia, ao urinol ou ao vaso sanitário as crianças mais velhas, conversando e brincando com cada uma.
9. Trocar calcinha ou *short* quando molhados.
10. Supervisionar a ida das crianças ao banheiro, ensinando-as a fazerem uso do vaso e darem descarga, sempre após cada uso.
11. Dar banho nas crianças, no mínimo uma vez por dia, lavando a cabeça com cuidado para não deixar molhar os ouvidos.
12. Usar sempre os utensílios próprios da criança, incluindo escova e pente.
13. Observar sempre o estado da pele e mucosa da criança, a cada troca de fraldas ou banho, e comunicar qualquer anormalidade (assaduras, feridas, arranhões, hematomas etc.) à direção, fazendo registro escrito em caderneta ou caderno de ocorrências próprio.
14. Empregar a rotina estabelecida pelo pediatra da creche, sempre que enfrentar qualquer anormalidade, e registrar a medida adotada no caderno de ocorrências.
15. Nunca usar panos úmidos na higiene do rosto ou corpo das crianças.

3. Higiene do berçário

a. Limpeza de grandes superfícies

1. A limpeza e a desinfecção devem-se iniciar pelos parapeitos, janelas, portas, paredes, armários, deixando-se por último o piso.
2. Na limpeza deve ser sempre empregada uma solução obtida com produto germicida, respeitando-se, rigorosamente, as instruções indicadas pelo fabricante para sua diluição.
3. As mãos dos funcionários devem ser lavadas antes e após o término do trabalho de desinfecção.
4. Devem ser utilizados dois baldes para a limpeza, ambos com solução germicida. O primeiro é onde se embebem os panos a passar nas superfícies, e o segundo deve ser usado para lavar, enxaguar e torcer os panos usados na limpeza.
5. O excesso de líquido do chão deve ser removido com rodo de borracha e enxugado com pano limpo e seco. Não é aconselhável enxaguar com água pura.
6. Parapeitos, portas e armários do berçário devem ser limpos diariamente, com a mesma solução germicida. Nas paredes, o álcool pode ser empregado em substituição ao germicida, quando as mesmas forem revestidas de cerâmica, ladrilhos ou fórmica.

b. Higiene ambiental

A desinfecção aérea do berçário pode ser realizada a cada final de semana, após a saída dos bebês, seguindo a orientação do fabricante do produto utilizado ou, após a saída dos bebês, no final do dia, quando houver qualquer suspeita de contaminação aérea mais grave. Durante a desinfecção os colchonetes devem ser colocados, na vertical, dentro dos berços.

c. Higiene e desinfecção dos berços

Os berços e colchonetes do berçário devem ser limpos diariamente com álcool. A exposição dos colchonetes, durante uma hora, à luz solar direta também pode ser usada como forma de esterilização. Os lençóis e as fronhas devem ser trocados diariamente e sempre que necessário. Os lençóis e as fronhas dos bebês devem ser lavados separados dos das crianças do maternal, podendo ser utilizada uma solução esterilizadora na última água. Depois de secos, devem ser passados a ferro.

d. Higiene e desinfecção das banheiras

As banheiras devem ser lavadas e escovadas, diariamente, com sabão neutro e escovinha, com movimentos das bordas para o ralo de escoamento, e enxutas com pano limpo e exclusivo dessa limpeza. Além da limpeza feita diariamente, as banheiras devem ser lavadas, antes de cada banho, com sabonete neutro, e enxugadas com a toalha da própria criança, nunca com um pano único.

e. Esterilização de utensílios do berçário

1. Todos os utensílios do berçário devem ser esterilizados por fervura ou por imersão em solução germicida indicada pelo pediatra.
2. O germicida escolhido deve ser empregado, rigorosamente, segundo as instruções do fabricante.
3. As soluções germicidas deverão ser preparadas e trocadas diariamente.
4. Os recipientes para esterilização devem ser lavados, diariamente, com escova, antes da troca da solução germicida.
5. Deverá existir um recipiente especial para cada tipo de utensílio:

- chupetas
- pratos e colheres dos bebês

- chucas, vidros e mamadeiras
- canecas, funis, coadores de plástico, espremedor de frutas, copo do liquidificador e colheres

6. Cada vez que for colocado um objeto na solução, deverá transcorrer um período de uma hora para que qualquer outro objeto seja retirado.
7. Havendo esterilizador próprio para mamadeiras, estas poderão ficar dentro dele até a hora do uso.
8. A esponja, o sabão e as escovas utilizados na lavagem dos utensílios devem ser exclusivos do berçário e ficar guardados em recipiente separado.
9. As papas de frutas e sucos para os bebês somente devem ser feitos em utensílios esterilizados.
10. A água de uso do berçário deve ser filtrada, fervida e colocada em recipiente esterilizado. Uma panela deve ser separada só para esse fim.

f. Higiene dos brinquedos

Os brinquedos do berçário devem ser lavados diariamente com sabão neutro e escovinha de uso exclusivo. A bacia de lavagem dos brinquedos deve ser usada somente para esse fim e guardada, após o uso, juntamente com a escovinha de limpeza, em local específico.

Após a lavagem com escova, os brinquedos devem ser enxugados com toalha descartável.

O berçário deve ter várias caixas plásticas com tampa para acondicionar os brinquedos lavados e secos, que devem ser trocados duas vezes ao dia, no mínimo, para proporcionar, além da higiene, o uso de brinquedos variados. Para que os brinquedos mantenham o seu poder de estímulo (de despertar o interesse) é preciso que seu uso não seja contínuo; assim, torna-se necessário fazer substituição constante.

Observação: Os brinquedos do *Maternal 1* devem seguir a mesma orientação para higiene e substituição.

g. Sanificação de roupas

Lençóis, fronhas, toalhas e todos os tipos de tecido que fiquem em contato com a pele do bebê, depois de lavados pelo método habitual, devem ser imersos em solução germicida nas proporções e tempo indicados pelo fabricante do produto. Depois de retirados da solução, devem secar de maneira usual ou em máquina própria. Não há necessidade de enxaguá-los novamente.

Toda roupa deve, no entanto, ser passada a ferro, após a secagem, para garantir a esterilização perfeita.

As sapatilhas, de uso obrigatório no berçário, devem ser lavadas separadamente e esterilizadas em solução germicida em balde próprio. Não precisam ser passadas a ferro.

Observação: Os lençóis e fronhas do Maternal podem dispensar a esterilização por germicida, desde que sejam passados a ferro.

As toalhas devem ser de uso exclusivo de cada criança e ser trocadas, no mínimo, semanalmente, e submetidas ao mesmo processo de lavagem e esterilização que os lençóis e fronhas, assim como as fraldas de propriedade da creche.

Toda roupa da criança deve ser de seu uso exclusivo (principalmente fraldas) e lavada em casa, sob responsabilidade da mãe. Esse processo visa prevenir a transmissão de moléstias, que, do contrário, seria facilitada pela contaminação proporcionada pela mistura de roupas, e evitar um maior distanciamento da mãe do cuidado com a criança, que não é aconselhável sob diversos aspectos, incluindo o psicológico. Enquanto a mãe cuida da roupa de seu filho, ela acompanha o seu desenvolvimento e estado de saúde, tendo condições de dar a ele a assistência adequada.

Com relação às fraldas usadas pela criança, à creche devem caber a primeira lavagem e o acondicionamento em saco plástico próprio e individual da criança. Essa primeira lavagem é indispensável para evitar a proliferação de germes e propagação do odor produzido pelos gases de fermentação.

As fraldas de propriedade da creche devem ser reservadas para usos eventuais e proteção do ombro do adulto nos momentos em que segura um bebê.

4. Recebimento de crianças

1. Verificar o aspecto geral, temperatura, lesões aparentes, estado de higiene pessoal e de seus utensílios próprios que são trazidos dentro da bolsa ou mochila. Não é necessário usar o termômetro antes de constatar anormalidade aparente.
2. Se constatada qualquer anormalidade, comunicar à direção e registrá-la na caderneta da criança.
3. Trocar toda roupa da criança (maiores de um ano não é necessário) e mudar sua fralda, trocando a cobertura do colchonete da bancada, antes de colocar o bebê sobre este.
4. Ler a caderneta, arrumar a bolsa em local adequado e preparar a bancada para recebimento de outras crianças.
5. Dividir o trabalho de recebimento entre os auxiliares de enfermagem do berçário para que o atendimento não sofra muitas interrupções e retardamento.
6. *Não deixar que se mecanize o atendimento do bebê.* Todos os cuidados devem ser repletos de carinho e atenção individualizada.

5. Isolamento

a. Indicações

1. Crianças com febre, vômitos ou diarréia, enquanto aguardam a chegada do responsável.
2. Crianças que apresentem sinais de pediculose (piolho) que não tenha sido detectada na hora da entrada na creche.

3. Crianças com doenças infectocontagiosas já diagnosticadas que comparecerem à creche em caráter excepcional (o que deve ser sempre evitado).
4. Crianças com lesões contagiosas de pele que, por motivos extraordinários, tenham obtido permissão de freqüentar a creche (o que deve ser sempre evitado).
5. Crianças que estejam em contato íntimo (intradomiciliar) com coqueluche ou sarampo.

b. Orientação

1. Separar para o isolamento um ou dois berços do último compartimento que fiquem fora da passagem.
2. Disponibilizar um adulto para ficar com a criança até que seja entregue ao seu responsável.
3. Providenciar um jaleco limpo para o adulto usar enquanto cuida da criança isolada. Este jaleco deverá ser retirado após a saída da criança, lavado e esterilizado, separando-se de outras roupas da creche.
4. Evitar a circulação de crianças pelo local de isolamento.
5. Não levar a criança isolada para a estimulação.
6. Se possível, o banho deverá ser dado apenas após o banho de todas as crianças.
7. Após o banho, lavar normalmente a banheira e esterilizá-la, em seguida, com solução germicida na proporção indicada pelo fabricante do produto.
8. Lavar e esterilizar, separadamente, as roupas de cama e banho usadas pelas crianças.

6. Banhos de sol

1. O banho de sol deve ser diário, essencial para a ossificação.
2. O horário mais adequado é o de até nove horas da manhã.
3. O bebê deve ficar confortável, usando roupas leves.

4. Os bebês podem ficar em carrinhos individuais, sobre colchonetes ou reclinados em bebês-conforto.
5. O local deve ser limpo e preparado antes de as crianças chegarem.

7. Sono

O período de sono é muito variável de bebê para bebê, mas é essencial à sua saúde. Quando escasso, provoca irritabilidade, letargia (apatia, prostração, sono patológico) e anorexia (inapetência).

O período anterior ao sono deve ser livre de excitações. Tranqüilidade, carinho e atenção conduzem a um sono fácil.

O sono, durante o dia, não exige escuridão total. O local deve ser claro ou ligeiramente escurecido.

A criança deve poder despertar, espontaneamente, após ter feito o repouso necessário.

8. Formação do controle de fezes e urina

Até que o controle dos esfíncteres seja atingido, muitos aspectos do crescimento têm que ser desenvolvidos. Todo um sentimento de segurança e de autoconhecimento precisa ser sedimentado na criança para que "se" desperte para a "vontade" de reter as fezes e urina, e seja capaz de exercitar esse controle, por já ter o seu organismo alcançado, também, a maturação nervosa necessária.

Em resumo, o controle de fezes e urina não é apenas o resultado de um treinamento destituído de significado para a criança. Esse controle, ao contrário, *reflete* o nível de desenvolvimento psicológico e fisiológico alcançado pela criança, que lhe permite "tomar conhecimento" de partes de seu "eu", interessar-se por dominá-la e ser capaz de fazê-lo.

Os aspectos fisiológico e psicológico (afetivo) são tão unidos e integrados nessa ocasião que basta um simples desequilíbrio num dos dois para a criança perder novamente o controle. Exemplo: o nascimento de irmãozinho, nessa fase de aprendizagem, pode gerar na criança um forte sentimento de insegurança emocional e acarretar voltar a fazer xixi nas calcinhas.

Cabe à creche:

1. Oferecer um clima saudável de afetividade que permita à criança sentir-se segura e satisfeita consigo mesma.
2. Evitar qualquer situação de constrangimento ou humilhação para a criança, pois estes são sentimentos negativos que geram medo, enfraquecem o indivíduo e inibem o desenvolvimento de formas de autocontrole.
3. Levar a criança ao vaso em períodos regulares para que, gradativamente, se formem os hábitos de esvaziar a bexiga e os intestinos, quando estes têm um certo volume de material acumulado. A regularidade do horário é fator decisivo na formação do hábito e leva a criança a perceber, espontaneamente, o significado de urinar e defecar.
4. Demonstrar alegria aos primeiros sinais de que a criança está percebendo que urina ou evacua, senão voluntariamente, pelo menos por consentimento próprio (no sentido de estar tomando consciência do ato).
5. Depois de já se notar que a criança tem consciência do ato em si, passar a convidá-la para ir ao vaso minutos antes do horário habitual.
6. Sem ameaças ou recriminações, continuar a estimulação do desenvolvimento dos hábitos através de perguntas feitas na hora certa, demonstrando apoio afetivo durante as tentativas (que incluem erros e acertos) e, por fim, fazer a retirada das fraldas.
7. A idade para a criança alcançar o controle completo dos esfíncteres é muito variável e gira em torno de 24 a 36 meses, mas o início de sua formação pode-se dar aos 18 meses.
8. A retirada das fraldas só deve ser feita ao final, ou, melhor, não deve ser antecipada, para não exagerar o ní-

vel de expectativa sobre a criança e pressioná-la negativamente; por isso pode gerar medo, angústia e insegurança, o que prejudica o sucesso da aprendizagem.

9. As épocas de clima quente são mais aconselháveis para se fazer a retirada das fraldas, pois dão mais conforto e não despertam sensação de falta de proteção que o frio poderia proporcionar.
10. Não insistir na formação desses hábitos durante as fases em que houver perdas para a criança, como: nascimento de irmão, entrada para a creche, troca de creche, perda de parente muito ligado a ela etc. Deixar primeiro que a criança se recupere emocionalmente desses impactos.
11. Reforçar a aprendizagem com a gratificação que o apoio afetivo é capaz de dar. Rir, brincar, bater palmas, abraçar e beijar a criança; demonstrar, enfim, muita alegria nas vitórias alcançadas, sem exageros que possam intimidá-la.

9. Alimentação

A alimentação dos bebês até um ano de idade deve seguir a prescrição do pediatra assistente, e a alimentação das crianças maiores deve ser da responsabilidade do nutricionista, que, para casos eventuais de doença, deve elaborar, junto com o pediatra da creche, cardápios dietéticos para serem empregados nos momentos oportunos. A permanência do pediatra na creche é muito maior do que a do nutricionista e, normalmente, cabe àquele determinar ou alterar o cardápio, de acordo com os sintomas apresentados por este.

De qualquer forma, a direção da creche deve ter conhecimento suficiente para adotar, em regime de emergência, uma dieta alimentar especial. Para isso, o pediatra e o nutricionista devem elaborar, juntos, cardápios dietéticos para uso em emergências e instruir toda a equipe, incluindo os serviçais, sobre o uso de alimentos adequados a cada caso.

Os horários da alimentação no berçário devem ser estabelecidos pelo nutricionista de acordo com a orientação do pediatra; e os horários da alimentação das crianças mais velhas serão atribuição sua, elaborados, porém, junto com a direção da creche. Esses horários devem incluir:

- colação pela manhã
- almoço ao meio-dia
- colação no início da tarde
- lanche no meio ou no fim da tarde
- jantar (opcional — de acordo com o horário de saída da criança)

A primeira refeição da criança deve ser feita *sempre* em casa, junto com a mãe ou toda a família, para proporcionar o mínimo de convívio necessário e manter a criança alimentada (física e psicologicamente) até chegar à creche.

10. Sugestões de rotina alimentar

As sugestões apresentadas a seguir visam dar ao leitor uma idéia geral sobre a alimentação infantil, a partir do quarto mês de vida, dentro de uma creche, e não excluem a orientação do nutricionista, essencial à determinação e responsabilidade dos cardápios e respectiva seleção de frutas, legumes e verduras mais adequada e conveniente à clientela específica, de acordo com a região e época do ano.

a. Do quarto e quinto meses de vida

1) *Número de refeições: 5*
2) *Intervalo:* 4/4 horas
3) *Mamadeiras:* 6 horas, 18 horas e 22 horas
4) *Suco de frutas ou vegetais:*
   Horário: 8 horas
   Quantidade: até 100ml
   Composição: laranja, limão, caju, cenoura, beterraba, tomate, maçã, pêra ou mamão, sendo uma ou duas frutas por vez.

5) *Sopa de legumes:*
Horário: 10 horas
Composição: músculo (50 a 100g) mais três legumes (batata, cenoura e chuchu)
- variar os legumes: beterraba, abóbora, batata-doce e aipim
- iniciar gema cozida duas vezes por semana
- acrescentar, na hora de servir, uma colher de chá de manteiga
- no quinto mês triturar também a carne e acrescentar vegetais folhosos.

Sobremesa: geléia de mocotó ou de galinha.

6) *Papa de frutas:*
Horário: 14 horas
Composição: banana ou maçã ou pêra ou mamão
- acrescentar biscoito ralado e mel ou geléia ou glicose de milho.

7) *Água filtrada e fervida:* nos intervalos.

b. Do sexto mês de vida

1) *Número de refeições: 5*
2) *Intervalo:* 4/4 horas
3) *Mamadeiras:* 6 horas, 18 horas e 22 horas
4) *Suco de frutas ou vegetais:*
Horário: 8 horas
Quantidade: até 100ml
Composição: qualquer das frutas citadas para o quinto mês, variando com maracujá, pêssego ou goiaba.
5) *Sopa de legumes:*
Horário: 10 horas
Composição: músculo (100g) mais três legumes variados
- acrescentar gema de ovo cozida, três vezes por semana, e arroz bem cozido ou massinha
- variar com galinha e fígado uma vez por semana
- acrescentar uma colher de chá de manteiga na hora de servir

- oferecer a sopa com colher

  Sobremesa: geléia de mocotó ou gelatina de frutas.

6) *Papa de frutas*
   Horário: 14 horas
   Composição: banana ou maçã ou pêra ou mamão
   - acrescentar biscoito ralado e mel ou glicose de milho.
   - substituir a papa de fruta por mingau de prato, 3 vezes por semana

   Composição: leite (200ml)
   - engrossado com creme de arroz ou maisena ou araruta ou fubá (uma colher de sopa, rasa)
   - açúcar (uma colher de sobremesa)

7) *Água filtrada e fervida:* nos intervalos.

c. Do sétimo mês de vida

1) *Número de refeições:* 5
2) *Intervalo:* 4/4 horas
3) *Mamadeiras:* duas vezes ao dia (6 horas e 22 horas)
4) *Suco de frutas ou vegetais:*
   Horário: 8 horas
   Quantidade: 100ml a 150ml
   Composição: variar as frutas diariamente — laranja, limão, caju, maracujá, tangerina, cenoura, beterraba, tomate, melão ou morango.
5) *Sopa de legumes:*
   Horário: 10 horas e 18 horas
   Composição: igual à do sexto mês, acrescentando
   - caldo de feijão (uma vez ao dia)
   - fígado de boi ou de galinha (uma vez por semana)

   Sobremesa: frutas cozidas ou geléia ou gelatina ou pudim
6) *Papa de frutas ou mingau:* igual ao sexto mês
7) *Água filtrada e fervida:* nos intervalos.

d. Do oitavo ao décimo mês de vida

1) *Número de refeições: 5*
2) *Intervalo:* 4/4 horas
3) *Mamadeiras:* 6 horas e 22 horas
4) *Suco de frutas ou vegetais:*
   Horário: 8 horas
   Quantidade: 150ml ou 200ml
   Composição: igual à do sétimo mês
5) *Refeição de pratos variados:*
   Horário: 10 horas
   Composição: arroz-papa (bem cozido) ou massinha
   - carne de boi ou fígado (boi ou galinha) ou peixe cozidos e passados na máquina de moer, ou a carne oferecida em forma de bife, entregue na mão para chupar
   - purê ou creme ou suflê de legumes
   - caldo de feijão no almoço e jantar (qualquer feijão sem carnes salgadas)

   Leite: meia xícara
   Sobremesa: frutas cozidas (ou em creme) ou geléia ou gelatina, ou doces e queijos, ou sorvetes ou pudins ou aletria ou arroz-doce
6) *Papa de frutas ou mingau:*
   Horário: 14 horas
   Composição: igual ao sexto mês, podendo variar com abacate
   - o mingau deve ser servido três vezes por semana e substituído, uma vez por semana, por coalhada ou iogurte
7) *Sopa ou papa de legumes:*
   Horário: 18 horas
   Composição: igual ao sétimo mês, podendo ser substituída por canja, uma vez por semana, retirando-se a gordura
   Leite: meia xícara
8) *Água filtrada e fervida:* nos intervalos.

e. A partir do décimo mês de vida

1) *Número de refeições:* 5
2) *Intervalo:* 4/4 horas
3) *Mamadeira:* 22 horas
4) *Desjejum:*
   Horário: 7 horas (realizado, de preferência, em casa)
   Composição: papa de leite com biscoitos, ou pão torrado, ou bolo
   - acrecido de queijo, fruta ou geléia
   - o leite pode ser substituído por coalhada ou iogurte ou mingau ou vitamina de frutas
   - o café pode ser dado, desde que em pequena quantidade e misturado ao leite.
5) *Suco de frutas ou vegetais:*
   Horário: 9 horas
   Composição: igual à do sétimo mês
6) *Almoço:*
   Horário: 11 horas
   Composição: arroz ou macarrão (fidelinho, cabelo-de-anjo ou espaguete)
   - carne de boi ou fígado ou galinha, ou peixe ou miolo, passada na máquina ou desfiada; também poderá ser dada sob forma de bife, assada ou ensopada, com pouca gordura
   - purê ou creme ou suflê de legumes
   - caldo de feijão

   Leite: meia xícara
   Sobremesa: frutas cozidas ou cruas ou geléias ou gelatinas, ou pudins ou doces e queijos, ou aletria ou arroz-doce ou sorvetes.
7) *Lanche:*
   Horário: 15 horas
   Composição: mingau ou vitamina de frutas ou iogurte, ou coalhada ou café com leite com pão torrado ou biscoito ou bolo.

8) *Jantar:*
Horário: 19 horas
Composição: igual ao almoço, sempre variando os alimentos
- poderá ser substituído por sopa de legumes com carne moída, ovo e arroz ou macarrão

Leite: meia xícara
Sobremesa: qualquer uma das citadas para o almoço

9) *Água filtrada ou fervida:* nos intervalos.

11. Prevenção de acidentes

Além das medidas tomadas com relação à instalação do ambiente, toda a equipe da creche deve ser treinada na adoção de medidas de rotina na prevenção de acidentes.

Uma relação simples de cuidados gerais que pode ser entregue e trabalhada junto a todos os funcionários da creche é a seguinte:

1. Não deixar crianças sozinhas, mantendo-as sempre sob observação.
2. Criança não deve subir em janelas, móveis etc.
3. Não deixá-las em locais altos, sem supervisão. Ex.: bancada do banheiro para troca de roupa.
4. Manter a piscina vazia quando fora de uso e mesmo assim observar para evitar quedas. Quando em uso, manter sob observação constante.
5. Cuidado permanente com as portas e escadas.
6. Evitar circulação de crianças correndo quando a cerâmica estiver molhada ou com areia. Solicitar a atuação de um funcionário para limpeza ou secagem.
7. Manter um adulto próximo aos brinquedos da área externa.
8. Evitar usar objetos pequenos ou usá-los sob observação rigorosa.

9. Guardar tintas, colas, remédios, xampu etc. fora do alcance das crianças.
10. Tampar todas as tomadas.
11. Evitar técnicas de arte com fogo e produtos tóxicos (quando usá-las, é necessário observação rigorosa).
12. Evitar a presença, além do necessário, de crianças na cozinha.
13. Não usar objetos quebráveis.
14. Não reutilizar recipientes de qualquer produto químico, medicamentos, inseticidas etc. Observar se há ressalva quanto à reutilização do recipiente.
15. Limpeza diária da área externa, retirando cacos, objetos contusos ou cortantes, frutos etc.
16. Cuidados com as crianças quanto a objetos amarrados no pescoço.
17. Controlar rigorosamente o portão (entrada e saída).

Nota: Esta relação é uma colaboração da Dra. Maria Lúcia de Barros de Medeiros, pediatra.

12. Primeiros socorros

O treinamento de toda a equipe na administração de primeiros socorros deve ser considerada obrigatória e feita a intervalos regulares. Por mais que se adotem medidas de prevenção de acidentes, as crianças pequeninas caem, escorregam e se machucam com bastante freqüência. Não bastam olhos atentos, é preciso ter certeza e segurança dos procedimentos a adotar frente a qualquer acidente para interromper de imediato o risco de uma complicação decorrente do atraso no atendimento. Os primeiros socorros podem e devem ser prestados por qualquer pessoa, independentemente de sua qualificação profissional, devendo ser uma rotina que antecede o atendimento médico, adotada até que este esteja presente.

Os dois objetivos dos primeiros socorros são:

1. Salvar o risco maior em que pode se transformar um pequeno acidente;
2. Tranqüilizar a criança e lhe proporcionar o maior bem-estar possível.

Além dos acidentes propriamente ditos, todos os funcionários devem estar preparados para enfrentar situações críticas e saber como proceder até a chegada dos pais ou do médico. Por exemplo: convulsões, desmaios, febre muito alta, hemorragia nasal; vômitos incoercíveis, diarréias agudas. Devem, também, saber reconhecer um processo de desidratação em andamento.

Aconselho os diretores de creche a estabelecerem, como rotina obrigatória, um treinamento regular em primeiros socorros (anual), convocando diferentes profissionais, além do próprio pediatra da creche. Alguns podem ser convidados entre os próprios pais, que, certamente, farão isso com muito prazer. Outros poderão ser chamados da comunidade, de postos de saúde ou de hospitais próximos. Mesmo que se tenha que pagar pelo curso, será um investimento precioso. Pessoas diferentes fazem abordagens diferentes sobre o mesmo assunto e tornam o conteúdo mais atraente e fácil de assimilar. Se não houver repetição dos procedimentos de primeiros socorros, tendem a ser esquecidos ou confundidos entre si, porque a prática, quando a ocorrência de acidentes é baixa, não é muito grande ou suficiente para que se memorizem todos os procedimentos adequados.

Também aconselho os diretores a convidarem médicos de postos de saúde para irem à creche esclarecer os sintomas e cuidados específicos adotados sobre doenças, quando estas se tornam epidêmicas, como, por exemplo, meningite. Médicos da saúde pública costumam atender a essas solicitações. Vale a pena tentar.

Como última opção, sugiro ter à mão, em lugar conhecido por todos, um ou mais exemplares de bons manuais de primeiros socorros. Melhor opção ainda será montar um arquivo de procedimentos de primeiros socorros, impressos em fichas soltas, uma para cada tipo de acidente. Este é, sem dúvida, um material de grande utilidade que deveria ser considerado, no meu ponto de vista, como obrigatório a todas as creches. As fichas soltas são mais fáceis de manusear que os livros, especialmente em horas de grande aflição, e, se organizadas em ordem alfabética, imprimem maior velocidade à consulta e leitura, o que agiliza o pronto atendimento.

9

Construção: Prédio e Terreno

1. Introdução

As considerações e sugestões reunidas neste e no próximo capítulo têm por objetivo orientar o projeto de construção ou de reforma de um prédio e suas instalações, cuja finalidade seja a de criar crianças de forma saudável e feliz. Repito aqui minha opinião sobre a validade de se fazerem adaptações de casas, mantendo seu aspecto residencial, como um fator positivo que pode dar uma conotação acolhedora e de aconchego muito importante ao empreendimento. Apesar disso, havendo firmeza de propósito e suporte financeiro, o melhor projeto certamente será aquele que levar em consideração os objetivos do trabalho de educação infantil e suas características e construir um ambiente especialmente para isso.

A. Considerações Gerais

Não existe uma legislação específica ou normas que devam ser obedecidas na construção ou adaptação de prédios para abrigarem uma creche; contudo, como o trabalho que presta é muito específico, complexo e de grande responsabilidade, pois envolve a educação e a saúde de bebês e crianças de baixa idade, o projeto de construção ou de adaptação precisa, necessariamente, levar em consideração uma série de fatores que viabilizam ou não o trabalho a ser desenvolvido dentro dela. Aconselho, no entanto, que, após a leitura destes dois capítulos destinados à elaboração do projeto de construção, que se consulte o Código de Obras da região onde ela estiver para ser construída, antes de se fazer o detalhamento final.

Apresento, a seguir, uma relação de considerações importantes para se iniciar o estudo do projeto a ser feito e, depois, apresento outra relação, emanada do Ministério de Saúde, com sugestões a respeito da elaboração de projeto de construção de creches.

- **Considerações iniciais**

1. Crianças gostam de movimento e *precisam* correr, pular, trepar, jogar bola, precisam de espaço (grande) ao ar livre.
2. Crianças precisam de sol (fixação do cálcio), especialmente do sol da manhã; logo, a área de insolação deve estar voltada para o leste.
3. A exposição à luz solar prolongada e direta pode ser prejudicial à saúde; logo, os espaços ao ar livre devem ser entremeados de locais cobertos ou protegidos por sombras, especialmente as naturais, proporcionadas por grandes árvores.
4. É comum crianças pequenas arremessarem brinquedos para o alto, quando estão brincando; logo, é recomendável que os muros que circundam a creche possuam tela de proteção que impeça que tal fato venha incomodar terceiros (os vizinhos).
5. Havendo proximidade de prédios altos na vizinhança, a proteção de telas nos muros deve ser projetada de tal forma que impeça que as crianças da creche possam ser atingidas por objetos atirados de cima para baixo. A proteção é um elemento importante para ambos: creche e vizinho.

6. As entradas social e de serviço devem ser separadas e isoladas, por medidas de segurança e conforto.
7. Rampas suaves e estacionamento para carrinhos de bebê também devem ser previstos pelo projeto de construção ou adaptação.

- **Especificações do Ministério da Saúde**

A relação a seguir apresenta sete especificações elaboradas pelo Ministério da Saúde, como sugestão e orientação para construção ou instalação de prédios para funcionamento de creche, e foi por mim selecionada por se mostrar como a mais adequada, completa e abrangente das existentes oferecidas na época por outros órgãos. Sugiro que o arquiteto responsável pelo projeto de uma futura creche leia, com atenção, todos os itens e ajuste-os tanto ao tamanho e condições do terreno, quanto ao número de crianças a serem atendidas. Todas as especificações merecem ser consideradas, pois refletem conhecimento do trabalho e muito bom senso.

1. *Tamanho da Área Construída*

A título de orientação, o Ministério da Saúde sugere o modelo que oferece 15m^2/criança, recomendado para instituição que atenda o mínimo de 30 crianças e o máximo de 70, numa área construída de 1.050m^2.

2. *Área Verde*

O espaço verde é considerado *indispensável* numa creche, mas deve-se dar especial atenção à vegetação ali existente, não sendo permitidas plantas que dêem sementes, pelo perigo de a criança levá-las à boca ou cujas folhas e frutos sejam venenosos.

3. *Brinquedos*

No espaço ao ar livre deverão ser instalados balanços, pequenas escorregadeiras, caixotes e bancos transportáveis, poços de areia etc., sobre os quais deve ser mantida vigilância constante quanto à saúde e higiene.

4. *Localização*

Uma vez definida a conveniência da creche, o Ministério da Saúde ressalta os seguintes aspectos a serem observados:

- Maior concentração de crianças carentes desse recurso.
- Condições ambientais quanto à orientação, ventilação, iluminação, silêncio, *possibilidade de vida ao ar livre, contato com a natureza* e com o mundo exterior, facilidade de acesso para a clientela. É importante ainda que se procure integrar a creche a um Centro de Atendimento ao pré-escolar, ou a outras unidades, como maternal e jardim de infância, a fim de evitar penosos deslocamentos às mães que têm outras crianças em tais unidades.
- Adequação entre a área disponível e o número de crianças a serem atendidas em tais unidades. O modelo sugerido pelo próprio Ministério da Saúde apresenta a relação de 15m^2 por criança em relação ao tamanho da área construída.
- Alternativas de localização:
  — proximidade de local de trabalho das mães;
  — proximidade de residência da família.
- Alguns cuidados devem ser observados quando a creche for instalada dentro de empresas particulares, que podem apresentar maior perigo de poluição atmosférica e sonora, contaminação nas entradas comuns dos adultos, como, por exemplo, em hospitais, ambulatórios, fábricas e repartições.

5. *Número de Crianças*

Tendo em vista a possibilidade de melhor atendimento e o seu custo, o Ministério da Saúde recomenda o mínimo de 30 crianças e o máximo de 70.

6. *Circulação Interna*

As passagens devem ser claras e diretas, a fim de permitir a passagem de carrinhos de crianças, de alimentos, de roupas etc.

7. *Circulação dos Bebês*

Recomenda-se que a entrada dê acesso ao local de banho e troca de roupas das crianças e também que este local comunique-se diretamente com o berçário e a sala de estimulação.

• **Viabilidade financeira**

Qualquer empreendimento exige que se cogite da sua viabilidade financeira, sem o que o projeto não sairá do papel ou, pior, estará fadado à falência e não se manterá de pé. Alguns conselhos podem se tornar úteis, quando se tiver que fazer opções durante a elaboração do projeto.

1. Os tamanhos mínimos sugeridos pelo Ministério da Saúde são corretos e até mesmo mais adequados que imensos espaços, pois a imensidão isola a criança e a deprime. Dimensione bem, conforme o que vai aqui sugerido, e corte os excessos de metragem quadrada de área construída.
2. O desdobramento da área da Direção em espaços múltiplos para cada um dos profissionais, embora confortável e de mais fácil organização, leva ao risco de isolar pessoas e com isso destruir a possibilidade de se fazer um trabalho integrado e interdisciplinar. Se tiver que diminuir espaços, faça isso na área administrativa, criando soluções que viabilizem, com conforto, o trabalho desses profissionais em um espaço mais compacto. A proximidade desses funcionários, apesar de sofrerem inconvenientes quanto à movimentação própria de suas atividades, é vantajosa no que se refere à sua integração, aspecto que deve prevalecer.

3. As áreas de preparação de alimentos e estocagem de gêneros alimentícios podem abrir um pequeno espaço para improvisar-se um perfeito cantinho-gabinete para o trabalho do nutricionista.
4. O *hall* de entrada deve ser planejado para múltiplas funções, evitando-se, assim, a construção de áreas separadas para outros fins.

B. O Prédio

Em função das necessidades próprias do serviço que uma creche deve oferecer, impõe-se a existência de espaços reservados para atividades específicas, quais sejam:

1. *Entradas Social e de Serviço*

Devem ser separadas. O acesso de compras, alimentos e outros materiais deve ser feito por local isolado daquele que serve de circulação de crianças, por medida de segurança e conforto, e de preferência diretamente ligado à despensa ou almoxarifado, ou a ambos. A entrada social deve ser coberta ou parcialmente coberta para dar às mães e crianças conforto e proteção da chuva ou sol intenso.

2. Hall *de Recepção*

Se possível, deve oferecer banheiro para uso exclusivo de pessoas alheias ao serviço — pais, visitantes, irmãos de crianças da creche etc. Esse local tem várias finalidades e, se bem planejado, muito contribuirá para a realização de um bom serviço (especificações maiores no *Capítulo I*).

3. *Áreas de Uso da Criança*
   a. Berçário, incluindo recepção própria e sala de banho anexa
   b. Sala de estimulação para bebês
   c. Solário para bebês
   d. Sala de atividades para o Maternal, que deve incluir banheiro respectivo e espaço anexo para recepção

e. Sala de repouso, de preferência ligada diretamente à respectiva sala de atividades
f. Sala de multimeios ou sala de música, projeção, de ouvir histórias, de brinquedos cantados e de jogos de salão
g. Sala de refeições (opcional)
h. Área coberta para recreação
i. Pátio ao ar livre para recreação

4. *Áreas Administrativas*
a. Gabinete do diretor, com banheiro anexo opcional
b. Gabinete do psicólogo, com banheiro comum com o do pediatra
c. Gabinete do pediatra, com banheiro comum com o do psicólogo
d. Sala de reunião da equipe: diretora, assessores e corpo docente
e. Sala de educadores, com banheiro exclusivo
f. Minissecretaria, necessária quando o estabelecimento recebe grande número de crianças
g. Almoxarifado anexo ou próximo à secretaria
h. Gabinete do nutricionista próximo à cozinha e à despensa, necessário somente em caso de grandes estabelecimentos

5. *Área de Enfermaria ou Local para Isolamento (exigido somente no caso de grandes estabelecimentos)*

A qualidade do atendimento da creche facilmente decai em grandes estabelecimentos, pois o elevado número de crianças enrijece todo o processo, o que deve ser evitado.

6. *Áreas de Serviço*
a. Despensa
b. Copa (opcional)
c. Cozinha
d. Lactário
e. Lavanderia
f. Banheiro de funcionários

C. O Terreno

1. O terreno deve ser, de preferência, totalmente plano; porém, caso isso não seja possível, deve ser projetado em platôs, de forma a oferecer áreas planas para a recreação e a jardinagem, sendo ideal que a área para recreação fique no mesmo nível das salas de atividade.
2. Criança saudável cresce em contato com a natureza; portanto, o projeto deve destinar um local amplo para área verde, que necessita de luz, água e drenagem correta do terreno.
3. Sendo necessário fazer-se um segundo andar, deve o mesmo ser destinado ao berçário e às suas áreas afins, pois os bebês podem subir e descer no colo, movimentam-se menos que as crianças maiores e, portanto, correm menos risco de quedas nas escadas.
4. A área externa deve ser a moldura do prédio, e para isso deve-se fazer um projeto de jardim, com plantas mais altas e mais baixas, com várias tonalidades de verde e algum espaço para flores que emoldurem, com beleza, o prédio da creche.
5. A combinação de tipos diferentes de piso, desde que não-derrapantes, pode criar um espaço visual harmonioso, em contraste com algum espaço verde destinado ao gramado.
6. A cercadura do terreno é da máxima importância tanto para proteger as crianças, quanto os vizinhos, devendo ser planejada como parte do projeto da creche, a fim de dar unidade ao conjunto. Muros vazados, entremeados com vegetação, são uma excelente opção para se evitar o aspecto de presídio, imposto por muros altos e fechados.
7. O acesso do portão ao *hall* de entrada deve ser coberto, a fim de proteger os bebês nos dias de chuva. Essa cobertura, fazendo parte do projeto e integrada ao visual do prédio, pode agir como um apreciável elemento decorativo.

8. O mesmo pode ser dito a respeito do espaço reservado ao estacionamento de carrinhos de bebê e ao porta-guarda-chuvas. Se previsto com antecedência, além de conforto e funcionalidade, poderá dar um toque de sofisticação e graça ao projeto.

D. O Parque de Recreação

Dimensão

1. Área mínima: $2m^2$ por criança.
2. Área verde: obrigatória, mesmo que mínima, e preferencialmente guarnecida de árvores que projetem sombra.

Especificações Gerais e Equipamentos

1. O parque de recreação deverá ser *ensolarado*, voltado, preferencialmente, para o leste, a fim de permitir a insolação pela manhã (indispensável à saúde).
2. *A existência de área de sombra natural* projetada por uma ou duas árvores é imperiosa em locais muito quentes, como o Rio de Janeiro, especialmente nas zonas centro, norte e subúrbios.
3. O *piso* poderá ser pavimentado, ensaibrado ou gramado, oferecendo perfeita drenagem do terreno. A melhor opção é a que oferece diversos tipos de textura de piso: saibro, grama e cimento liso ou cerâmica, por exemplo, para expor a criança a estímulos variados.
4. Oferecer *espaço livre* para as corridas, jogos de bola, brincadeiras de pular corda, andar de velocípede e brinquedos cantados em geral.
5. Os *muros* que limitam o pátio dos terrenos vizinhos deverão oferecer segurança total à criança e proteção com tela de arame, de altura e inclinação suficientes, quando existir proximidade com prédios de muitos andares. Há sempre o perigo, neste caso, de o arremesso de objetos provenientes das janelas próximas provocar acidentes.

6. Reservar espaço para os *aparelhos próprios* (brinquedos grandes) que permitam à criança:
   - escorregar por planos inclinados e escorregadores;
   - balançar-se em balanços de cadeirinhas e pneus pendurados;
   - trepar em escadas de metal, plástico madeira ou corda de náilon;
   - suspender-se pelos braços, em barras, argolas, trapézios, pneus pendurados, cordas etc.;
   - engatinhar ou arrastar-se por túneis, manilhas etc.;
   - equilibrar-se em ponte pênsil;
   - rolar no chão por planos inclinados suaves.
7. Possuir um *tanque de areia* lavada e desinfetada, de preferência que possa ser tampado, à noite, para evitar depósito de fezes de gatos ou de outros animais. O tamanho deve ser proporcional ao número de crianças (mínimo 2m x 1m).
8. Oferecer um *tanque de água* (piscina) de 30cm de profundidade, para receber água até 20cm, de bordas arredondadas (sem arestas vivas), que possa ser enchido e esvaziado com facilidade, revestido de pintura lisa e impermeável (tipo epóxi), que permita a lavagem e a desinfecção perfeita após cada uso. Os ladrilhos não são aconselháveis, pois gretam, racham ou quebram com facilidade e possuem muitas reentrâncias nas junções, que terão que ser escovadas, o que dificulta a higienização perfeita após cada uso. A água deverá ser sempre renovada e corretamente esterilizada (pôr cloro ou produtos similares na proporção indicada pelo fabricante do produto empregado). Qualquer que seja o produto desinfetante, deverá impedir a transmissão de doenças de contágio pela água. A estimulação, provocada pela água fria, e as brincadeiras que esta proporciona à criança são de tal forma saudáveis e benéficas que o banho de "piscina" deve ser considerado obrigação de todo bom estabelecimento, em especial nos dias mais quentes do ano.

9. Oferecer alguns canteiros de horta para que as crianças possam experimentar mexer na terra, plantar, semear, cultivar, regar pequenas plantas e colher algumas espécies mais fáceis de frutificar. O local deve prever a instalação de um ponto de água para instalação de mangueira de rega.

E. A Fachada

É preciso que a entrada da creche desperte nas crianças a vontade de entrar e ficar. O arquiteto que projeta uma creche deve ser escolhido entre aqueles que gostam de crianças e podem imaginar o que lhes agradaria ver. A fachada, a entrada e a recepção são pontos marcantes e de impacto sobre a criança. É preciso que suas formas e cores a convidem a entrar, despertem-lhe a curiosidade, e o seu interior a incentive a permanecer. Grandes fachadas, portas muito altas e imensas intimidam. Há formas frias ou, ao contrário, muito escuras que despertam suspeita e medo... É preciso ter sensibilidade para projetar suas formas e escolher materiais e cores adequadas que despertem dois sentimentos básicos:

- *aconchego*
- *curiosidade exploratória*

O projeto da fachada deve ainda incluir a previsão de construção de rampas suaves e estacionamentos para carrinhos de bebê.

2. Condições de funcionalidade

Quer seja o prédio construído ou adaptado ao funcionamento de uma creche, existem condições que não são apenas necessárias, mas essenciais para que o serviço prestado pelo estabelecimento ofereça um ambiente especialmente organizado para promover o desenvolvimento integral e harmonioso da criança. É evidente que o trabalho humano será de capital importância na consecução desse objetivo, mas os recursos de natureza física poderão ajudá-lo ou não no cumprimento de sua tarefa e, para que o façam, o projeto precisa oferecer algumas condições que garantam as principais funções e responsabilidades da creche. São elas:

a. Segurança e prevenção de acidentes
b. Higiene e saúde ambiental
c. Organização e funcionalidade
d. Estética e beleza
e. Planta baixa

a. Segurança e prevenção de acidentes

Uma série de materiais e cuidados deve ser criteriosamente observada na construção ou adaptação de prédio para funcionamento de uma creche. Dentre eles se destacam:

1. Uso de material não-inflamável em divisórias, painéis e pisos.
2. Colocação de equipamentos para incêndio em número adequado, em locais acessíveis, no mínimo um por andar.
3. Corredores largos e escadas amplas para eventuais saídas de emergência.
4. Locais isolados e arejados para acomodação de bujões de gás, longe do alcance das crianças e fora do prédio.
5. Locais seguros e afastados das crianças para depósito de materiais:
   - inflamáveis;
   - tóxicos;
   - objetos ou instrumentos pontiagudos ou cortantes.
6. Tomadas de luz vedadas por tampas especiais ou colocadas em altura não acessível às crianças.
7. Grades nas janelas dos andares superiores.

8. Pisos antiderrapantes nas escadas e rampas.
9. Corrimãos para adultos e crianças (80 a 50cm do chão, respectivamente).
10. Porteirinhas nas escadas (em cima e embaixo).
11. Pisos não escorregadios próximos a tanques de areia e piscina.
12. Vidro resistente (4mm) em portas divisórias de ambiente
13. Barras de apoio dentro do boxe para chuveiro das crianças.
14. Ausência de plantas tóxicas, com espinhos ou sementes.

b. Higiene e saúde ambiental

Muitos dos cuidados relativos à higiene e saúde estarão afetos à responsabilidade e supervisão constante da direção do estabelecimento, do pediatra e demais funcionários; porém, grande parte desses cuidados só será possível se tiver sido criada uma infra-estrutura para tal e, principalmente, se determinadas medidas tiverem sido tomadas durante a construção ou adaptação do prédio. Vejamos alguns exemplos de cuidados essenciais:

1. *Arejamento*: prever janelas em todas as dependências do prédio, localizadas de tal forma que possam ficar abertas para proporcionar a necessária troca de ar.

2. *Insolação*: o sol é esterilizador natural e gratuito, além de agente fixador do cálcio no organismo. As janelas das áreas de uso da criança devem estar voltadas para o leste, a fim de proporcionar a entrada de luz solar pela manhã. O solário também deve ficar localizado nesta ala do prédio, pelo mesmo motivo.

3. *Iluminação*: as janelas devem ser amplas para favorecer a manutenção da iluminação natural durante a maior parte do dia. Uma creche deve ser um ambiente claro. A iluminação artificial deve ser projetada em função do tamanho de cada ambiente para proporcionar iluminação suficiente.

Berçários e salas de repouso devem ser guarnecidos com cortinas ou venezianas para escurecer ligeiramente os ambientes durante as horas de sono das crianças. A penumbra da hora de repouso deve permitir ao adulto locomover-se com facilidade entre os berços, sem depender de acender a luz. Não é necessário, nem aconselhável, escuridão total em repousos diurnos. A volta à iluminação completa deve ser gradativa, possibilitada pela abertura gradual das cortinas ou venezianas.

4. *Aquecimento e refrigeração*: a temperatura ideal varia entre 22° e 24° e, em casos de desconforto por frio ou calor excessivo, os aparelhos de aquecimento ou refrigeração devem entrar em funcionamento. Para tal é necessário que se projete, desde o início, o fornecimento de energia correto nos locais reservados para colocação dos respectivos aparelhos e determine-se a potência que deve ter cada motor em função de metragem cúbica de cada ambiente.

5. *Pisos*: os pisos interiores devem ser laváveis e permitir a esterilização diária. O material PVC, em placas, é o mais aconselhável, por suas características de resistência, impermeabilidade, facilidade de manutenção, limpeza e temperatura (não é frio como a cerâmica, nem aquece o ambiente). Os assoalhos de madeira devem ser evitados, pois acumulam poeira entre as juntas, não resistem a esterilizações diárias e se desprendem com relativa facilidade. Os pisos dos banheiros, cozinha, lactário e lavanderia devem ter as mesmas características que permitam a lavagem e a desinfecção diárias. Nesses ambientes, cerâmica vitrificada ultraforte é o material mais aconselhável. Os pisos da área externa devem ter acabamento liso, porém não escorregadio. Cimento áspero ou pedra bruta é contra-indicado.

6. *Revestimentos*: o uso de materiais ou tintas laváveis, lisos impermeáveis, é indispensável e obrigatório em todos os ambientes. O berçário, assim como a cozinha, copa, lavanderia e lactário, devem ter as paredes revestidas de ladrilhos ou cerâmica, do chão ao teto. Qualquer material que seja utilizado em substituição deve permitir a *desinfecção diária e fácil*, por álcool ou esterilizadores específicos. A imunização

completa do ambiente deve ser feita com freqüência e, obrigatoriamente, quando surgem casos de doenças infectocontagiosas entre crianças da creche. Portanto, o material empregado no revestimento das paredes tem que ser resistente e não agir como absorvente.

c. Organização e funcionalidade

A simplificação do trabalho humano e a conseqüente economia de tempo influem diretamente na qualidade do serviço prestado e no bem-estar dos funcionários se refletir, beneficamente, no atendimento prestado à criança. Para que o trabalho possa ser simplificado ao máximo antes da construção ou adaptação de um prédio, a organização do serviço deve ser planejada meticulosamente a fim de que se possam estabelecer algumas normas que viabilizem o melhor fluxo de trabalho e de trânsito dentro da instituição. De qualquer forma, faço algumas recomendações que considero essenciais à construção de qualquer creche:

1. O acesso dos gêneros alimentícios deve ser direto da rua à despensa, que deverá ficar próxima da cozinha e gabinete do nutricionista. A passagem direta e isolada dos gêneros alimentícios economiza tempo, energia e evita atropelos e acidentes.
2. O *hall* de recepção deve ter banheiro para uso exclusivo de pessoas estranhas ao serviço, como medida de prevenção de doenças infectocontagiosas.
3. Deve ser prevista a construção de rampas suaves e estacionamento para carrinhos de bebê.
4. É de grande importância, em construção de prédios novos, reservarem-se espaços maiores, em frente a cada sala de atividades do maternal, para acomodação das mães durante os períodos de adaptação. É aconselhável que as portas sejam transparentes para que mãe e filho possam se ver mutuamente e a criança possa entrar e sair sem problemas. A entrada da

mãe na sala das crianças deve ser, a todo custo, evitada, pois dificulta e confunde o processo de separação, que deve ser feito (entre ela e o filho) de forma espontânea e íntima entre eles (mãe e filho) e com auxílio dela, no sentido de incentivar seu filho a ficar *dentro* da sala *sem* ela. (Ler, da mesma autora, *Educação Pré-Escolar*, Capítulo XIV — "Adaptação à Pré-Escola".)

5. Banheiros de uso exclusivo de crianças de uma mesma sala, anexos a esta, representam economia de tempo e energia de educadores e crianças, facilitam a formação de hábitos higiênicos e restringem o controle específico de contaminação à área onde houver surto de doença;
6. A sala de multimeios, que oferece lugar para dramatizações e teatro, deve ser interligada ou próxima de depósito para guardar cadeiras, aparelhos elétricos de som e projeção, além de equipamentos de uso específico, devendo ser projetada para receber grupos grandes de mães e responsáveis para reuniões.
7. A colocação de visores espelhados, que só dão visão de fora para dentro do ambiente, deve ser prevista para as salas de atividade do maternal e berçário. Esses visores impedem interferências prejudiciais de estranhos ao trabalho de sala. O trabalho do estagiário, dentro da sala, pode e deve ser permitido, mas requer todo um trabalho anterior que inclua observação a distância.
8. A área reservada às atividades administrativas deve ser preferencialmente:
   - contínua (não-intercalada com áreas de uso infantil)
   - o mais próximo da entrada
   - proporcionadora de uma visão fácil de todo o estabelecimento

d. Estética e beleza

Um lugar feito para criar seres humanos deve ser belo. A beleza do ambiente melhora a qualidade de vida e ameniza o trabalho. *O ambiente deve despertar, sobretudo, a alegria e o bem-estar da criança*, que está saindo de seu universo fechado, lar-família, e iniciando uma vida diferente, sozinha, distante de seus pais. A arrumação e a decoração do ambiente devem produzir sensações de paz e de alegria, o que contribuirá em muito para a tranqüilidade das mães e, de forma indireta, também afetará positivamente os sentimentos infantis. As *impressões* que o ambiente desperta nos adultos e crianças são decorrentes da sua apresentação física, merecedora dos maiores cuidados. Vejamos, a seguir, algumas sugestões pertinentes:

1. *Cores*: paredes e pisos devem ser de cores claras e neutras. As cores fortes e vibrantes devem ser reservadas para os brinquedos, jogos e objetos de estimulação a fim de atrair a atenção da criança. Duas cores fortes, alegres e combinantes podem ser escolhidas para a forração de almofadas, toldos e cortinas de um mesmo ambiente. O resto, cor de armários e cômodas, por exemplo, não deve rivalizar com os brinquedos e sim manter a neutralidade.
2. *Paredes decoradas*: a decoração de paredes é discutível e merece muito cuidado, pois é reconhecido o poder de influência que os desenhos empregados como motivos da decoração têm sobre a psique infantil. De uma forma quase absoluta, toda criança, a partir dos quatro anos, tende a compreender, como modelo e padrão a ser copiado, qualquer desenho feito pelo adulto, o que bloquearia sua iniciativa criadora e a levaria a indesejável estereotipia e bitolamento de seu estilo pessoal. Como a creche só costuma receber crianças abaixo de quatro anos, considero aceitável decorar uma das paredes de alguns ambientes, excetuando-se a sala de atividades, onde as crianças estejam sendo estimuladas a desenhar ou pintar, para que não haja qualquer tentativa ou

sugestão de cópia. O *hall* de entrada, o gabinete da direção, o refeitório, se houver, são ambientes de passagem, onde se poderia escolher uma de suas paredes e decorá-la com motivos infantis, de cores suaves e de beleza indiscutível que combinem e se harmonizem com a cor empregada nas outras paredes. Barras decoradas, arrematando papel de parede com listas ou motivos em tamanho reduzido, também podem criar ambientes agradáveis e belos. Excesso de desenhos ou de cores fortes não é recomendável, pois excitam demais e podem estressar a criança. O ambiente deve ser claro, alegre e neutro, para que possa colocar em evidência os objetos de estimulação. Mickeys e Patos Donald, assim como toda a coleção de Walt Disney, devem ficar restritos aos bonecos e brinquedos, o que já é suficiente.

3. *Flores e plantas naturais*: devem, obrigatoriamente, fazer parte da decoração do ambiente, pois o tornam humano, agradável aos olhos e ajudam a despertar sentimentos de tranqüilidade e paz. Reservar espaços verdes dentro de uma creche exige previsão de fornecimento de água próximo, para facilitar as regas, e de drenagem e escoamento da água usada. O projeto deve incluir ainda a previsão da iluminação das plantas, que deverá ser, de preferência, natural. Plantas com sementinhas devem ser sempre evitadas, pela atração irresistível que exercem sobre algumas crianças, que tendem a levá-las à boca ou introduzi-las no nariz ou nos ouvidos. Plantas venenosas ou tóxicas, evidentemente, não podem ser usadas. Jardineiras devem ser previstas para compor uma decoração natural tanto nas áreas administrativas, quanto nas de uso infantil.

4. *Portas, portais, pé-direito e corredores*: todo cuidado deve ser tomado durante a construção ou adaptação do prédio para que se evitem portas e paredes muito altas, além de corredores muito extensos, que não transmitem segurança à criança, mas, ao contrário, despertam suspeita, medos e sentimentos de inferioridade e impotência. Na construção de prédios novos, este aspecto deve ser, obrigatoriamente, levado em consideração: reduzir grandes comprimentos e alturas às proporções do horizonte infantil. Em projetos de adapta-

ção devem ser empregados artifícios de rebaixamento do teto e na decoração, tais como o emprego de ilusão de ótica, que o uso das cores pode proporcionar, pois o que importa é o *efeito benéfico* que isso causará às crianças.

Os cuidados e conselhos emitidos neste capítulo são importantes, contudo, não devem se tornar empecilhos à construção ou adaptação de um prédio. Um bom projeto inicial pode prever uma construção para ser feita em etapas, quando nem tudo puder ser realizado de imediato. Muitos dos detalhes aqui descritos poderão ser alcançados a longo prazo, com facilidade, se apoiados num projeto inicial bem-feito que já os tenha levado em consideração. Os cuidados relativos à segurança e saúde, no entanto, devem ser considerados essenciais e encarados como obrigatórios.

e. Planta baixa

A planta baixa apresentada neste livro foi inspirada em um prédio, onde funcionava um jardim de infância, na cidade de Itchkauagutchi, no Japão, onde a educação da infância é objeto de muito cuidado e atenção. O prédio tem uma forma semelhante à letra U, onde uma perna menor é ocupada pela equipe de direção, de cujo local grandes janelas possibilitam uma visão ampla da creche e pleno controle de toda a movimentação. A abertura do U comporta um imenso pátio para recreação livre e em brinquedos grandes, além de um tanque de areia. À volta desse pátio, as salas de atividades se distribuem, com acesso por uma porta que dá para um varandão que as separa do pátio de recreação. Fica, assim, o acesso às mesmas protegido do sol, do calor e da chuva. Todas as salas têm ligação com uma pequena área externa, onde cada turma poderá ter o seu pequeno jardim particular, canteiro de horta ou um viveiro para observação de animais. Na última sala, na outra extremidade do U, também voltada para o pátio, está localizada a sala de multimeios, e o berçário e áreas afins seguem o padrão das salas de atividade do Maternal, sendo a sua área externa transformada em solário exclusivo dos bebês. É um projeto caro, pois a área construída fica espalhada no terreno, mas é uma das mais perfeitas concepções que já conheci para educação de crianças. Todas as características e detalhes citados na presente obra poderão ser vistos nesta planta baixa, que, por isso, deve ser consultada como modelo, a partir do qual novas idéias poderão surgir.

10

INSTALAÇÕES E EQUIPAMENTOS

A realização e agilização dos serviços que uma creche deve prestar aos seus usuários dependem diretamente da existência de uma série de características que devem estar presentes em suas instalações para que estas possam ser funcionais e de uma série de equipamentos que tornam isso possível. Vejamos, a seguir, a descrição do mínimo necessário para que possam funcionar os serviços da creche:

1. ENTRADA
2. *HALL* DE RECEPÇÃO
3. ÁREAS DE USO INFANTIL: berçário e maternal, com todos os ambientes específicos
4. ÁREA ADMINISTRATIVA: gabinetes da direção e corpo docente
5. ÁREAS DE SERVIÇO: despensa, cozinha, lavanderia e copa

1. Entrada

O acesso da rua ao prédio da creche deve receber o mesmo cuidado que suas dependências, pois age como uma amostra do que vai ser lá encontrado. É importante oferecer espaço coberto, em tamanho suficiente, para que as mães que circulam nas horas de maior afluência tenham local para fechar seus guarda-chuvas, antes de entrarem no prédio, nos dias chuvosos.

Outro detalhe importante é reservar um espaço para estacionamento dos carrinhos de bebê que costumam ficar fora do prédio, numa espécie de varanda ou pérgula. No caso de esses poderem entrar, é preciso oferecer rampas suaves, para facilitar a subida, e espaço, no interior do prédio junto à recepção dos bebês no berçário, para o seu estacionamento durante o dia.

A entrada deve funcionar como um convite às crianças para que sintam vontade de lá ficar. No entanto, não é recomendável o uso de brinquedos junto à entrada (exterior do prédio), pois desviam a atenção da criança e dificultam o trabalho da mãe na hora de deixá-la.

O mais aconselhável é que o prédio ofereça uma fachada atraente para a criança, pela sua própria arquitetura, formas e proporções. Algumas creches, situadas em grandes terrenos, podem oferecer uma bonita passagem através de um jardim bem tratado. Flores, plantas e gramado são elementos sempre agradáveis à vista.

Pérgulas cobertas por trepadeiras floridas ou toldos coloridos, se bem tratadas, são elementos muito atraentes, bonitos e acolhedores, além de muito apropriados para cobertura da entrada de uma creche.

2. *Hall* de recepção

A. Tamanho:

1. Área mínima: $15m^2$
2. Pé-direito: 2,60m

B. Finalidades

O *hall* de entrada tem múltiplas e específicas funções no trabalho de uma creche e, se bem projetado, muito contribui para a sua realização. Vejamos as mais importantes:

1. Proporcionar uma passagem gradativa da criança, das mãos da mãe para as do funcionário da creche, sem aparentar uma rígida divisão de espaços. O *hall* de entrada deve ser um local espaçoso o suficiente para que a mãe e a criança possam parar para "tomar fôlego", coragem, antes de se separarem.
2. Evitar que a criança, ao entrar no prédio, seja conduzida por corredores estreitos ou labirintos, que não costumam ser do seu agrado, pois podem provocar sensação de medo.
3. Acolher grupos de visitantes ou estagiários até que seja feita a sua distribuição pelas instalações do prédio.
4. Acolher as crianças durante os primeiros contatos com os pais na ocasião de sua matrícula.
5. Poder ser utilizado como espaço para a direção fazer comunicados orais a pequenos grupos de pais.
6. Oferecer espaço mural para expor avisos, cardápios da semana, exposição de fotos das crianças em eventos da creche e de trabalhinhos feitos de desenho e de pintura, além de frases ou composições ditadas pelas crianças sobre assuntos ocorridos em turma.

Este local não deve ser parecido com um *hall* de espera de um hospital, na sua frieza de espaço estéril, que geralmente provoca medo, suspeita, tensão e ansiedade. Também não deve ser parecido com um *hall* de escola, geralmente impessoal, pois é feito para abrigar crianças em massa, sem nenhuma característica de acolhimento e conforto. O *hall* da creche deve oferecer um ou mais bancos confortáveis, ladeados por vasos de plantas bem cuidadas, propositadamente, formando um bonito conjunto com as vitrines ou quadros para exposição de avisos ou de acontecimentos da instituição.

C. Equipamento:

1. Conjunto de sofá e poltronas confortáveis, resistentes e de fácil higienização. Os móveis de palha esmaltada, complementados por almofadas coloridas, revestidas de vinil ou tecido emborrachado, têm-se mostrado uma excelente solução, bonita, leve e de fácil limpeza.
2. Bancos pequeninos, cadeirinhas simples ou de balanço ou até mesmo cavalinhos de balançar (duas ou três peças apenas).
3. Quadro de avisos fixo, em tamanho que comporte todas as informações que, normalmente, se prestam aos pais, e mais os eventuais convites (que sempre aparecem), propaganda de campanhas (da Secretaria de Saúde ou da própria creche), divulgação de temas sobre saúde e educação etc.
4. Tamanho: 2m x 0,80m. É preferível ter um só quadro grande, pois o uso de vários pequenos não é, visualmente, agradável e causa impressão de desordem.
5. Porta-guarda-chuvas, se não é possível deixá-los na entrada, fora do prédio.
6. Mesa ou local próprio para amparar uma agenda para recados que as mães desejem fazer à direção, a respeito de administração de remédios, mudança de portador e todos aqueles que devem ser feitos por escrito e assinados pelo pai, mãe ou responsável. Se a creche for muito grande, será preferível ter uma agenda para cada grupo do maternal, além das individuais do berçário (obrigatórias).

D. Elementos decorativos

Um *hall*, para ser atraente, não pode ser despido de objetos decorativos; dentre outros, sugere-se o uso de jardineiras com plantas naturais bem tratadas, móbiles coloridos, aquário com peixinhos, em bom estado de conservação. Esses objetos, reunidos com bom gosto, podem criar um ambiente bastante agradável e aconchegante.

Uma parede decorada com motivos infantis é sempre atraente para a criança. Neste caso, os outros elementos da decoração devem usar uma das cores predominantes do papel de parede para que o ambiente fique harmonioso.

Os tapetes soltos devem ser evitados, por serem elementos que, além de acumularem pó, podem ocasionar tropeções. O chão deve ser liso, não-derrapante, impermeável e de fácil higienização, assim como as paredes.

Qualquer objeto exposto deve poder ser tocado pela criança; portanto, deve ser resistente e estar sempre limpo.

O *hall* deve ser claro e bem iluminado.

3. Áreas de uso infantil

3.1 Berçário

As sete peças que compõem um berçário — recepção, dormitório, sala ou local de estimulação, local para banho e higiene do bebê, saleta ou local para amamentação (opcional), solário e lactário — devem ser interligadas, com um mínimo de corredores entre si, ou podem constituir-se num único espaço (excluindo-se neste caso o lactário), dividido em ambientes, pela sua organização e distribuição do respectivo equipamento. Reduzindo o número de paredes divisórias, aumenta-se o espaço e diminui-se, em muito, o trabalho de desinfecção diária da área do berçário.

1. Recepção

A. Tamanho:

1. Área mínima: $4m^2$
2. Pé-direito: 2,40m
3. Área de iluminação e ventilação: 1/8 da área do piso (no mínimo)

Não deve haver barreiras à entrada da mãe no berçário; ao contrário, tudo deve ser feito para desimpedir seu acesso a esta área. Contudo, é preciso que se reserve um local à porta do berçário, onde a mãe possa dispor de um lugar para descansar sua bolsa de rua e calçar as sapatilhas, que devem ser de uso obrigatório em seu interior. Sapatos de uso externo não podem ser permitidos dentro de uma área que deve estar permanentemente estéril. Bolsas e outros objetos de uso pessoal da mãe também devem ficar do lado de fora.

B. Equipamento:

- prateleira baixa para sapatos
- prateleira ou caixa para as sapatilhas
- caixa para sapatilhas usadas
- bancada para bolsas, embrulhos e objetos da mãe
- mesa e cadeira para recepção das cadernetas e registro de informações.

2. *Dormitório*

A. Tamanho:

1. Área mínima: $9m^2$, na proporção de $1{,}5m^2$ por criança
2. Pé-direito: 2,60m
3. Área de iluminação e ventilação: 1/4 da área do piso (no mínimo)
4. Distância entre os berços: 0,50m (mínimo obrigatório para prevenção de contágio e viabilização de passagem livre para atendimento do funcionário aos bebês nos berços).

B. Equipamento:

1. Tela milimétrica para proteção contra insetos, em todas as janelas e aberturas, se necessário.
2. As paredes devem ser azulejadas até o teto, ou forradas com material liso e impermeável que permita a desinfecção diária.
3. O uso de ar-refrigerado é permitido e, muitas vezes, aconselhável. O aparelho tem que possuir potência proporcional à cubagem da sala para oferecer um bom funcionamento. A troca de filtros de ar deve-se fazer a cada seis meses, no mínimo.
4. Os berços devem ser fortes e possuir grades altas e colchões forrados de plástico, desinfetados diariamente. Os berços de madeira devem ser envernizados à base

de poliuretano, a fim de permitir a desinfecção diária com álcool ou soluções especiais. Os berços ideais têm o colchão a 60cm do chão e grades móveis para permitir ao adulto maior conforto de posição ao cuidar do bebê e às crianças passarem por baixo engatinhando (berços usados em Paris, França).

5. Brinquedos de puxar e mexer devem ser colocados pendurados sobre os berços, como móbiles coloridos.
6. Brinquedos macios, sonoros e coloridos devem ser colocados em número de dois ou três para cada berço (individuais).
7. Cadeiras de braços, macias e confortáveis (uma por adulto). Os braços são indispensáveis para proporcionar ao adulto uma posição correta e confortável ao dar a mamadeira ou embalar uma criança.
8. Prateleiras para remédios em uso (uma, pequena, para cada berço ou uma grande, com espaço suficiente para acomodar dois ou três frascos por bebê, sem misturá-los). Esse tipo de prateleira deve ser longo e estreito (10cm de largura).
9. Caixas, cestas plásticas ou sacolas individuais para roupa de cada bebê e objetos de uso individual; se possível, devem ficar junto ao respectivo berço.
10. Armários para roupa de cama e toalhas limpas.

3. Sala ou local de estimulação

A. Tamanho:

1. Área mínima: 6m^2
2. Pé-direito: 2,60m
3. Área de iluminação e ventilação: 1/4 da área do piso (no mínimo).

A estimulação do bebê é indispensável ao seu desenvolvimento e consiste numa atividade de base essencialmente oral-afetiva, em que o adulto brinca com o bebê, atraindo sua atenção através do contato físico — pele, corpo, voz e brinquedos. Essa estimulação deve ocorrer em qualquer momento, dentro do berçário, em todo o contato do adulto com o bebê, mas, especialmente, dentro dessa área, onde outros estímulos serão oferecidos para despertar suas reações de ordem perceptivo-motora, em períodos regulares de 20 minutos, em duas sessões por dia, no mínimo. Essa área pode fazer parte do dormitório.

B. Equipamento mínimo:

1. Colchonete de pouca espessura (3cm), forrado de plástico resistente (vinil), em cores alegres.
2. Barra para locomoção, a 50cm do chão, em toda volta da sala.
3. Espelho horizontal sobre a barra, de preferência em toda sua extensão.
4. Móbiles coloridos, ao alcance das mãozinhas das crianças.
5. Almofadas de vários feitios e formas, forradas com fronhas estampadinhas.
6. "Bebês-conforto" ou similares, para dar apoio à criança que ainda não permanece sentada sem ele.
7. Bolas, cubos e brinquedos coloridos, macios, sonoros e laváveis.
8. Grandes caixas plásticas (duas no mínimo) para guardar os brinquedos lavados (uma vez por dia), e um recipiente grande, de plástico, caixa plástica ou balde, para sua esterilização.

4. Local para banho e higiene do bebê

A. Tamanho:

1. Área mínima: $4m^2$
2. Pé-direito: 2,40m
3. Área de iluminação e ventilação: 1/8 da área do piso (no mínimo).

B. Equipamento:

1. Bancada a 1m do chão, de granito, mármore, aço inoxidável ou fórmica, guarnecida com colchonete forrado de plástico resistente (vinil), de cores alegres,

para troca de roupa do bebê (uma bancada para cada 10 bebês, no mínimo).

2. Banheira de aço inoxidável ou outro material que possa ser desinfetado corretamente a cada uso, fixada a um metro do chão. Todos os cantos devem ser arredondados, sem arestas perigosas. Cada banheira deve ser equipada com chuveiro de cano flexível, com temperatura regulável para água. Os banhos dos bebês devem ser de imersão, para efeito de conforto e estimulação apropriada; o chuveiro complementa a higiene final. Após a limpeza seca das fezes, a cada evacuação, é indispensável lavar o bebê em água corrente, com o uso do chuveiro.
3. Prateleira estreita, próxima à banheira, para sabonetes individuais e objetos de higiene.
4. Pia para uso de adulto, equipada com:
   - saboneteira fixa, para sabão líquido;
   - toalheiro de toalha descartável;
   - cesta com tampa e forro plástico descartável para toalhas e coleta de fraldas usadas (descartáveis)
   - ganchos ou prateleiras para sacolas de roupa de todos os bebês;
   - prateleiras para toalhas limpas e secas;
   - secador de toalhas em local próximo. As toalhas devem ser individuais e estendidas, após cada uso, em local próximo e resguardado de poeira.

5. *Saleta ou local para amamentação (opcional)*

A. Tamanho:

1. Área mínima: $1m^2$
2. Pé-direito: 2,40m

No planejamento de um berçário é importante reservar-se um local mais tranqüilo, com uma ou duas cadeiras macias, de braços, para proporcionar o indispensável conforto e posição correta da mãe durante a amamentação. Dependendo do tipo de creche, não se faz necessário reservar uma sala só para esse fim, visto que, com certeza, ficará ociosa na maior parte do tempo. É aconselhável existir, à mão, um biombo para isolar a mãe, dentro do próprio berçário, caso ela se sinta constrangida em amamentar o seu bebê. O importante é não deixá-la tensa, pois isso prejudicaria a amamentação.

Outro local que pode ser utilizado para esse fim é o gabinete do pediatra, mas que apresenta o inconveniente de sempre se correr o risco de interrupções provocadas por atendimentos de emergência que tenham de ser prestados a crianças acidentadas (casos comuns em creches — pequenos curativos).

B. Equipamento:

1. Duas poltronas macias e de braços.
2. Uma pequena mesa auxiliar para amparar frascos de água boricada, compressas de gaze e algodão.
3. Um biombo móvel.

Concluindo: no caso de pequenas creches particulares, a melhor solução parece ser o uso de um local reservado, dentro do próprio berçário, como medida econômica e confortável. No caso de grandes creches ou estabelecimentos construídos dentro de empresas, onde as mães possam desligar-se de suas funções a cada três horas para amamentar seus bebês, justifica-se a instalação de um local próprio para a amamentação que possa garantir a utilização simultânea por três mães, no mínimo. Neste caso, a área mínima do local deve ser de $3m^2$, respeitando-se a relação $1m^2$ por mãe. E os equipamentos necessários seriam:

1. Três poltronas macias, de braços, forradas de material resistente e lavável.
2. Uma bancada a um metro de altura do chão, guarnecida com colchonete forrado de plástico ou vinil, para higiene do bebê.
3. Uma prateleira para acomodação de bolsas e sacolas das mães.
4. Três cabides ou ganchos para roupas das mães.
5. Uma pia para higiene (obrigatória) de braços, mãos e rosto das mães equipada com:

- uma saboneteira fixa, com depósito para sabão líquido
- um toalheiro de toalhas descartáveis
- cesta com tampa de forro plástico descartável para toalhas usadas, algodão e gazes servidos

6. *Solário*

O solário é parte obrigatória de um berçário e deve ficar o mais próximo possível de suas instalações, a fim de se evitar a passagem dos bebês por outras áreas da creche onde circulem crianças maiores e pessoas estranhas ao berçário. Observar localização sugerida na planta apresentada neste livro.

A. Tamanho:

1. Área mínima: $6m^2$
2. Pé-direito: 2,60m
3. Área de iluminação e ventilação: 1/4 da área do piso (no mínimo).

B. Equipamento mínimo:

1. Área verde: obrigatória, ainda que mínima, e isenta de plantas tóxicas ou com sementes pequenas.
2. Área de sombra: de preferência, natural, projetada pela copa de uma árvore. A área sombria, junto ao solário, permite a realização dos primeiros banhos de sol, enquanto o bebê de baixa idade não puder ser exposto diretamente ao sol.
3. Piso: lavável, com esgotamento de água.
4. Colchonetes forrados de plástico resistente (vinil) e forrados por lençóis de algodão, estampadinhos em cores alegres, são usados para permitir a estimulação dos bebês durante as sessões de banho de sol, quando acordados. Os lençóis evitam o superaquecimento do plástico e devem ser trocados diariamente.
5. Brinquedos e almofadas: o mesmo que na estimulação.
6. Bebês-conforto forrados com tecido de algodão.

Observação:

Em prédios adaptados, geralmente as varandas ou jardins de inverno proporcionam excelentes condições para o banho de sol, desde que recebam a luz solar pela manhã. É necessário que as janelas sejam amplas e permitam iluminação e ventilação iguais à metade da área do piso:

Neste caso, o solário e a sala de estimulação podem constituir-se num único espaço, desde que guarnecido pelas barras, espelhos e móbiles, elementos essenciais à estimulação.

7. *Lactário*

A. Tamanho:

1. Área mínima: $3m^2$
2. Pé-direito: 2,40m
3. Área de iluminação e ventilação: 1/8 da área do piso (no mínimo).

A utilização da cozinha da creche para a elaboração de mamadeiras não é recomendável, pelos riscos de contaminação que a mistura de instrumentos, manipulação de alimentos distintos e contaminação aérea podem provocar. Embora não haja, até a data da publicação deste livro, legislação específica que *obrigue* a construção de lactário separado da cozinha, esta recomendação vem sendo feita em todos os manuais distribuídos pelo Ministério da Saúde. No caso das creches particulares pequenas, que atendem a poucos bebês e utilizam prédios adaptados, um investimento de grande porte, como a instalação de um lactário, é na maior parte das vezes inviável, porém, o máximo de cuidado se faz necessário para que sejam minimizados os riscos que o uso simultâneo da cozinha pode provocar.

B. Equipamento:

Cozinheira e auxiliar de lactário são, necessária e obrigatoriamente, funcionários distintos, de forma que cada um execute independentemente suas tarefas e controle o uso e guarda de seus utensílios próprios.

1. Um fogareiro de duas bocas deve ser instalado separado do fogão que atende ao resto da creche.
2. Uma pequena geladeira deve manter isolados os alimentos especiais do berçário.
3. Uma pia e bancada especial para lavagem de mamadeiras, louças e utensílios do berçário devem ser instaladas para possibilitar a lavagem perfeita e *esterilização obrigatória* de todo o material.
4. Dois armários pequenos (embaixo e sobre a pia e bancada) serão suficientes para comportar todo o material necessário e de uso exclusivo do berçário.
5. Filtro de carvão ativado, instalado sob a pia, filtra com perfeição absoluta toda a água da torneira, possibilitando que toda a lavagem de objetos e alimentos seja feita com água filtrada, inodora e sem sabor. Esse tipo de filtro é de instalação fácil, não muito dispendiosa, e resulta em economia de tempo, trabalho e controle absoluto sobre a qualidade de água oferecida. Evita lavagens de talhas e velas. A troca do elemento filtrante é fácil (todo conjunto em uma peça única) e deverá ser feita periodicamente (a cada três ou quatro meses aproximadamente), indicada pela perda de pressão da água na torneira.
6. Esterilizadores de mamadeira em número proporcional ao número de berços, ou cestinhas de arame galvanizado, com capacidade para ferver até 12 mamadeiras de uma só vez.
7. Recipiente para ferver 12 mamadeiras.
8. Caixa grande de plástico, com tampa, para manter esterilizados vidros, chucas e mamadeiras, que ficarão imersos em solução germicida e poderão ser retirados com pinça plástica (a manipulação de objetos dentro da solução germicida não pode ser feita por instrumento de metal).
9. Recipiente igual para esterilização de bicos e chupetas.

Observação:

Quando o dormitório fica afastado do lactário, faz-se necessário possuir outro recipiente similar, para a mesma finalidade, dentro do berçário.

10. Liquidificador de uso exclusivo do berçário.
11. Instrumentos de uso comum, tais como:
    - passador de macarrão
    - moedor de carne
    - lavador de arroz
    - espremedor de batatas
    - batedor de ovos
    - cesta para ovos
    - tábua de carne
    - fervedor de leite
    - panelas, caldeirões e caçarolas etc., do tamanho proporcional ao número de berços
    - depósitos de plástico ou alumínio, para farinhas, açúcar, arroz, feijão, café etc.
    - cafeteira, coador e suporte para coador
    - louça infantil, inquebrável, de preferência decorada ou de cores alegres, adequada ao número de berços: pratinhos fundos para alimentação pastosa e seca e, para sobremesa, copinhos e canecas
    - talheres para uso do bebê: colheres de sobremesa e de café
    - bandejas (três ou quatro)
    - jarras para líquido
    - duas escovas para lavar mamadeiras (tamanhos diferentes)
    - um abridor de latas
    - uma balança (até 1kg)

Observação:

Pelos cuidados relativos à higiene e saúde e vantagens diretamente ligadas à organização e funcionamento da creche, o lactário, sempre que possível, deve ser instalado separado da cozinha, em local próximo ao berçário. Ver planta à pág 322.

3.2 Maternal

Sob o título *maternal* devem ser compreendidas todas as atividades voltadas para as crianças de um ano a três anos e 11 meses, mas pode ocorrer que o estabelecimento receba crianças maiores, até completarem, por exemplo, seis anos. Isso supõe, de imediato, um tipo de atendimento, cujas características muito o diferenciam daquele prestado aos bebês do berçário. Essas nomenclaturas adotadas por mim, baseadas nas características de trabalho de cada grupo, visam facilitar a elaboração do projeto de construção e de instalação, de acordo com as finalidades a que se destinam os espaços e a sua organização. Vejamos, a seguir, os espaços necessários ao funcionamento do grupamento denominado maternal:

1. Sala de atividades
2. Banheiros infantis
3. Sala de repouso
4. Sala de refeições (opcional)
5. Sala de multimeios
6. Área coberta para recreação
7. Parque para recreação e jardinagem

1. Sala de atividades

Cada grupo (ou turma) de crianças do grupamento maternal, organizado ou não por idade, deve possuir sua sala própria de atividades, onde terá, a seu dispor, brinquedos, jogos, papéis, lápis, tintas e massinha. É importante que este espaço pertença a um grupo exclusivo para que a criança se identifique com o local e os lugares em que possa encontrar os brinquedos e objetos pessoais ou de sua preferência. Não acho aconselhável utilizar o sistema de rodízio de salas, como pode ser feito com crianças do jardim de infância, ou seja, com crianças maiores de quatro anos, quando essa identificação e intimidade com o local de brincar não são mais tão importantes. Acrescente-se a isso o fato de as crianças de uma creche permanecerem o dia inteiro dentro da instituição e, por isso, precisarem de um ponto de apoio e retorno após as idas e vindas a outros locais da creche: pátio externo, jardim, sala de multimeios, gabinete médico e, às vezes, refeitório e dormitório. As relações afetivas que a criança estabelece com o seu local de brincar são fundamentais à sua segurança emocional e saúde mental. Crianças pequeninas não devem ser transferidas de lugar, a cada momento, como adolescentes, em escolas de ensino médio, com um currículo de disciplinas estanques.

Freqüentemente a sala de atividades precisa ser transformada em sala de refeições, quando a creche atende a vários grupos que fazem refeições em horários simultâneos. Não há nenhuma objeção quanto a isso, desde que a sala já seja projetada para essa transformação. Da mesma forma, muitas vezes, no horário de repouso tem que se fazer uso de um espaço dentro da mesma sala de atividades, atendendo, assim, a três objetivos: atividade, alimentação e sono. Tudo isso pode ser realizado sem nenhum inconveniente, desde que o projeto de instalação preveja isso, com antecedência, e se descartem as improvisações inadequadas.

A sala de atividades não poderá ter dimensões inferiores a $8m^2$, nem servir de acesso a outros compartimentos que não sejam de uso exclusivo do grupo que a utiliza. Esses detalhes são relevantes e já fazem parte das exigências estabelecidas pelo Código de Obras da cidade do Rio de Janeiro. Também é aconselhável que cada sala possua uma pequena antesala ou espaço livre em frente à sua porta de entrada, onde a mãe ou o pai possa ficar, durante o período de adaptação, à vista da criança, mas fora de seus domínios (Capítulo VI).

A sala de atividades deve ser um *ambiente acolhedor* em todos os sentidos — físico, social e emocional —, o que é determinado, em grande parte, pela relação do adulto educador com o seu grupo. Há, no entanto, algumas características físicas que devem ser respeitadas para que o espaço ofereça condições de conforto e de adequação às atividades e movimentação dos pequeninos.

A. Tamanho:

1. Área mínima: $15m^2$, na proporção de $1,5m^2$ por criança
2. Pé-direito: 2,60m
3. Área de iluminação e ventilação: 1/4 da área do piso (no mínimo)

4. Área livre no chão: 1/3 da área total da sala ou a $0,5m^2$ por criança

B. Área livre no chão

Espaço livre no chão, sem mobiliário, disponível para as crianças sentarem-se em rodinha, junto ao educador, correspondente a 1/3 da área total da sala ou a $0,5m^2$ por criança.

C. Mobiliário:

1. Mesas (45cm de altura) de material resistente, forradas de fórmica e, de preferência, de cantos arredondados.
2. Cadeiras (25cm de altura) de material resistente e que ofereçam boa estabilidade. O número de cadeiras deve ser proporcional ao número de crianças da sala, podendo, no entanto, ser inferior a este, pois nem todas as crianças escolhem, ao mesmo tempo, atividades que sejam feitas na mesa. Muitas crianças preferem brincar no chão ou na casinha de boneca. Quando, porém, a mesma sala é usada como refeitório, faz-se necessário ter uma cadeira para cada criança.
3. Quadro-de-giz (30cm de altura do chão).
4. Estantes baixas para brinquedos.
5. Cesta e cabides ou ganchos para material de dramatização livre: roupas, sapatos altos, capacetes, véus de noiva, bolsas, colares, capas de super-heróis etc.
6. Armário para papéis, lápis-cera, massas de modelar, tintas, pincéis, colas, tesouras, jogos e outros materiais pedagógicos.

D. Equipamento básico:

1. Espelho vertical (1m de altura colocado a 25cm do chão): o vidro desse espelho deve ser de 4mm, para resistir bem a choques, pancadas e pontapés.
2. Secador para trabalhos com tinta e cola.
3. Pia (a 45cm do chão) no caso de o banheiro ser distante da sala.
4. Ganchos para sacolas, caso não haja espaço para elas no banheiro.

5. Cesta de papéis servidos.
6. Painel, de material macio, para expor os trabalhos das crianças, que serão afixados com alfinetes.
7. Brinquedos como:
   - bonecas
   - carro para bonecas
   - berço para bonecas
   - carro para encher e puxar
   - carro com haste para empurrar
   - vassouras para a criança varrer
   - fogão e panelinhas
   - loucinha de bonecas
   - carros, trens e caminhões
   - animais macios de plástico ou algodão, com olhos pintados (os botões são perigosos e devem ser evitados, pois as crianças tendem a arrancá-los e podem tentar engoli-los)
   - blocos coloridos, de todos os tamanhos, para empilhar
   - cubos coloridos de empilhar e encaixar
   - caixas vazias de enfiar objetos de várias formas
   - painéis de parede com botões e mostradores para girar, apertar e puxar
8. Jogos criativos ou pedagógicos:
   - de encaixe de figuras
   - de superposição de figuras iguais
   - de enfiar peças por cor, tamanho, forma etc.
   - de amarrar
   - de atarraxar (embalagens plásticas ou frascos de sucata bem limpos e lavados)
   - blocos lógicos
9. Livros de histórias infantis com ilustrações grandes e coloridas.
10. Material de ciências:
    - lentes de aumento
    - vasos de plantas e recipientes próprios ou improvisados com material de sucata para germinação de sementes

- instrumentos de pequena jardinagem
- aquário
- caixas com tampas transparentes para observações de insetos
- caixas para coleção de conchinhas, pedrinhas etc.
- vasos de vidro resistente para flores

2. *Banheiros infantis*

A. Tamanho:

1. Área mínima: 1,5m^2
2. Pé-direito: 2,20m
3. Área de iluminação e ventilação: 1/8 da área do piso (no mínimo)
4. Área livre de circulação: deve permitir a inscrição de um círculo de 0,60m de diâmetro

B. Localização

De preferência, cada sala de atividades deve ter o seu banheiro privativo, com acesso direto a ele. Privativo, porque, assim, restringem-se os riscos de contaminação a uma só turma, no caso de uma infecção. Com acesso direto, porque o hábito de controle dos esfíncteres exige, além de muita paciência e delicadeza por parte do educador, proximidade do local, pois é de todo impossível fazer uma criança pequena reter a urina enquanto atravessa um longo percurso, da sua sala ao banheiro. Além disso, é necessário, nesta fase de aprendizagem, que o adulto acompanhe a criança ao vaso sanitário, o que o afasta do grupo que fica na sala. Mesmo sabendo-se que outro adulto auxiliar estará com o resto das crianças, este tempo de afastamento deve ser reduzido ao máximo. O percurso de ida e volta nunca deverá ser muito longo.

No caso de ser inviável construir um banheiro privativo a cada sala, aconselho fazer um banheiro maior, de tamanho adequado a atender a dois grupos, de duas salas diferentes, instalando-se, em dobro, o número de vasos sanitários, pias e chuveiros. De qualquer forma, ele deve ser o mais próximo possível das duas salas, pelo motivo já mencionado. Alguns arquitetos o projetam entre as duas salas, com portas de acesso para cada uma delas. O educador responsável pelo grupo também precisa acompanhar a criança na hora da higiene das mãos e da higiene dos dentinhos, de forma que a proximidade é um fator de suma importância que precisa ser respeitado.

C. Equipamento:

1. Troninhos com urinol: um para cada quatro ou cinco crianças.
2. Vasos sanitários: um para cada 12 crianças (altura 25cm).

Obs.: Quando o sanitário for compartimentado, cada compartimento deverá apresentar a área mínima de $80cm^2$.

3. Lavatórios: um para cada 12 crianças (altura: 45cm).
4. Chuveiro com tubo flexível e temperatura regulável, instalado em boxe a 50cm do chão, para oferecer conforto à posição do adulto. O piso do boxe deve ser revestido de material antiderrapante, e a parede deve estar aparelhada com alça ou barra, para apoio da criança, colocada a 60cm do piso do boxe (um para cada 12 crianças).
5. Bancada: a um metro do chão, guarnecida de colchonete forrado de vinil, para troca de roupa da criança; ganchos, escaninhos ou prateleiras para guardar objetos e roupas de uso individual da criança — um para cada criança.

3. Sala de repouso

A. Tamanho:

1. Área mínima: $9m^2$ na proporção de 1,5m por criança
2. Pé-direito: 2,60m
3. Área de iluminação e ventilação: 1/2 da área do piso
4. Área livre de circulação: deve permitir a inscrição de um círculo de 0,60m de diâmetro

B. Equipamento

Crianças maiores de três anos costumam apresentar menor necessidade de dormir durante a tarde, passando a ser suficiente tirar apenas uma sonequinha. Essa característica justifica a transformação da sala de atividades em local de repouso, quando houver falta de espaço, no prédio, para se fazer uma sala exclusiva para esse fim. Neste caso, é conveniente que a sala de atividades seja um pouco maior que o tamanho indicado e reserve uma área livre, no chão, que comporte o número suficiente de colchonetes para as crianças descansarem um pouquinho. Para isso será necessário incluir, entre seus equipamentos, dois ou três secadores de roupa suspensos, que acondicionarão os colchonetes, quando eles não estiverem em uso. Também será necessário mais um armário para guardar os lençóis e travesseiros. Esse recurso tem sido muito empregado em excelentes estabelecimentos, com ótimos resultados.

Ao se poder optar por uma sala exclusiva para dormitório, recomenda-se o uso de tela milimétrica nos vãos abertos ou janelas, nos locais onde os insetos sejam comuns, lembrando-se, porém, de que a tela reduz muito a ventilação e aquece muito o ambiente, tornando-se necessário um circulador de ar ou um ventilador de teto. Na montagem de um dormitório são necessários os seguintes equipamentos:

1. Caminhas baixas guarnecidas com meia grade e colchonetes forrados de plástico resistente, cobertos por lençol de algodão listrado ou estampadinho em cores alegres. O uso de simples colchonetes forrados de plástico e cobertos com lençol, se colocados diretamente sobre chão limpo e desinfetado, pode dispensar a cama, o que reduz o custo da instalação e propicia mais um espaço livre, que poderá ser usado para atividades calmas, como ouvir histórias, por exemplo.
2. Móbiles coloridos.
3. Cortinas ou venezianas que permitam escurecer levemente a sala durante o período de sono.

4. Sala de refeições (opcional)

Indubitavelmente, a existência de uma sala especial para refeições representa um conforto inestimável para adultos e crianças, que não têm que interromper suas atividades para arrumar, desarrumar, limpar e transformar uma sala de atividades em refeitório. Contudo, a própria legislação aceita que ela possa ser dispensada em pequenos estabelecimentos, a fim de reduzir o custo de instalação, e só a torna obrigatória para grupos a partir de 25 crianças (caso do Rio de Janeiro).

No entanto, essa medida nem sempre se apresenta razoável. O que realmente deve importar é a honestidade e o bom senso no emprego de medidas alternativas que atendam, de alguma forma, às necessárias condições de higiene e espaço, indispensáveis à alimentação e à saúde de um modo geral.

A sala de refeições deve ser ampla, clara, com paredes e piso de fácil higienização. O ambiente deve ser decorado com cores alegres, plantas naturais, tudo com a finalidade de torná-la um ambiente acolhedor, tipo familiar, em nada parecido com hospital. As crianças são sadias. A oferta de mobiliário de plástico, bonito e resistente é, hoje, muito grande, podendo dispensar o uso de mesas de madeira, revestidas de fórmica, pois o supera em funcionalidade, resistência e beleza. Faz-se necessário, no entanto, escolhê-lo com atenção, pois há muita mobília parecida, porém de baixa qualidade, em oferta no mercado.

No caso de ser inviável construir uma sala de refeições especial, as salas de atividade podem comportar essa utilização, desde que se preveja isso com antecedência. O mobiliário pode ser o mesmo, havendo necessidade de um espaço, sobre os armários baixos, que possa servir de aparador para as bandejas de pratos durante as refeições.

Quando a sala de refeições constituir-se em dependência separada, deverá apresentar as seguintes características:

A. Tamanho:

1. Área mínima: $5m^2$ na proporção de 0,5m por criança
2. Pé-direito: 2,60m
3. Área de iluminação e ventilação: 1/4 da área do piso

B. Mobiliário

1. Mesas baixas, com tampo de fórmica, cantos arredondados, com quatro ou, no máximo, seis lugares;
2. Cadeirinhas em tamanho proporcional às mesas de material de fácil higienização;
3. Armários baixos para guardar louça (opcional);
4. Bancadas ou aparadores, em uma das paredes, para auxiliar a apoiar as bandejas de pratos;
5. Pias para lavagem das mãos (muito práticas, mas opcionais).

Observação:

O uso de tela para proteção contra insetos é recomendável, dentro das mesmas prescrições feitas para a sala de repouso.

5. Sala de multimeios

A. Tamanho:

1. Área mínima: $15m^2$ na proporção de 1,5m por criança
2. Pé-direito: 2,60m
3. Área de iluminação e ventilação: 1/4 da área do piso
4. Área livre de circulação: deve permitir a inscrição de um círculo de 2,5m de diâmetro

Observação:

No caso de desejar-se utilizar a sala de multimeios como local de reunião de pais, o que é bastante aconselhável, sua área deve ser ampliada para $20m^2$, no mínimo.

As atividades de estimulação do berçário não devem ser interrompidas quando a criança passa para o maternal.

Ainda é essencial o emprego de estímulos, de base oral-afetiva, pelo estimulador, que, numa relação de carinho com a criança, encoraja-a a tentar movimentos gradativamente mais complexos, exigindo dela uma coordenação cada vez mais aperfeiçoada e harmoniosa. A atividade tem que ser *essencialmente lúdica,* e os movimentos devem abranger o corpo como um todo: rolar no chão, dar cambalhotas, arrastar-se do corpo do estimulador para o chão liso ou sobre almofadas, saltar e cair sobre colchões e colchonetes de diversas espessuras são algumas das infinitas brincadeiras que a criança deve realizar, entre risos e alegria, na companhia do estimulador e outros coleguinhas, e isso exige disponibilidade de espaço livre.

É necessário, portanto, destinar-se uma sala relativamente espaçosa e usar este local para todas as *atividades psicomotoras* que exigem aparelhagem especial ou mais sofisticada, de forma que a sala possa, usando o mesmo equipamento, servir a todas as crianças do maternal, constituindo-se num ambiente próprio para:

a. Atividades típicas de uma biblioteca escolar:
- narrativas de história
- projeção de filmes e *slides*
- retroprojeção de transparências
- teatrinhos de vara, fantoches, sombras etc.
- cineminhas de rolo de papel etc.

b. Atividades típicas de uma sala de música escolar:
- danças livres ao som de música
- audição de música (discos, toca-fitas, instrumentos)
- brinquedos cantados
- bandinhas de instrumentos etc.

c. Atividades típicas de educação física:
- rolar, pular, marchar, correr, andar na ponta dos pés etc.
- jogos simples de salão

d. Atividades sociais:

- reuniões de mães (neste caso a creche deverá dispor de cadeiras de armar em número suficiente que deverão ficar guardadas em depósito próximo da sala)

B. Equipamento:

1. Cortinas que permitam escurecer o ambiente para projeções.
2. Espelhos grandes numa das paredes.
3. Acolchoados que cubram, no mínimo, $4m^2$ do piso, forrados em lona colorida ou vinil.
4. 01 colchão de 15cm de altura, forrado de lona, para pular.
5. Cordas de pular.
6. Blocos grandes de espuma plástica, forrados de lona colorida, para empilhar, trepar, saltar etc.
7. Estantes ou armários para livros de história.
8. Palcos para teatro de sombras, varas e bonecos.
9. Palco para cineminha de rolo de papel.
10. Televisão, projetores, retroprojetores, gravadores, vídeo-cassete e toca-fitas.
11. Um ou dois aparelhos de som.
12. Discos, fitas, filmes, *slides*, CDs e transparências.
13. Bonecos de varas, sombras e outros.
14. Instrumentos musicais próprios ou improvisados: tambores, triângulos, guizos, xilofones, pandeiros, pratos, copos etc.

Observação:

Em local anexo ou próximo à sala de multimeios, a creche deverá dispor de um grande armário ou pequeno depósito para guardar todo esse material, incluindo cadeiras de desmontar ou de empilhar. Os materiais menores poderão ficar acomodados em armários estreitos, de muitas prateleiras, como os livros, instrumentos musicais, discos, fitas, bonecos de teatro etc., dentro da própria sala. O depósito ou armário maior é necessário para a guarda dos colchões, blocos de espuma, corda, almofadões etc.

6. *Área coberta para recreação*

A. Tamanho:

1. Área mínima: 15m^2 na proporção de 1,5m por criança
2. Pé-direito: 2,60m
3. Área de iluminação e ventilação: 1/2 da área do piso

B. Área verde: Obrigatória, ainda que mínima.

C. Piso: lavável e antiderrapante, especialmente o que está próximo da caixa de areia. Areia sobre piso liso o torna muito escorregadio e de alto risco de acidente.

É indispensável reservar-se uma área, ainda que pequena, que permita a recreação livre das crianças em dias de chuva, num espaço onde possam correr. Prendê-las durante horas seguidas na mesma sala de atividades pode deixá-las irritadas, excitadas e barulhentas, o que, freqüentemente, termina gerando conflitos e acidentes desagradáveis. Eventualmente, não havendo possibilidade de oferecer-se uma área coberta para brincadeiras livres, deve-se optar pelo uso da sala de multimeios, que neste caso deve ser projetada em tamanho maior que permita atender às duas finalidades. Crianças pequenas precisam correr e não agüentam permanecer muitas horas sem fazê-lo, e seria inadmissível usar a força para mantê-las quietas. Um estabelecimento projetado para atender crianças tem que levar em consideração as suas necessidades naturais do crescimento.

D. Equipamento:

1. Caixa de areia, correspondente a um terço da área do piso, construída com bordos arredondados e equipada com torneira e ralo para o esgotamento da água. Completa com areia lavada, desinfetada regularmente e trocada com freqüência.

2. Baldes, pás, forminhas e brinquedos de plástico, de encher e esvaziar de água e de areia.
3. Brinquedos de puxar.
4. Bolas leves.
5. Caixas com rodas, para encher e carregar blocos de construção, com alça para puxar.
6. Cavalinhos de pau.
7. Carrinhos e caminhões de empurrar e de puxar.
8. Casinha de boneca, em tamanho que dê para a criança entrar, equipada com fogão, pia, panelas, bule, pratos, vassouras, peças de vestuário e todos os materiais que propiciem a dramatização livre da vida no lar.
9. Gangorras pequenas, móveis, que, viradas, se transformam em degraus para subir e descer.
10. Escadas de corda, para trepar, colocadas sobre a caixa de areia.
11. Escorregador pequeno, se a caixa de areia comportar.
12. Velocípedes e brinquedos de pedalar.

7. *Parque para recreação e jardinagem*

A. Tamanho

A descrição e as especificações relativas ao parque de recreação já estão feitas no capítulo anterior sobre construção, prédio e terreno.

B. Equipamento:

1. Caixa de areia em tamanho maior que a da área coberta e segundo as mesmas especificações.
2. Brinquedos: todos os relacionados nos equipamentos da área coberta para recreação.

4. Área administrativa

A área administrativa de uma creche compreende vários espaços específicos essenciais ao funcionamento de toda a engrenagem do serviço, embora não diretamente relacionados à criança. O projeto de construção ou de adaptação para funcionamento de uma creche precisa prever um espaço para cada atividade, sem tirar da mente o fluxo entre eles, e a necessária integração dos serviços a que cada espaço se destina.

1. Secretaria
2. Almoxarifado
3. Gabinete da direção
4. Gabinete do psicólogo
5. Gabinete do assistente social
6. Gabinete do pediatra
7. Banheiro da direção e assessores
8. Isolamento
9. Gabinete do orientador pedagógico
10. Sala dos educadores
11. Banheiro dos educadores
12. Gabinete do nutricionista

A. Considerações gerais

O funcionamento de uma creche está diretamente relacionado a determinadas funções que lhe são próprias e essenciais e dependem de profissionais específicos para o desempenho das mesmas: pedagogo, psicólogo, pediatra, estimulador, educador, nutricionista e assistente social (obrigatório somente no caso de creches assistenciais). O que deve, no entanto, caracterizar o trabalho de uma creche — sua ***organização*** e ***funcionamento*** — é a integração dessa equipe de forma *interdisciplinar*, isto é, os limites de atuação de cada profissional se interpenetram sem bordos rígidos e se centram todos no desenvolvimento da criança.

A direção é fundamental nesse processo, e a escolha mais aconselhável do diretor, por esse motivo, recai geralmente sobre a figura do pedagogo, pois este freqüentemente possui, pela sua formação, as duas habilitações, *essenciais ao desempenho* adequado dessa função:

- administração;
- especialização em educação pré-escolar.

No futuro, espera-se exigir desse profissional a especialização em administração de creches em nível universitário. Se o diretor, como pedagogo, for habilitado em supervisão escolar, poderá exercer também a função de orientação pedagógica da creche, outra função também indispensável ao funcionamento da instituição.

Este livro descreve as áreas administrativas, reservando espaço para cada um dos profissionais, cujas funções são essenciais ao funcionamento de uma creche. Contudo, a autora não ignora as dificuldades de custo que esse empreendimento implica e sugere que, de acordo com as possibilidades de cada estabelecimento, cada qual tente aproximar o seu projeto de organização e funcionamento, o máximo, deste modelo.

As sugestões e detalhes descritos a seguir visam dar ao leitor uma visão de cada serviço, de acordo com suas necessidades específicas, para que a organização funcione com eficiência e esforço. A seqüência apresentada segue as duas plantas sugeridas para o prédio da creche.

B. Localização

Os projetos de construção ou de adaptação de prédios residenciais devem escolher para as funções administrativas uma localização, dentro do prédio, que possibilite atender a três requisitos:

1. Acesso fácil aos pais e pessoas que vêm da rua;
2. Acesso rápido dos membros da direção e assessores a qualquer local da creche;

3. Visão rápida da creche como um todo, pela direção e assessores, sem grandes deslocamentos dentro desta, para melhor supervisão e controle.

1. Secretaria

A. Tamanho:

1. Área mínima: $6m^2$
2. Pé-direito: 2,60m
3. Área de iluminação e ventilação: 1/4 da área do piso

B. Funcionários

Dependendo do tamanho da creche, a função de secretário pode ser exercida por apenas um funcionário ou, até mesmo, pelo próprio diretor e auxiliar de coordenação. Nesse caso, porém, as funções tendem a se confundir um pouco, o que dificulta a organização do serviço e prejudica o seu funcionamento.

Ao secretário ou funcionários da secretaria cabe lidar diretamente com o público, para efeito de inscrição, matrícula, mudanças de horário, marcação de entrevistas com o psicólogo, pediatra e diretor, cobrança de mensalidades, pagamentos, providência de material de consumo de administração, controle de ponto dos funcionários, preparo de folhas de pagamento, controle de estoque de material administrativo etc.

C. Localização

O local mais adequado a esse tipo de serviço é o mais próximo possível do *hall* de recepção e passagem obrigatória de mães, responsáveis e funcionários, pois isso possibilitará maior controle, rapidez e eficiência do serviço e maior conforto para os pais, evitando deslocamentos inúteis de pessoas estranhas dentro das dependências da creche.

D. Mobiliário e equipamento:

1. Mesa com gavetas (uma para cada funcionário);
2. Cadeira, de preferência giratória (uma para cada mesa);

3. Duas cadeiras com braços para uso dos pais;
4. Computador e periféricos;
5. Estantes com parte fechada a chave;
6. Arquivo;
7. Telefone;
8. Cesta de papéis usados;
9. Painel para exposição do quadro de pessoal, horários e avisos pertinentes ao serviço;
10. Relógio de ponto (digital, de preferência, com leitura ótica dos cartões de identificação);
11. Ventilador de teto ou aparelho de ar refrigerado.

2. Almoxarifado

Deve-se constituir num compartimento fechado, próximo à secretaria, para estoque de material de consumo (de escritório, pedagógico e de limpeza), cujo controle poderá ser atribuição de um funcionário da secretaria.

A. Tamanho:

1. Área mínima: $3m^2$
2. Pé-direito: 2,20m
3. Área de iluminação e ventilação: 1/8 da área do piso

3. Gabinete da direção

A sala reservada para a direção deve comportar o elemento dirigente e seu grupo de assessores diretos durante as pequenas reuniões de rotina.

A. Tamanho:

1. Área mínima: $6m^2$
2. Pé-direito: 2,60m
3. Área de iluminação e ventilação: 1/4 da área do piso

B. Mobiliário e equipamento:

1. Mesa grande com gavetas;
2. Cadeira, de preferência giratória;
3. Duas ou três cadeiras com braços;
4. Mesa e cadeiras de seis lugares para pequenas reuniões;
5. Computador e periféricos;
6. Armário-estante com parte fechada à chave;
7. Arquivo;
8. Telefone;
9. Cesta de papéis usados;
10. Painel para exposição de trabalhos infantis, fotos, avisos e horários da creche.

4. Gabinete do psicólogo

Uma pequena sala preparada para receber, em entrevista de rotina, qualquer mãe ou responsável, decorada de modo que a torne bastante acolhedora.

A. Tamanho:

1. Área mínima: $6m^2$
2. Pé-direito: 2,60m
3. Área de iluminação e ventilação: 1/4 da área do piso

B. Mobiliário e equipamento:

1. Mesa com gavetas;
2. Cadeira, de preferência giratória;
3. Duas ou três cadeiras com braços ou poltronas e sofá para os pais;
4. Armário-estante com parte fechada a chave;
5. Arquivo;
6. Cesta de papéis usados;
7. Painel para exposição de trabalhos infantis, fotos e material para divulgação, como recortes de textos sobre temas ligados à psicologia;
8. Estante baixa ou baú com brinquedos para criança em observação particular;

9. Espaço livre no chão para a criança brincar com o psicólogo.

5. *Gabinete do assistente social*

Esse serviço é indispensável quando se trata de creche assistencial e deve seguir as mesmas normas de instalação que o gabinete do psicólogo, excetuando-se o espaço para a criança brincar, que não é necessário.

6. *Gabinete do pediatra*

A. Tamanho:

1. Área mínima: $6m^2$
2. Pé-direito: 2,60m
3. Área de iluminação e ventilação: 1/4 da área do piso

B. Mobiliário e equipamento

A sala do pediatra exige, pelas características de seu trabalho, instalações diferentes que permitam fácil higienização ou desinfecção ambiental. Embora a clientela de uma creche se constitua de crianças sadias, além dos exames de rotina, o pediatra examina, em seu gabinete, crianças que adoecem ou se acidentam. Contudo, este local deverá ser decorado, da mesma forma que as outras dependências da área de uso infantil, cuidando-se para que seja bastante acolhedor e alegre.

1. Pisos e paredes laváveis, de preferência azulejadas até o teto;
2. Uma mesa com gavetas e uma cadeira;
3. Um arquivo ou fichário;
4. Uma maca para exames, guarnecida de colchonete forrado de plástico resistente e coberta por lençol de algodão ou material descartável;
5. Uma balança de bebê;
6. Uma balança com régua para altura;
7. Uma cadeira de braços para a mãe;
8. Uma cadeira pequena para criança;

9. Um lavatório guarnecido com suporte para sabão líquido;
10. Um toalheiro de papel;
11. Uma cesta para lixo, com tampa e forro plástico descartável;
12. Um armário, com chave, para remédios e instrumentos.

7. *Banheiro da equipe de direção*

A. Tamanho:

1. Área mínima: 6m^2, na proporção de 1m^2 por pessoa
2. Pé-direito: 2,40m
3. Área de iluminação e ventilação: 1/8 da área do piso
4. Área de circulação interna: deve ser possível a inscrição de um círculo no piso de 1,5m de diâmetro.

B. Equipamento:

1. Vasos sanitários — dois, no mínimo, na proporção de um vaso para cada cinco pessoas;
2. Suportes para rolo de papel higiênico — um para cada vaso sanitário;
3. Lavatórios com espelhos — dois, no mínimo, na proporção de um lavatório para cada cinco pessoas;
4. Suportes de toalha — dois, no mínimo;
5. Dispensador de toalhas de papel — um;
6. Cestas de lixo — duas, no mínimo, sendo uma para cada vaso sanitário, para absorventes, e uma grande para toalhas de papel;
7. Boxe de chuveiro — um, na proporção de um para cada 10 pessoas.

8. *Isolamento*

A. Tamanho:

1. Área mínima: 6m^2
2. Pé-direito: 2,60m
3. Área de iluminação e ventilação: 1/4 da área do piso

Uma creche, mesmo sendo local para receber crianças sadias, deve estar preparada para poder isolar crianças que porventura manifestem qualquer tipo de suspeita de doença infectocontagiosa. Este local deve ficar afastado da área de uso infantil, próximo ao gabinete médico, e apresentar características semelhantes a uma pequena enfermaria e quarto de repouso.

Não sendo possível ao estabelecimento reservar e manter um local específico para isolamento de crianças doentes, deve obrigar-se a reservar um espaço que, dentro do berçário (para bebês) ou dentro da sala de repouso (para criança do maternal), permita acomodar a criança doente até a chegada do responsável. Um biombo revestido por material que possa ser desinfetado, em cor alegre ou com motivos infantis, é indispensável para manter o mínimo de isolamento. Essas medidas visam ao conforto da criança doente e à prevenção do risco de contaminação, risco esse que só diminui, efetivamente, quando se destina um funcionário para cuidar apenas da criança doente, não se permitindo que entre em contato com as crianças sadias até que tome banho e troque toda sua roupa.

B. Mobiliário e equipamento:

1. Berço com colchão forrado de plástico e lençol limpo de cor suave e agradável;
2. Cama com proteção lateral, com colchão forrado de plástico e lençol limpo de cor suave e agradável;
3. Grades e telas nas janelas e vãos;
4. Pisos e paredes laváveis;
5. Biombo para proteger a criança da movimentação circundante;
6. Armário, com chave, para remédios;
7. Cadeira de braços para a pessoa acompanhante;
8. Mesa pequena auxiliar;
9. Lavatório guarnecido com suporte para sabão líquido;
10. Porta-toalhas descartáveis;
11. Cesta de papéis descartados, com tampa e forro de plástico para o lixo.

9. Gabinete do orientador pedagógico

Nas creches de pequeno porte, onde o diretor é um pedagogo ou psicopedagogo com especialização em educação pré-escolar, a figura do orientador pode ser dispensada, pois será possível ao diretor exercer as duas funções simultaneamente. Na existência de um orientador, há que se criar um espaço onde possa realizar, com conforto, as atividades de planejamento, produção de material para orientação, de controle das atividades educativas e de estimulação, oferecidas pela creche e de sua responsabilidade. Isso exige local para leitura, redação de documentos, confecção de material e reunião com os educadores, auxiliares e babás.

A. Tamanho:

1. Área mínima: $6m^2$
2. Pé-direito: 2,60m
3. Área de iluminação e ventilação: 1/4 da área do piso

B. Localização

Por ser este serviço o que mais faz uso de materiais, como lápis-cera, papéis, tintas, cola, cartolinas, jogos, livrinhos de história e afins, sua sala deve ficar o mais próxima possível do almoxarifado. A proximidade da sala dos educadores, com os quais lida continuamente, também deve ser considerada.

C. Mobiliário e equipamento:

1. Mesa grande com gavetas, onde seja possível preparar material pedagógico, de preferência forrada de fórmica;
2. Cadeira, de preferência giratória;
3. Duas ou três cadeiras avulsas para conversas com educadores ou pais;
4. Armário-estante, com parte fechada a chave, para guarda de material de consumo e exposição de material e livros pedagógicos;

5. Arquivo;
6. Cesta de papéis usados;
7. Painel para exposição de trabalhos infantis, fotos e material para divulgação, como recortes de textos sobre temas ligados à psicologia ou pedagogia.

10. Sala dos educadores

É da maior importância para a qualidade do trabalho que se ofereça aos educadores um local razoavelmente confortável, onde possam guardar seus pertences e reunir-se com os colegas no início e no fim das atividades do dia. O tamanho dessa sala deverá ser proporcional ao número de educadores e oferecer local e espaço onde possam produzir material pedagógico e guardar papéis, cartolinas, cola, tesouras, lápis, canetas, tintas, pincéis e afins.

A. Tamanho:

1. Área mínima: $15m^2$
2. Pé-direito: 2,60m
3. Área de iluminação e ventilação: 1/4 da área do piso

B. Mobiliário e equipamento:

1. Mesa grande, onde seja possível preparar material pedagógico, de preferência forrada de fórmica, e que possa acomodar todos os educadores e equipe de direção à volta em ocasiões de reunião;
2. Cadeiras em número suficiente;
3. Armário com parte fechada a chave para guarda de componentes diversos para produção de material pedagógico;
4. Equipamentos e instrumentos de escritório: tesouras, grampeadores, rolos de fita adesiva etc.;
5. Escaninhos individuais para guarda de bolsas e pertences dos educadores;
6. Armário-arquivo para guarda de trabalhos infantis;
7. Cesta de papéis usados;

8. Painel para exposição de trabalhos infantis, fotos e material para divulgação, como recortes de textos sobre temas ligados à psicologia, pedagogia e saúde.

11. Banheiro dos educadores

Outro local indispensável à qualidade do serviço da creche é o banheiro dos educadores, que deve ser instalado com o propósito de proporcionar a esses funcionários o conforto necessário para sua higiene pessoal, que deve incluir, obrigatoriamente, o banho e a troca de roupa.

A. Tamanho:

1. Área mínima: $12m^2$, na proporção de $1m^2$ por pessoa
2. Pé-direito: 2,40m
3. Área de iluminação e ventilação: 1/8 da área do piso
4. Área de circulação interna: deve ser possível a inscrição de um círculo, no piso, de 1,5m de diâmetro

B. Equipamento:

1. Vasos sanitários — três, no mínimo, na proporção de um vaso para cada cinco pessoas;
2. Suportes para rolo de papel higiênico — um para cada vaso sanitário;
3. Lavatórios com espelhos — três, no mínimo, na proporção de um lavatório para cada cinco pessoas;
4. Suportes de toalha — três, no mínimo;
5. Porta-toalhas de papel — um;
6. Cestas de lixo — três, no mínimo, sendo uma para cada vaso sanitário, para absorventes, e uma grande para toalhas de papel utilizadas;
7. Boxe de chuveiro — um, na proporção de um boxe para cada 10 pessoas;
8. Escaninhos para roupa e objetos de uso pessoal — 10, na proporção de um por funcionário;
9. Ganchos para pendurar roupa — um por pessoa;

10. Banco com assento de 1,5m de comprimento para permitir que as pessoas se sentem para tirar ou botar os sapatos.

12. Gabinete do nutricionista

O nutricionista, geralmente, não dá horário integral na creche. Contudo, precisa de um pequeno local próximo à cozinha, onde disponha de uma mesa com gavetas e um armário ou arquivo para guardar seu material de uso. Muitos nutricionistas têm esse equipamento arrumado dentro das próprias cozinhas, quando há espaço para tal, ou em saleta anexa à despensa, cujo controle é de sua responsabilidade exclusiva.

A. Tamanho:

1. Área mínima: $3m^2$
2. Pé-direito: 2,60m
3. Área de iluminação e ventilação: 1/4 da área do piso

B. Equipamento

O equipamento foi descrito, com sua finalidade, no texto a respeito das funções do nutricionista. Em resumo, a relação a seguir costuma ser suficiente:

1. Mesa com gavetas;
2. Cadeira;
3. Cesta de papéis usados;
4. Painel para exposição de avisos.

5. Áreas de serviço

1. Despensa

A. Tamanho:

1. Área mínima: $3m^2$
2. Pé-direito: 2,20m
3. Área de iluminação e ventilação: 1/8 da área do piso

B. Localização

Deve estar o mais próxima possível da cozinha e, se possível, ter porta de comunicação para a entrada da área de serviço da creche, por onde o funcionário receberá os gêneros com maior facilidade, evitando os transtornos que sua passagem por dentro do estabelecimento pode ocasionar. A proximidade do local de trabalho do nutricionista também deve ser considerada.

C. Equipamento:

1. Prateleiras fixas e desmontáveis, revestidas de material ou verniz resistente à lavagem;
2. Estrados para manter isolados do chão os gêneros ensacados;
3. Piso e paredes, de material liso, resistente, impermeável e de fácil lavagem;
4. Recipientes de plástico ou alumínio com tampa para estocagem de farinhas e grãos;
5. Cestas abertas para armazenagem de batatas ou frutas.

2. *Cozinha*

A. Tamanho:

1. Área mínima: $5m^2$
2. Pé-direito: 2,40m
3. Área de iluminação e ventilação: 1/4 da área do piso
4. Área de circulação interna: deve ser possível a inscrição de um círculo de 1,5m de diâmetro no piso

B. Equipamento:

1. Uma pia guarnecida com cuba e bancada de aço inoxidável (granito e mármore não são aconselháveis, pela possibilidade de desenvolvimento de bactérias e microorganismos nos seus poros e prováveis rachaduras decorrentes do uso);
2. Uma bancada, não inferior a um metro de comprimento, em continuação à pia ou não;
3. Um fogão de seis bocas, forno e banho-maria;

4. Um exaustor instalado sobre o fogão que proporcione a tiragem completa dos gases e vapores emanados deste;
5. Um filtro, de preferência de carvão ativado, instalado em encanamento que termine em torneira, que será usada, exclusivamente, para abastecimento de água filtrada, sem necessidade de armazenagem desta. O filtro de carvão ativado dispensa a vela, pedra de filtro e talhas, e o grau de pureza da água (ausência de cor, cheiro, sabor e elementos em suspensão) é muito superior ao dos métodos tradicionais;
6. Uma geladeira grande;
7. Um *freezer* médio;
8. Um armário com portas, instalado sob a pia, para guardar panelas (este armário pode ser guarnecido com gavetas para talheres, panos e objetos pequenos);
9. Armários altos, sobre a bancada da pia, com prateleira e portas para guardar recipientes de plástico, vidro ou alumínio que armazenam farinhas e grãos em uso, louça e copos;
10. Um forno microondas (opcional);
11. Uma lavadora de louças (opcional);
12. Um esterilizador, secador de verduras
13. Panelas, caçarolas, caldeirões e frigideiras de vários tamanhos, em número suficiente, proporcional ao de crianças;
14. Duas chaleiras;
15. Um fervedor de leite, grande;
16. Fôrmas e tabuleiros para bolo;
17. Um lava-arroz;
18. Um passador de macarrão;
19. Um espremedor de batatas;
20. Um socador de alho;
21. Um ralador de queijo;
22. Duas peneiras (uma grossa e uma de malha fina);
23. Uma espumadeira;
24. Duas conchas;

25. Um jogo de colheres para cozinha de aço inoxidável;
26. Um jogo de facas para cozinha de aço inoxidável;
27. Um liquidificador;
28. Um espremedor de frutas;
29. Quatro jarras de um litro, de aço inoxidável ou plástico duro, liso e resistente, para sucos de fruta;
30. Duas jarras de aço inoxidável, de um litro, para leite;
31. Oito jarras de um litro, de aço ou vidro, para água na geladeira;
32. Uma cafeteira, suporte e coador de café;
33. Um bule de aço inoxidável;
34. Um açucareiro de aço inoxidável;
35. Uma terrina grande de aço inoxidável e duas médias;
36. Quatro tigelas grandes de aço inoxidável, fundas, para arroz, legumes e saladas;
37. Quatro travessas de aço inoxidável;
38. Quatro bandejas de dois ou três tamanhos diferentes;
39. Dezoito pratos rasos para adultos;
40. Dezoito pratos fundos para adultos;
41. Dezoito pratos de sobremesa para adultos;
42. Dezoito copos;
43. Dezoito xícaras de chá, com pires;
44. Dezoito xícaras de cafezinho, com pires;
45. Louça infantil em quantidade adequada ao número de crianças.

C. Louça infantil

A louça infantil deve ser de plástico liso, atóxico e resistente, de preferência decorada com motivos infantis, de cores lisas fortes, alegres e que se combinem entre si, nas várias peças. As peças devem poder ir ao forno microondas e à lavadora de louças. O plástico liso, atóxico e resistente é preferível à louça, vidro ou porcelana, por motivos óbvios, mas é bom que sejam relembrados aqui:

1. Oferece maior resistência a quebrar;
2. Oferece, portanto, maior durabilidade;
3. Não desprende cacos quando quebra;

4. Por ser mais leve, exige menor esforço do profissional na sua manipulação, tanto para lavar, quanto para carregar ou estocar;
5. Por ser vendido em peças avulsas e não em aparelhos completos, é de mais fácil reposição;
6. Por ser mais fina, ocupa menos espaço para ser guardada dentro dos armários.

C.1 Variedade

1. Pratos ligeiramente fundos para alimento seco ou pastoso de sal;
2. Pratos fundos para alimento pastoso;
3. Pratinhos fundos para sobremesa pastosa ou seca;
4. Canecas com asa, para água, bebida quente ou fria, são mais estáveis que os copos e mais fáceis de serem seguradas pela criança.

3. Lavanderia

3.1 Lavanderia de creche comunitária

A. Tamanho:

1. Área mínima: 10 ou 15m^2
2. Pé-direito: 2,40m
3. Área de iluminação e ventilação: 1/2 da área do piso.
4. Área de circulação interna: deve ser possível a inscrição de um círculo de 1,5m de diâmetro no piso.

As necessidades de uma lavanderia de uma creche comunitária diferem das de creches públicas e particulares, por ser o seu serviço realizado pelas próprias mães de forma muitas vezes simultânea. O local destinado a uma lavanderia de creche comunitária deve servir de lavanderia e de escola, pois, nesse lugar, as mães não apenas lavarão e passarão as roupas de seus filhos, como deverão aprender a fazê-lo da forma mais racional, higiênica e eficiente possível.

O trabalho dentro de uma lavanderia inclui serviços diversos que devem ser feitos separados:

1. Lavagem de roupas dos bebês;
2. Lavagem de roupas das crianças maiores;
3. Lavagem de fraldas;
4. Lavagem de lençóis;
5. Lavagem de toalhas das crianças maiores;
6. Lavagem de toalhas do berçário;
7. Lavagem de panos de prato e toalhas da cozinha;
8. Lavagem de sapatilhas;
9. Lavagem de brinquedos do berçário;
10. Lavagem de brinquedos do maternal;
11. Lavagem de panos de limpeza;
12. Lavagem de panos de chão;
13. Passagem a ferro das roupas em geral.

B. Equipamento:

1. Piso liso, impermeável, antiderrapante e resistente, que permita a lavagem diária.
2. Piso com esgotamento corretamente projetado, a fim de permitir lavagens constantes, sem empoçamento de água.
3. Quatro tanques de roupa, para possibilitar a separação da lavagem de peças do berçário, fraldas, roupas do maternal e da cozinha, e de panos de limpeza e de chão.
4. Tanque especial, provido de descarga d'água, para permitir o esgotamento de fezes e da maior parte da urina, antes da lavagem no tanque comum.
5. Bancadas ladrilhadas ou revestidas de material liso, impermeável e resistente, com 80cm de altura do piso, para acomodar baldes e bacias para molho de roupas, na sua parte superior. Devem ser guarnecidas com uma ou duas prateleiras para acomodar bacias e baldes vazios. A base da bancada deve ficar a 20cm do chão e ser recuada 10cm em relação ao seu tampo, para evitar topadas.
6. Um fogão de duas bocas, baixo e resistente para sustentar grandes caldeirões para fervura de roupa.

7. Dois caldeirões de 20 e 40 litros para fervura de roupas.
8. Pontos de luz para tomadas de ferro elétrico e máquinas de lavar e secar roupas.
9. Mesas de passar ferro (duas), instaladas com a parte do descanso para o ferro junto à parede e respectivo ponto de luz; essas mesas devem permitir o uso por passadeiras destras ou canhestras, mantendo um espaço de 50cm em toda a volta da mesa.
10. Estendedores de roupa em tamanho e quantidade de acordo com o volume de roupa da creche. Os estendedores com varas de alumínio ou cordões de náilon são os mais aconselháveis, pela sua durabilidade e não-desenvolvimento de ferrugem, azinhavre ou acúmulo de sujeira.
11. Local disponível para possível instalação, mais tarde, de máquinas de lavar e secadora de roupa, com pontos de luz e tubos para esgotamento, adequadamente projetados.

3.2 Lavanderia de creche pública ou particular

A. Tamanho:

1. Área mínima: 5 a 10m²
2. Pé-direito: 2,40m
3. Área de iluminação e ventilação: 1/2 da área do piso
4. Área de circulação interna: deve ser possível a inscrição de um círculo de 1,5m de diâmetro no piso.

Cada lavanderia tem que ser projetada em função do serviço específico que se propõe a realizar. Se o estabelecimento se propõe a lavar e passar toda a roupa das crianças, o tamanho da lavanderia terá que ser maior, e o respectivo equipamento, adequado ao volume de roupa a ser lavado e passado. Há creches que lavam apenas a roupa do estabelecimento, deixando às mães a tarefa de cuidar da roupa pessoal de seus filhos.

A autora defende a tese de que as roupas das crianças devem ser lavadas em casa, pela própria mãe, ou supervisionadas por esta. O distanciamento físico e afetivo entre a mãe e o seu filho fica bastante aumentado, quando a creche assume mais essa tarefa. Embora tal serviço implique muito conforto para a mãe, as creches não devem incentivar a mãe a optar por ele. O cuidado com as roupas de seu bebê mantém um vínculo maior, um controle mais efetivo sobre sua vida, o que está acontecendo com ele na creche e até sobre seu desenvolvimento. Quando ocorre o uso do serviço de lavagem na creche, a mãe entrega, no início do ano, um enxoval e se desliga, por completo, do problema, deixando de acompanhar muito ao desenvolvimento de seu filho. Aparecem para a creche, durante o ano, dificuldades relativas à entrega de novas peças de roupa para substituir as que já ficaram pequenas para a criança que cresceu ou para substituir as que se rasgaram ou puíram com o uso. As mães não reconhecem as roupas de seus próprios filhos, como também se recusam a aceitar o fato de que cresceram...

Quando a creche oferece o serviço de lavagem, este pode ser feito nas próprias instalações ou contratado em firma especializada. De qualquer forma, esse tipo de serviço deve ser opcional, cobrado à parte ou não (em creche pública), e só oferecido no momento em que a mãe realmente estiver em dificuldades para assumir essa parte na criação de seu rebento. No caso de a lavagem ser feita em casa, a creche deve fazer a primeira lavagem das fraldas e colocá-las em saco plástico individual para a mãe completar o trabalho em casa.

As lavanderias de creches públicas ou particulares podem ser montadas em locais menores, visto que não ocorrerá o uso simultâneo por várias pessoas, como no caso das creches comunitárias. Em geral, apenas um ou dois funcionários cuidam de toda a lavagem das roupas. Na sua instalação, no entanto, pode-se seguir a orientação dada para as lavanderias de creche comunitária, em projeto para uma área de menor tamanho: de 5 a $10m^2$.

B. Equipamento:

1. Piso cerâmico liso, resistente e antiderrapante, que permita lavagem diária.
2. Esgotamento adequadamente projetado para permitir lavagem diária do piso.
3. Esgotamento previsto para tanque com descarga d'água, lavadora de roupa e mais três tanques comuns.
4. Tanque especial, com descarga d'água, para fazer a retirada da urina e o esgotamento de fezes das fraldas antes de lavá-las.
5. Tanque para lavagem de fraldas, lençóis, fraldões e panos de prato, em separado.
6. Tanque para lavagem de brinquedos com bancada lateral para apoio dos baldes ou caixas de brinquedo.
7. Tanque para lavagem de panos de chão.
8. Bancadas revestidas de material liso, impermeável e resistente, tipo granito, a 80cm do chão, para acomodar baldes e bacias para molho de roupas.
9. Prateleira abaixo e acima das bancadas, para guarda de bacias e baldes vazios, caixas de sabão, pregadores de roupa e outros materiais afins.
10. Mesa de passar a ferro, retangular, com 1,5m × 0,50m, para passar lençóis, panos de prato e fraldões da creche, deve permitir o uso dos dois lados para atender à pessoa destra ou canhestra.
11. Pontos de luz, a 1,20m de altura, junto à mesa de passar e nos locais destinados à lavadora de roupa e secadora.
12. Secadores de roupa (quatro), de alumínio, com puxadores de corda de náilon, de tamanho grande, para uso separado de panos de cozinha, roupas do berçário e panos de chão.
13. Lavadora de roupas com ponto de luz, a 1,2m de altura e esgotamento próprio.
14. Secadora de roupas com ponto de luz próprio, a 1,2m de altura.

4. Copa

A. Tamanho:

1. Área mínima: $5m^2$
2. Pé-direito: 2,40m
3. Área de iluminação e ventilação: 1/4 da área do piso
4. Área de circulação interna: deve ser possível a inscrição de um círculo de 1,5m de diâmetro no piso

A existência de uma copa numa creche permitirá uma divisão do serviço entre cozinhar e servir os pratos das crianças, assim como acomodá-los em bandejas ou carrinhos para serem levados ao local de refeições. Também auxiliará a tarefa de distribuição do serviço de lavagem de pratos, copos e talheres após as refeições. Na copa deverão ficar os armários para guardar a louça e talheres, e nela poderão ser realizadas as refeições dos adultos, seus funcionários, em mesa e cadeiras adequadas ao número de pessoas, em turnos diferentes.

B. Equipamento:

1. Um armário guarda-louça, guarnecido com prateleiras e gavetas;
2. Um aparador (bancada, estante ou prateleira) para frutas, cafeteiras e bandejas com xícaras de café e açucareiro, e ainda copos e uma garrafa com água fresca;
3. Uma mesa com número suficiente de cadeiras (seis ou oito);
4. Dois carrinhos para carregar comida até o local das refeições;
5. Um filtro ou torneira de água filtrada;
6. Uma geladeira pequena (opcional).

11

Impressos e Formulários

A eficiência do trabalho de uma creche pode ser muito ampliada, quando se adotam medidas de infra-estrutura que facilitem a organização e o controle de suas atividades básicas. Vejamos alguns exemplos:

1. Agenda-caderneta;
2. Cardápio semanal ou mensal;
3. Ficha de emergência;
4. Formulário para entrevista médica;
5. Formulário para entrevista psicológica;
6. Impresso com normas da creche;
7. Impresso para esclarecimentos sobre a importância da adaptação;
8. Impresso para marcação do programa de adaptação;
9. Roteiro para registro de avaliação psicopedagógica do desenvolvimento.

1. Agenda-caderneta

A agenda-caderneta é um instrumento de registro diário de informações, da maior importância, no trato do bebê. Para todas as crianças da creche, até três anos, deve-se utilizar esse instrumento facilitador da comunicação entre família e creche a respeito de sua saúde. Para crianças maiores, pode-se utilizar um modelo que permita o registro de outras informações além dos remédios e mamadeiras, mais pertinentes aos bebês. Ela deve ser impressa de forma que, sempre que aberta, todos os dados visíveis, tanto da página par, do lado esquerdo, quanto da página ímpar, do lado direito, contenham informações de um só dia, cuja data deverá ficar registrada no alto de cada página. A página *par* deve ser reservada para registro de informações provenientes do lar e recomendações dos responsáveis a respeito de medicações a serem administradas na creche. A página *ímpar*, ao lado, fica para o registro feito pela pessoa responsável pela criança na creche. Dessa forma, quando aberta a agenda, o funcionário da creche lê ou relê o que foi escrito pelo responsável, ao mesmo tempo que escreve sobre os acontecimentos do dia. Essa visão completa do dia também facilita a leitura e o controle rápido da situação, quando feito pelo supervisor ou pediatra da creche. Por esse motivo, devem-se evitar registros feitos em uma única folha, frente e verso, para cada dia, pois a leitura fica interrompida e prejudica a visão global do dia, que é da maior utilidade: recomendações de casa e acontecimentos na creche, na sua seqüência lógica.

A agenda-caderneta deve ser obrigatória e acompanhar a criança todos os dias. É preciso que os responsáveis sejam alertados no início, quando a criança começar a freqüentar a creche, da sua importância e que aprendam a levá-la nas consultas ao pediatra assistente da criança, pois é um precioso registro de tudo que acontece com o bebê. O tipo de alimentação recebida e sua freqüência; todos os medicamentos tomados, nas dosagens administradas; o tipo de evacuação; humor e qualidade do sono. Quando a criança é pesada e medida na creche, esses dados também deverão estar assentados na sua agenda. No período de introdução de alimentos, por exemplo, podem-se verificar os resultados, porque estarão ali registrados.

O primeiro item diz respeito à hora da última mamadeira dada em casa, por ser um registro indispensável para a creche poder oferecer o suco ou colação, mantendo o intervalo adequado entre as duas refeições. As informações sobre o sono, a seguir, apontam ou criam expectativas sobre o humor da criança nas primeiras horas e ajudam a compreender melhor as suas reações, assim como a satisfazê-la da forma mais conveniente. Exemplo: se ela dormiu mal, é provável que esteja irritadiça e adormeça no solário. Se ela continuar sonolenta e irritada durante o dia, após ter dormido, outras suspeitas poderão ser levantadas a respeito de seu estado de saúde.

O espaço subseqüente é reservado para a indicação (e autorização) dos remédios a serem administrados na creche. É indispensável que o nome do medicamento seja escrito corretamente, a indicação da dosagem seja feita, assim como definidos os horários. A creche deve exigir que todas essas informações sejam prestadas por escrito e que, abaixo, o responsável assine o seu nome, dando crédito e responsabilizando-se por todas as informações. Sempre advirto os responsáveis de uma creche de que se recusem a administrar qualquer medicação, por mais inofensiva que possa parecer, sem que haja a recomendação detalhada, com a autorização assinada embaixo, pelo responsável. A agenda ainda comporta espaços para outras informações, como hora em que o responsável pretende buscar a criança e deseja encontrá-la prontinha para sair, quando este horário não for o de costume.

Na página par, do lado direito da agenda aberta, o registro deve começar pelo tipo de cardápio do dia. Em geral, as creches entregam aos pais, com antecedência, o cardápio do mês ou da semana, numerado. Nesse caso, basta indicar o número do cardápio do dia. Havendo qualquer alteração no cardápio previsto, deve ser mencionada, por escrito, nas linhas abaixo. A descrição minuciosa só deve ser feita quando o cardápio mencionado, entregue aos pais, não existir. Essas informações são da máxima importância, principalmente no diagnóstico de uma possível alergia, que poderá estar relacionada à ingestão de uma fruta nova ou legume ainda não experimentado pela criança. É importante escrever a composição da fórmula láctea ou dos sucos oferecidos no dia e a composição da papinha ou prato do almoço e sobremesa. A introdução dos alimentos sólidos, no caso dos bebês, deixando de ser lactantes, precisa ser informada, especificando-se o que foi introduzido e a quantidade ingerida. O caso da gema de ovo, por exemplo, é, por natureza, individualizado, e cada pediatra adota uma norma diferente. O mesmo acontece com alguns açúcares. É fundamental que a creche se organize para fazer a introdução dos alimentos, exatamente pela prescrição do pediatra assistente da criança, e que isso seja registrado na agenda-caderneta.

O quadrinho a seguir já oferece os espaços, que estão definidos, para dizer se a criança comeu bem, comeu pouco ou recusou a alimentação. As informações devem ser claras, sucintas e precisas. Não é necessário perder-se em relatórios infindáveis, porque o registro deve ser fácil de ler, e ele foi feito para os pais tomarem conhecimento do que ocorreu, durante o dia, com o seu bebê.

Os outros espaços foram definidos para o registro de informações também muito importantes para a saúde do bebê: sono, humor, evacuação e a última troca de fraldas, que informa os pais sobre a necessidade de se fazer outra troca após um determinado período de tempo. As informações diárias sobre sono, humor e evacuação são fundamentais para se fechar um diagnóstico sobre uma eventual doença ou até para preveni-la.

Há ainda espaço embaixo para que possa ser feito o registro de alguma proeza ou fato marcante de desenvolvimento da criança observado no dia. Exemplos: sentou-se sem auxílio, começou a engatinhar, ficou de pé, deu alguns passinhos, começou a chamar fulana pelo nome etc. Peso e comprimento ou altura, quando avaliados, devem ser escritos nesse espaço. Os registros devem ser simples, discretos, claros, precisos, usando de linguagem profissional e evitando-se pieguismos e supérfluos. Uma agenda cheia de "uma gracinha", "uma belezoca", "uma paixão da tia" etc. pode pôr em dúvida a seriedade do trabalho técnico e profissional da creche. Por isso, devem ser evitadas tais expressões. Quem acompanhou o bebê e fez os registros deve sempre assinar ao final. É indispensável e dá um cunho de profissionalismo muito positivo. Modelo às págs. 305 e 306.

2. Cardápio semanal ou mensal

A creche oferece o serviço de alimentação, e os pais pagam por ele. Só isso já justificaria a necessidade de se fazer a divulgação do cardápio, mas há outras implicações, até mais sérias, que apontam a necessidade inquestionável de se tornar a família conhecedora do alimento que seu filho está ingerindo na creche e estão relacionadas à saúde: possíveis alergias ainda desconhecidas e que se apresentem durante a freqüência à creche e o aproveitamento revelado pelo crescimento e aumento ponderal da criança. Em geral, toda assistência médico-pediátrica é de natureza preventiva e se faz através da prescrição de alimentos à criança, em razão dos quais é feita a avaliação do seu desenvolvimento. Ora, se o pediatra assistente não for informado sobre *o que* e *quanto* seu paciente está comendo, ele ficará impossibilitado de avaliar a reação da criança aos mesmos. Da mesma forma, se a creche não tiver estrutura para seguir as prescrições alimentares do pediatra, ele perderá o controle sobre a avaliação que precise fazer.

Para atender a esses dois fatores é preciso, primeiro, ter a creche um cardápio básico, do conhecimento dos pais, estabelecido para determinado período. Segundo, ter, diariamente, a agenda-caderneta, identificando o tipo de alimento oferecido. Isso pode ser feito apenas pela indicação de um número ou uma letra que se reporte a um cardápio que esteja em poder dos pais e, por essa indicação, possa ser reconhecido. Havendo qualquer alteração no cardápio previsto, deve ser mencionada, por escrito, na agenda-caderneta da criança. No caso de não-existência de cardápio entregue aos pais, a creche deve se sentir obrigada a divulgá-lo em local visível a todos, e a descrição completa da refeição deverá ser obrigatória e diariamente escrita na caderneta. Lembre-se de que os pais jamais poderão dar esse tipo de informação ao pediatra, se ela não estiver escrita na agenda-caderneta, e essa informação pode ser crucial no momento de o pediatra avaliar uma situação ou para prescrever alguma medicação.

3. Ficha de emergência

Essa ficha deve ser preenchida com informações sobre a criança que possibilitem um atendimento bastante rápido, em caso de emergência. Nome do pai, da mãe e de pessoa da família, ou de confiança, que possa ser procurada em caso de emergência, na falta dos pais, com todos os telefones disponíveis, tanto da residência quanto do trabalho. Nome e telefone do médico assistente da criança também podem ser de grande utilidade, quando o pediatra da creche desejar obter algum esclarecimento a respeito de procedimentos a serem adotados em momentos de crise, no caso de doenças crônicas.

Ainda nessa ficha, devem ser acrescentadas informações sobre possíveis alergias e, até mesmo, sobre procedimentos recomendados e autorizados, em caso de ocorrência alérgica ou de crise de quadros de doenças crônicas. Prescrições assinadas pelo pediatra da criança podem ser recolhidas para esse fim e complementam a autorização dos responsáveis. Medidas sugeridas como primeiro socorro, em caso de tal ocorrência, também devem constar dessa ficha. A autorização sobre esses procedimentos deve ser feita em documento específico, ficando arquivada, em separado, como garantia do estabelecimento, fora da manipulação desse fichário, encontrando-se em local de fácil acesso e conhecido de todos os funcionários, especialmente os da direção da creche.

Outros dados importantes são os dos portadores autorizados de rotina e o nome dos eventuais, a quem poderá ser entregue a criança na ausência dos primeiros. A confirmação dos mesmos deverá ser feita mediante apresentação de carteira de identidade, de registro civil. Esses procedimentos e outras normas de funcionamento da creche devem ser feitos no ato da matrícula e, se possível, constar de um documento impresso, entregue, sob recibo, aos responsáveis nessa mesma época. Modelo à pág. 307.

4. Formulário para entrevista médica

Esse formulário existe para registrar o resumo da entrevista que o pediatra da creche deve fazer com os pais da criança. O modelo apresentado adiante pode, naturalmente, ser modificado, em função de atender melhor às expectativas do profissional responsável pelo serviço. O que se deve valorizar é a existência de um registro específico de cada criança que possa orientar melhor o atendimento a ser prestado pela creche. Embora o serviço desta não deva incluir a assistência pediátrica, como objetivo do trabalho, o pediatra da creche precisa orientar o seu trabalho, com base em dados clínicos e informações a respeito da criança que deverão estar para isso arquivados num formato semelhante para todas as crianças, a fim de agilizar o trabalho de leitura e consulta a esse arquivo. No caso de o pediatra da creche ser substituído, o arquivo permanece. O modelo oferecido neste livro (*páginas 308-309*) foi criado pela Dra. Maria Lúcia B. de Medeiros e se constitui de quatro partes: identificação da criança, história fisiológica, história patológica pregressa e história familiar.

5. Formulário para entrevista psicológica

O formulário sugerido adiante foi criado com o objetivo de levantar sempre as mesmas questões para todas as entrevistas feitas com pais ou responsáveis diretos de uma criança, quando de sua matrícula na creche, e de estabelecer um padrão mínimo de perguntas que deverão ser sempre alvo de conversas com os pais. Na verdade, é necessário que o profissional entrevistador seja competente para *interpretar* as respostas dadas e inferir alguns outros dados, pelas pistas deixadas pelas reações fisionômicas, silêncios embaraçosos, risos incoerentes etc., e outras pistas apresentadas pelos pais ao longo da conversa. Durante a entrevista, é normal que se possa levantar um perfil psicológico de cada membro do casal e da sua relação, em si, o que é muito precioso para a compreensão futura da criança, que tende a espelhar a vida do lar. Alguns dados importantes, como nível de segurança afetiva da criança e seu grau de autonomia, por exemplo, têm que ser inferidos a partir das respostas a outras perguntas ou conjunto de perguntas. É importante conhecer o tipo de pais e de relações familiares que compõe o universo da criança e, com habilidade, descobrir uma série de fatos, no decorrer da entrevista, até mesmo se as respostas são coerentes ou se os pais parecem mentir. Sempre que surgir esta hipótese, não nos cabe condená-los; esse não é o objetivo, pois nada beneficiaria a criança; mas, sim, levantar outras perguntas, a nós mesmos, sobre *por que* estariam agindo assim. Não nos devemos preocupar sobre o que estão tentando esconder e, sim, *por que* precisam fazê-lo. Normalmente, isso indica que a criança não corresponde às expectativas deles e que gostariam de que ela fosse diferente. Para bom entendedor, um sinal de alerta deve se acender: é provável que essa criança seja vítima de algum tipo de rejeição, e esse dado deve nos interessar muito.

O formulário não deve ser lido na frente dos pais, mas somente acompanhado como um orientador da conversa, que deve parecer a mais simpática e interessante das entrevistas possível. Deve-se procurar deixar os pais à vontade e ficar de prontidão, de olhos abertos e ouvidos atentos aos menores sinais, procurando falar o mínimo, não interrompendo a fluência da conversa de forma nenhuma. Crie um clima bom, num local reservado, afastado da passagem de curiosos, onde a privacidade dos pais esteja garantida. Avise a eles que esse documento é sigiloso e explique um pouco a sua importância, no que se refere à necessidade de a creche conhecer melhor a criança para estar mais bem preparada para atendê-la antes de iniciar a entrevista. Procure ser simples, um ouvinte educado e atencioso e, sobretudo, muito interessado em conhecer a criança.

Não se pode, também, ceder à tentação de dar sugestões sobre a educação da criança, mesmo que seja insistentemente perguntado, o que é muito freqüente. Devolva sempre a pergunta, com delicadeza, e lembre a eles que hoje é o seu dia de falar, que estejam à vontade, que não estão em julgamento e que precisamos conhecer como agem para melhor compreendermos o seu filho. Conhecer suas aspirações sobre a sua criança diz muito sobre em que direção ela está sendo levada e quais são os valores filosóficos da educação na família. Se o entrevistador começar a dar palpites, interferirá nos resultados das respostas dos pais e invalidará as formulações de expectativas que se possam fazer sobre a criança. Na fase final da entrevista, da *pergunta 31 à 39*, haverá mais chances de se conhecerem os fatos importantes. Nesse final, eles já deverão estar mais descontraídos. Concentre sua atenção na formação de limites da criança, não com o intuito de dar crédito completo às respostas, mas de sentir se há segurança, justiça e coerência nas ações da família a esse respeito, ou se lhe parecem perdidos, ora agindo de uma maneira despropositadamente severa, ora de maneira absolutamente concessiva. Se esta for a hipótese mais provável, com certeza a criança estará em dificuldades e, possivelmente, será alvo de violência, quando a paciência dos pais se esgotar. Formule outras perguntas, seja ágil e sugestivo. Ao final da entrevista, procure imaginar o papel do pai, o papel da mãe e o lugar que a criança ocupa dentro dessa relação. Você terá feito um bom trabalho. Vide à pág. 310.

6. Impresso com normas da creche

O oferecimento de um impresso que apresente a creche com seus objetivos e normas de funcionamento, iniciado por um parágrafo de boas-vindas, é simpático, torna-se um instrumento facilitador da organização e passa uma idéia muito favorável do estabelecimento. A linguagem formal da escrita consegue sempre resultados mais positivos que aquela da linguagem coloquial, que logo pode ser esquecida; e como são muitos os assuntos importantes e do interesse de ambos, creche e pais, é bom que exista um documento com todos os esclarecimentos necessários ao bom funcionamento da instituição. Entre direitos e deveres dos envolvidos, família e creche, devem ficar estabelecidos alguns princípios e normas como as sugeridas na seguinte relação:

1. Se há uniforme, sua obrigatoriedade;
2. O que a criança deve trazer para a creche e como deve fazê-lo;
3. Horários, sua tolerância e flexibilidade;
4. Necessidade de comunicação sobre alteração de horários e como proceder;
5. Leitura e preenchimento da agenda-caderneta e sua importância;
6. Administração de remédios, autorização indispensável na agenda e procedimentos;
7. Alimentação, filosofia, horários na creche e informação sobre os cardápios;
8. Formas e períodos de pagamento da creche;
9. O atendimento a urgências e seus procedimentos;
10. Atendimento à criança que adoece na creche;
11. Afastamento de crianças com doenças infectocontagiosas, justificativas e procedimentos;
12. O pediatra da creche, suas responsabilidades e limites de ação;
13. O psicólogo da creche e suas responsabilidades e limites de ação;
14. O nutricionista e suas atribuições;
15. O orientador pedagógico e suas funções;
16. Entrevistas com profissionais especialistas da creche, por que ocorrem e como solicitá-las;
17. Outros profissionais da creche e o serviço que oferecem;

18. Período de férias, feriados e calendário de funcionamento da creche;
19. Aulas de natação (quando há) e procedimentos relativos;
20. Atividades extracurriculares e procedimentos relativos.

7. Impresso para esclarecimentos sobre importância da adaptação

É sempre interessante juntar aos esclarecimentos dados, em conversa com o responsável pela matrícula da criança, algumas informações, por escrito, sobre a importância de um bom período de adaptação e suas normas na instituição para que os pais tenham tempo de ler e discutir, juntos e com calma, sobre o assunto, e planejarem fazê-lo da melhor maneira possível. O ingresso na creche, especialmente do primeiro filho, é sempre um fato estressante, envolvido por forte emoção, gerada por dúvidas a respeito do valor dessa primeira separação, que é, na verdade, a entrega do filho à responsabilidade de uma instituição. Não raro há também muito sentimento de culpa envolvido, e isso gera grande sofrimento. O texto, por mim elaborado, pode ser substituído por outro, desde que seja simples e claro o suficiente para que atinja os principais objetivos: fazer os pais compreenderem a importância de uma boa adaptação; saberem das dificuldades da criança e dos profissionais da creche e do quanto a resposta da criança depende da atitude deles, pois é seu reflexo. Vide pág. 313.

8. Impresso para marcação do programa de adaptação

Os exemplos apresentados, como sugestão, devem acrescentar as peculiaridades da creche. Apresento dois textos diferentes: um para crianças do berçário e outro para as do maternal. A defesa da entrega de um impresso com essa finalidade visa criar um compromisso dos pais no sentido de facilitarem o cumprimento das normas estabelecidas pela creche junto a eles e, assim, melhorarem as condições do período de adaptação, minimizando, ao máximo, os problemas naturais dessa fase. O formulário deve ser preenchido na sua frente, acompanhado de explicações, procurando transmitir tranqüilidade e segurança, e não exercício de comando de ordem unida ao qual estariam sujeitos. Tudo que envolva a adaptação deve ser realizado com a delicadeza que o evento merece. Mesmo assim, pode-se pedir um recibo da entrega do documento para reforçar ainda mais a sua importância. O programa de adaptação deve ser preenchido em duas vias, ficando uma na creche, para as devidas providências, e a outra entregue aos responsáveis. Vide pág. 317.

9. Roteiro para avaliação psicopedagógica do desenvolvimento

Esse documento deve ser utilizado para auxiliar a elaboração do relatório sobre o desenvolvimento da criança, cujo registro deve ser feito de forma livre, porém obedecendo sempre a uma mesma seqüência, de acordo com um modelo preestabelecido, que abranja todos os aspectos do desenvolvimento e possa acolher os fatos mais relevantes já registrados nos cadernos de observação do educador. Os aspectos avaliados seriam relacionados às áreas da linguagem, do grafismo, sócio-afetiva, da formação de hábitos, cognitiva, motora, e haveria espaço para anotações referentes aos interesses predominantes, amigos preferidos e características marcantes. Vide pág. 318.

MODELOS DE FICHAS E FORMULÁRIOS

1. Agenda-caderneta

Página par (lado esquerdo da agenda-caderneta)

Agenda-Caderneta

Data:______________

Observações de casa:

1. Alimentação:	horário da última mamadeira: [ ]
2. Sono:	tranqüilo [ ] agitado [ ] interrompido [ ]

Observações complementares:
____
____
____

Remédios a serem administrados na creche, por minha solicitação:
________________ dosagem __________ horário __________
________________ dosagem __________ horário __________
________________ dosagem __________ horário __________
________________ dosagem __________ horário __________

Recomendações especiais:
____
____
____

Responsável pela criança:______________________________
assinatura

1.1 Agenda-Caderneta

Página ímpar (lado direito da agenda-caderneta)

Data:______________

Observações da creche:

Alimentação / Cardápio: 1 - colação ( ); 2 - almoço ( ); 3 - lanche ( ); 4 - jantar ( )

____

____

____

Refeição	comeu bem	comeu pouco	recusou
Colação			
Almoço			
Lanche			
Jantar			

Informações complementares:

Sono	
Humor	
Evacuação	
Última troca	

Observações em destaque: ____________________________

____

____

____

Responsável pela creche:____________________________
assinatura

2. *Ficha de emergência*

Um exemplo:

FICHA DE EMERGÊNCIA

Nome: Cristina Lúcia Camargo Grupo: 2 Data de Nascimento: 25/04/98

Endereço: Rua Araxá, 693 Grajaú

Mãe: Regina Lúcia R.Camargo Tel. da res.: 577-9181 Tel. cel.: 9987-4151
Tel. trab.: 221-3142

Pai: Dr. Renato Camargo Tels. trab.: 385-2266 e 443-6782 Tel cel.: 9987-4253

Pessoas que podem ser procuradas em caso de emergência:

Da. Valéria (avó materna) Tels. 571-4325 e 577-8266________________

Da. Sônia (vizinha) Tel. 577-4266________________________

Pediatra assistente: Dr. José Garcia Tel. 493-1897

Alergias: a merthiolate; a chocolate________________________

Restrição alimentar: chocolate, alimentos feitos à base de cacau e achocolatados.

Procedimentos usuais de emergência autorizados: usar álcool iodado ou simplesmente água e sabão na desinfecção de ferimentos. Não empregar merthiolate.

____

____

Doenças crônicas e procedimentos autorizados: Não há.

____

____

Portadores autorizados de rotina:

Da. Regina (mãe) e Dr. Camargo ________________________

Portadores eventuais autorizados:

Da. Valéria Ribeiro (avó materna) e Da. Rita Ribeiro (tia)____________

3. Formulário para entrevista médica

1. IDENTIFICAÇÃO
Nome ____________________
Data de nascimento ____________________
Grupo na creche ____________________

2. HISTÓRIA FISIOLÓGICA
Intercorrências na gestação ____________________
____
____
Parto ____________________
Parto normal ( ) Operatório ( ) Pré-termo ( ) A termo ( ) Pós-termo ( )
Condições de nascimento ____________________
____

Alimentação:
____
Aleitamento natural: sim ( ) não ( )
Dieta atual ____________________
____
____
Alergia alimentar ____________________
____
____
Restrições na dieta ____________________
____

Funções fisiológicas
____

Desenvolvimento psicomotor:
Idade em que sustentou a cabeça ____________________
Idade em que sentou ____________________
Idade em que engatinhou ____________________
Idade em que andou ____________________
Idade em que falou ____________________
Quando controlou os esfíncteres ____________________
Características atuais ____________________
Faz uso de chupeta ou chupa o dedo? ____________________
____
Características do sono ____________________
____

Higiene pessoal:
____________________ banho frio ( ) banho morno ( )
Produtos habitualmente usados na higiene: ____________________
____
____

3. HISTÓRIA PATOLÓGICA PREGRESSA

Patologias prévias:

Sarampo ( ) Coqueluche ( ) Varicela ( ) Parotite ( ) Rubéola ( )

Outras patologias ______________________________

Crises convulsivas ______________________________

Medicamentos usados rotineiramente ______________________________

____

Alergias ______________________________

Medicamentos usados rotineiramente para febre ______________________________

Acidentes ______________________________

4. HISTÓRIA FAMILIAR

Antecedentes:

Comprometimento neurológico ______________________________

Distúrbios visuais ______________________________

Distúrbios auditivos ______________________________

Doenças infectocontagiosas ______________________________

Manifestações alérgicas ______________________________

Outras ______________________________

____

____

OBSERVAÇÕES ______________________________

____

____

____

____

____

Data ______________ Assinatura ______________________________

4. *Formulário para entrevista psicológica*

1 — Nome da criança ....
Apelido ....
Data de nascimento ....
IC (idade cronológica) ....
Grupamento ....Turno ....
2 — Nome do pai ....
Profissão ....
Nome da mãe ....
Profissão ....
3 — A criança foi desejada? ....
4 — Como foram a gravidez e o parto da criança? ....
....
5 — Em que ordem nasceu? ....
6 — Há algo de caráter físico ou psicológico que convém mencionar?
....
7 — Tipo de habitação ....
casa de vila (   ) casa isolada (   ) habitação coletiva (   )
apartamento (   ) conjunto residencial (   )
8 — Número de irmãos.............. Idade(s)......................................
Número de irmãs................ Idade(s)......................................
9 — Com quem vive a criança? ....
10 — Além dos pais e irmãos, quem mais vive na mesma casa que a criança? ....
11 — A mãe trabalha fora?............... Em que horário? ....
12 — Com quem fica a criança durante esse período?........................
....
13 — Com quem dorme a criança? Com os pais?..............................
Sozinha? ....
Com outras pessoas (irmãos, avós, tios, babás etc.)?.................
....
14 — Com quem a criança é mais unida dentro da família? ....
15 — Costuma conversar com os pais? ....
16 — Já teve alguma emoção forte? ....
Qual?..

17 — Gosta de animais?..
18 — Quando contrariado(a), qual a reação? ....
19 — Pai e mãe adotam o mesmo regime quanto à educação do(a) filho(a)? ....
Qual ou quais? ....
20 — Houve algum acidente ou fato marcante na vida da criança?......
....
21 — Houve troca de residência recente? ....
22 — Houve perda recente de ente próximo e querido da criança? ......
....
23 — A criança deixou, recentemente, de dormir no quarto dos pais?
....
24 — Houve nascimento recente de irmão(ã)?...................................
25 — Como é a relação afetiva do casal? ....
....
26 — Precisa ser castigado(a)? ....
Como? ....
27 — Com quem brinca? ....
28 — Qual a brincadeira predileta?..
29 — Vê programas de televisão?...
Qual ou quais? ....
30 — A criança passeia?............. Onde? ....
31 — Costuma comer sozinha? ....
32 — Tem medo?...
33 — Já freqüentou escola ou creche? ....
34 — Como reagiu à experiência?..
35 — A criança quer vir para a creche?...
36 — O que acha de seu(sua) filho(a)? Como descreve sua personalidade? ....
....
....
37 — Por que o(a) senhor(a) resolveu colocá-lo(a) na creche?............
....
38 — O que o(a) senhor(a) espera da creche este ano? ....
....
39 — Ele(a) faz uso de algum objeto de transição?............................
....

Quando?..

OBSERVAÇÕES ....
....
....
....

DATA: _____/_____/_____

Assinatura do entrevistador ....

5. Impresso para esclarecimentos sobre a importância da adaptação

PERÍODO DE ADAPTAÇÃO: UM MARCO NA VIDA DA FAMÍLIA

Grupo maternal

O período de adaptação varia de criança para criança, é único e deve ser avaliado individualmente. Evite fazer comparações; mesmo os irmãos reagem diferente.

O período de adaptação de uma criança à creche é freqüentemente envolvido por muitas dúvidas, sentimentos de culpa e outras emoções muito fortes que podem desestabilizar a família por algum tempo. Com o objetivo de minimizar, ao máximo, problemas semelhantes, seria muito útil que pai e mãe lessem e discutissem, entre si, alguns pontos sobre o processo psicológico da separação, seu significado, e atentassem para alguns cuidados aqui citados.

A separação é sempre um processo doloroso, tanto para a criança, como para os pais, mas pode ser compreendida pelo seu lado positivo, pois pode gerar crescimento, quando auxilia a criança a ganhar maior autonomia e confiança em si mesma.

Todo crescimento é doloroso, pois implica sempre renúncia a uma situação anterior de proteção e conforto, mas o resultado é bom para qualquer indivíduo. O processo de adaptação é semelhante.

A decisão de colocar seu filho na creche deve resultar de uma atitude pensada, consciente e segura, a fim de que a criança não suspeite da certeza de que seus pais estejam fazendo uma coisa boa para ela. Se a criança tiver dúvidas, ficará intranqüila e assustada, o que não será bom para ela. Pode gerar medo e angústia. Não matricule seu filho na creche enquanto não estiver certo de que isso seja uma coisa boa para ele.

Esteja certo de confiar no trabalho da creche antes de iniciar o processo de adaptação. Quando os pais confiam, sentirão segurança na separação, e este sentimento se transmitirá espontaneamente à criança, que se sentirá mais segura e feliz.

Evite comentários com parentes ou amigos sobre o ingresso na creche quando a criança estiver escutando, especialmente quando você ainda estiver experimentando sentimentos de "peninha dela". Ela poderá ficar muito assustada com esse desconhecido.

Perdas recentes, como de parentes próximos, animais de estimação, troca de residência, podem influenciar negativamente no processo de adaptação, se ainda não tiverem sido bem resolvidas pela criança. É bom ajudá-la nesse sentido para torná-la mais forte emocionalmente e para enfrentar melhor essa nova experiência. Não fugir dos fatos reais e enfrentá-los é sempre o primeiro passo para resolvê-los.

O choro na hora da separação é freqüente e nem sempre quer dizer que a criança não queira ficar na creche. Ao contrário, é o impasse para decidir entre duas coisas que se opõem que a estressa. Ajude-a a tomar a decisão adequada, mostrando que você não vai desaparecer para sempre. Ela só precisa acreditar que você volta para buscá-la. Precisa confiar em você.

Ausência de choro nos primeiros dias também não significa que a criança esteja se adaptando à separação. Ela pode, apenas, estar tão deslumbrada com as novidades que não percebe a separação. Às vezes isso demora alguns dias para acontecer, e o choro fica adiado para acontecer depois.

Nessa faixa de idade é comum haver sentimentos ambivalentes. O desejo imenso de se tornar independente dos pais (ver-se livre dos pais) e a necessidade de proteção ocorrem simultaneamente.

Cuidado com a aparente adaptação. É melhor respeitar o período previsto pela creche do que forçar uma criança insegura a permanecer um longo período afastada dos pais. Isso pode interromper a adaptação e voltar à estaca zero, agora contando com menos confiança nos pais.

Fatos como retirada recente da chupeta ou das fraldas terão efeito semelhante, se ainda não estiverem bem assimilados pela criança. É melhor enfrentar uma coisa de cada vez, dando tempo a ela para resolvê-los a contento. Dosar adequadamente o nível de exigência deve ser uma busca permanente de qualquer educador.

Criança com irmãozinho recentemente nascido dificilmente enfrentará a separação para ingresso na creche com tranqüilidade. Cabe ao adulto compreender suas suspeitas e medos relacionados ao afastamento de casa e agir no sentido de levá-la a compreender seus medos. Só os enfrentando ela poderá superá-los. Fingir que eles não existem ou não são reais não a ajudará. Ignorá-los ou subestimá-los é o pior remédio.

Evite comentários sobre a adaptação da criança na sua presença. No telefone, ao seu lado, por exemplo. Isso pode deixá-la prevenida ou gerar nela fantasias sobre problemas que não existem na realidade. Vai ser difícil resolver problemas que se criam só na sua imaginação.

Cabe ao responsável entregar a criança, *colocando-a no chão* e incentivando-a a ficar na creche. Não é recomendável deixar o educador com o encargo de retirar a criança do colo dos pais. Ela não deve se sentir alvo de disputa. As intenções de deixá-la na creche devem ser claras e honestas; caso contrário, vão gerar insegurança na criança.

A sala de atividades é um espaço que deve ser respeitado, e sua presença nela, além de dificultar a compreensão da separação e adiar a adaptação, fará com que as outras crianças cobrem a presença de suas mães.

Incentive seu filho a procurar ajuda de seu educador, quando necessitar de alguma coisa, para que crie laço afetivo com ele.

Lembre-se, porém, de que o educador atende a um grupo de crianças, procurando distribuir, igualmente, sua atenção a todos; por isso ele precisa de sua ajuda para integrar seu filho ao resto do grupo.

Evite interrogatórios sobre como passou o dia na creche. Há crianças que gostam de fazer comentários; outras nunca parecem querer fazê-los. Isso é um traço pessoal.

Algumas regressões de comportamento podem ocorrer durante o período de adaptação, assim como voltar a fazer xixi no chão, pedir a chupeta, ou aparecerem sintomas psicossomáticos, tais como febre, vômitos, bronquites. Isso quer dizer que a criança está ansiosa demais e se empenhando além de suas forças. Procure a creche para, juntos, descobrirem as causas desse envolvimento emocional tão grande. Embora isso não seja uma manifestação freqüente, pode ocorrer.

Adaptação no berçário

- É freqüente o aparecimento de sentimentos de culpa, insegurança, ansiedade e ciúmes pelo "abandono" do filho na creche. Se você estiver deprimida por esse sentimento, procure discuti-lo com nosso psicólogo.
- A partir dos oito meses verifica-se "o estranhar" (nível de maturação que permite ao bebê distinguir a diferença visual entre o conhecido e o desconhecido). Nessa época a adaptação pode ficar mais difícil e levar alguns dias.

Em caso de dúvida quanto ao comportamento de seu filho ou às condutas adotadas na creche, procure a assessoria técnica, que estará à sua disposição para esclarecer tudo e ajudá-lo sempre que necessário.

6. Impresso para marcação do programa de adaptação

PROGRAMA DE ADAPTAÇÃO

Nome da criança______________________________
Grupo____________Educador____________________
Nome do responsável__________________pai ( ) mãe ( )
Início da adaptação / Data_______________Hora________

	PRIMEIRA SEMANA
1º DIA 2 horas	Permanência do responsável no pátio, visível à criança, à entrada da sala de atividades.
2º DIA 2 horas	Permanência do responsável no pátio, visível à criança, à entrada da sala de atividades.
3º DIA 2 horas	Permanência do responsável no pátio, visível à criança, à entrada da sala de atividades.
4º DIA 2 horas	Responsável deve permanecer a uma distância maior, incentivando o processo de separação e a vinculação da criança ao seu educador.
5º DIA 3 horas	Responsável deve reforçar as atitudes de iniciativa para autonomia da criança e reforçar a vinculação da criança com o educador. A criança já deve fazer uma refeição leve na creche.

	SEGUNDA SEMANA
1º DIA 3 horas	Após a entrada da criança sem demonstração de choro ou ansiedade, o adulto pode afastar-se por um período de uma hora e depois vir buscá-la, permanecendo dentro da creche até o horário de sua saída. A criança deve ver que seu responsável chegou, mas não precisa ficar junto.
2º DIA 4 horas	Tudo correndo bem na véspera, prolonga-se o afastamento por duas horas. A criança já deve almoçar na creche.
3º DIA 5 horas	Tudo correndo bem na véspera, prolonga-se o afastamento por três horas.
4º DIA 5 horas	O processo deve ser avaliado, visando ao aumento do tempo de permanência para seis horas no dia seguinte.
5º DIA 6 horas	A presença do responsável não deverá ser necessária.

	TERCEIRA SEMANA
1º DIA 8 horas horário completo	A presença do responsável não deverá ser necessária, devendo-se entrar em ritmo normal.

7. Roteiro para avaliação psicopedagógica do desenvolvimento

Este roteiro pode ser usado apenas para orientar a redação sobre a avaliação do desenvolvimento da criança, cujo registro pode ser feito de forma livre, direta, baseada nos fatos registrados no caderno de observação, de uso rotineiro, do educador responsável pela criança. A redação da avaliação ressaltaria, naturalmente, cada aspecto do desenvolvimento segundo os títulos apresentados e daria um cunho mais pessoal ao relatório. Outra sugestão seria de o impresso reservar mais espaço para observações sobre cada aspecto analisado para ser preenchido com redação livre. Ressalvo apenas que o relatório não deve ser muito longo.

NOME .... IDADE .... DATA ....

1. ÁREA DE LINGUAGEM
   frases curtas ( ) monólogo coletivo ( ) diálogo ( )
   períodos de coordenação ( ) uso de orações subordinadas ( )
   Dificuldades: sim ( ) não ( ) Especificações ....
   ....

2. GRAFISMO
   rabiscação linhas descontínuas ( ) rabiscação linhas contínuas ( ) células ( ) garatujas ( ) figuras isoladas ( ) cena simples ( ) cena completa ( )
   desenvolvimento gráfico: correspondente à idade ( )
   superior ( ) inferior ( )

3. ÁREA SÓCIO-AFETIVA
   brinca sozinha no grupo ( ) brinca com colegas ( )
   reconhece colegas pelo nome ( ) reconhece posse de brinquedo alheio ( )
   cede a vez ( ) atende a ordens ( )
   Observação sobre adaptação ....
   ....

4. FORMAÇÃO DE HÁBITOS
   escolhe o brinquedo que deseja ( ) guarda objetos pessoais ( ) ajuda na arrumação da sala ( ) lava as mãos sozinha ( ) escova os dentes sozinha ( ) despe-se sozinha ( ) veste-se sozinha ( ) usa o vaso sanitário sem ajuda ( ) come com as próprias mãos ( ) aceita vários tipos de alimento ( ) ajuda a servir alimentos sólidos ( ) ajuda na limpeza da sala ( ) gosta de ouvir histórias ( ) participa das atividades da "rodinha" (chamada, janelinha e novidades) ( )

Observações sobre autonomia já alcançada e/ou dificuldades ....
....
....

5. ÁREA COGNITIVA

reconhece as cores primárias ( ) reconhece outras cores ( ) reconhece nuances de claro e escuro ( ) identifica relações de maior x menor ( ) muito × pouco ( ) grande × pequeno ( ) mais × menos ( ) grosso × fino ( ) em cima × embaixo ( ) percebe pertinência por propriedade: ser menino ( ) ser menina ( ) ser determinada cor ( ) forma ( ) tamanho ( ) espessura ( ) e quantidade ( ) reconhece as partes do corpo ( )
Observações ....
....

Revela memória: de letras de canções ( ) de seqüência em histórias ( ) da seqüência numérica ( ) reconhece o próprio nome ( ) reconhece o nome dos colegas ( ) reconhece outras palavras ( )
Observações: domínio e/ou dificuldades ....
....
....

6. ÁREA MOTORA

sobe escada alternando os pés ( ) desce escada alternando os pés ( ) dá velocidade no balanço com impulso próprio ( ) sobe escada com desenvoltura ( ) salta obstáculo de 20cm de altura, sem cair ( ) revela capacidade de equilíbrio ( ) acompanha ritmo com movimentos do corpo ( ) segura lápis com movimento de pinça ( ) empilha objetos ( ) encaixa objetos pela forma ( )

7. INTERESSES PREDOMINANTES

....
....
....

8. MELHOR OU MELHORES AMIGUINHOS

....
....
....

9. CARACTERÍSTICAS MARCANTES

....
....
....

Rio de Janeiro, de de

____

Assinatura da educadora responsável

12

Plantas e Equipamentos

PLANTA BAIXA

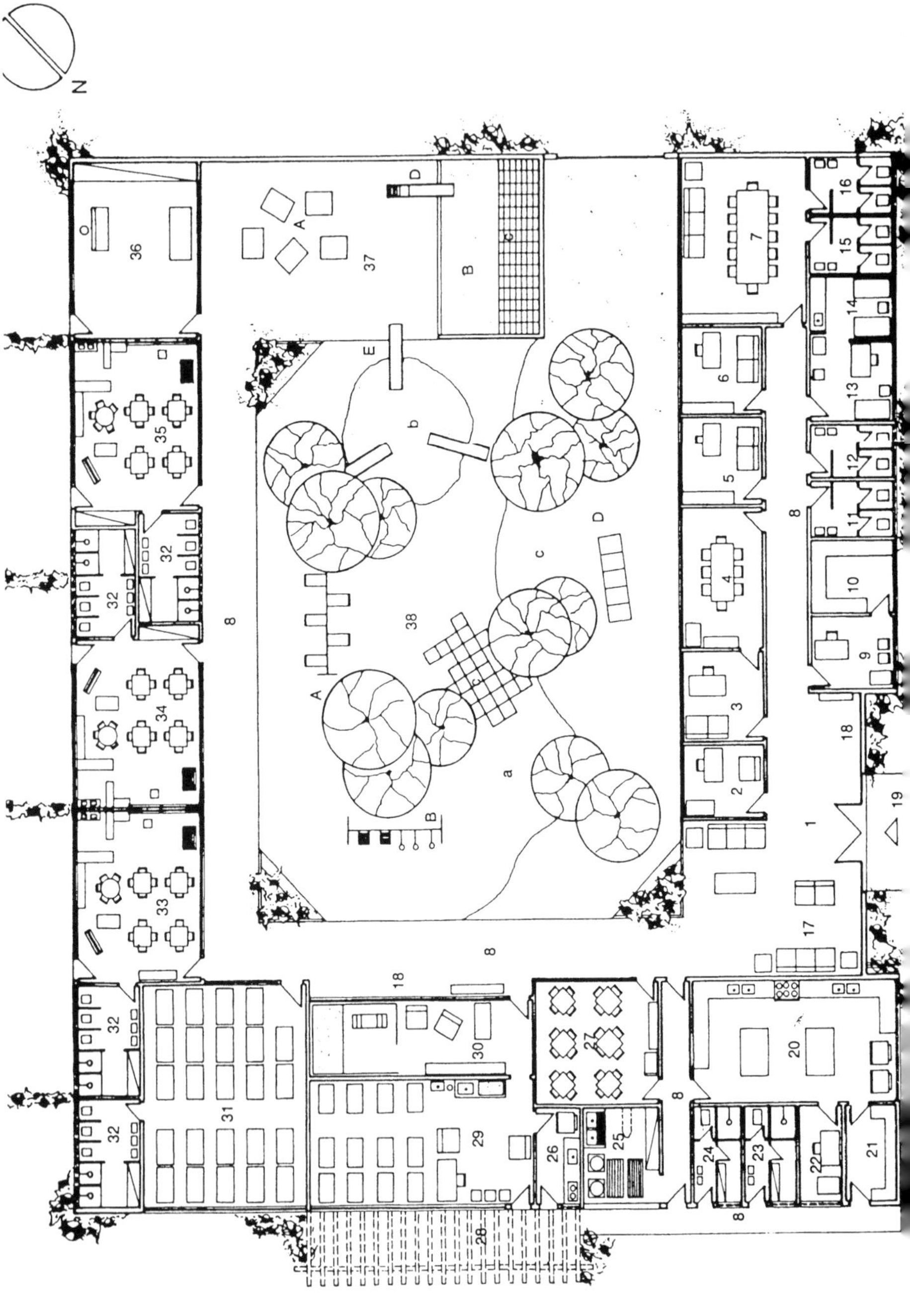

LEGENDA:

1. *HALL* DE ENTRADA
2. ASSISTENTE SOCIAL
3. GABINETE DA DIRETORIA
4. EQUIPE PEDAGÓGICA
5. GABINETE DO PSICÓLOGO
6. GABINETE DO ORIENTADOR PEDAGÓGICO
7. SALA DE PROFESSORES
8. CIRCULAÇÃO
9. SECRETARIA
10. ALMOXARIFADO
11. SANITÁRIO MASCULINO
12. SANITÁRIO FEMININO
13. GABINETE MÉDICO
14. SALETA DE ISOLAMENTO
15. SANITÁRIO DOS PROFESSORES
16. SANITÁRIO DAS PROFESSORAS
17. SALA DE ESPERA
18. ESTACIONAMENTO DE CARRINHOS DE BEBÊ
19. RAMPA
20. COZINHA
21. DESPENSA
22. GABINETE DO NUTRICIONISTA
23. VESTIÁRIO SERVENTES MASCULINO
24. VESTIÁRIO SERVENTES FEMININO
25. LAVANDERIA
26. LACTÁRIO
27. REFEITÓRIO
28. PÉRGULA
29. BERÇÁRIO
30. SALA DE ESTIMULAÇÃO
31. SALA DE REPOUSO
32. SANITÁRIO DAS CRIANÇAS
33. SALA DE ATIVIDADES MATERNAL 1
34. SALA DE ATIVIDADES MATERNAL 2
35. SALA DE ATIVIDADES MATERNAL 3
36. SALA DE MULTIMEIOS
37. PÁTIO COBERTO
    A. BLOCOS GRANDES (CONSTRUÇÃO)
    B. CAIXA DE AREIA
    C. REDE INCLINADA DE CORDAS
    D. ESCORREGADOR
38. PÁTIO DESCOBERTO
    A. BALANÇOS
    B. ARGOLAS E ESCADAS DE CORDA
    C. TREPA-TREPA
    D. MANILHAS
    E. ESCORREGADORES
       a. ÁREA COM COBERTURA DE SAIBRO
       b. CAIXA DE AREIA GRANDE
       c. ÁREA GRAMADA

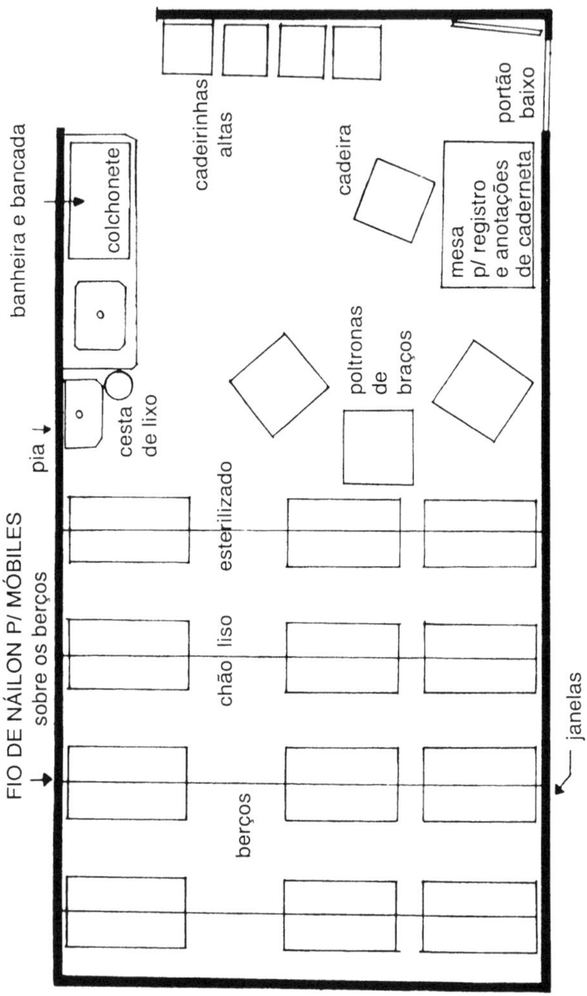

BERÇÁRIO
4.20 x 8.0
esc. 1:50

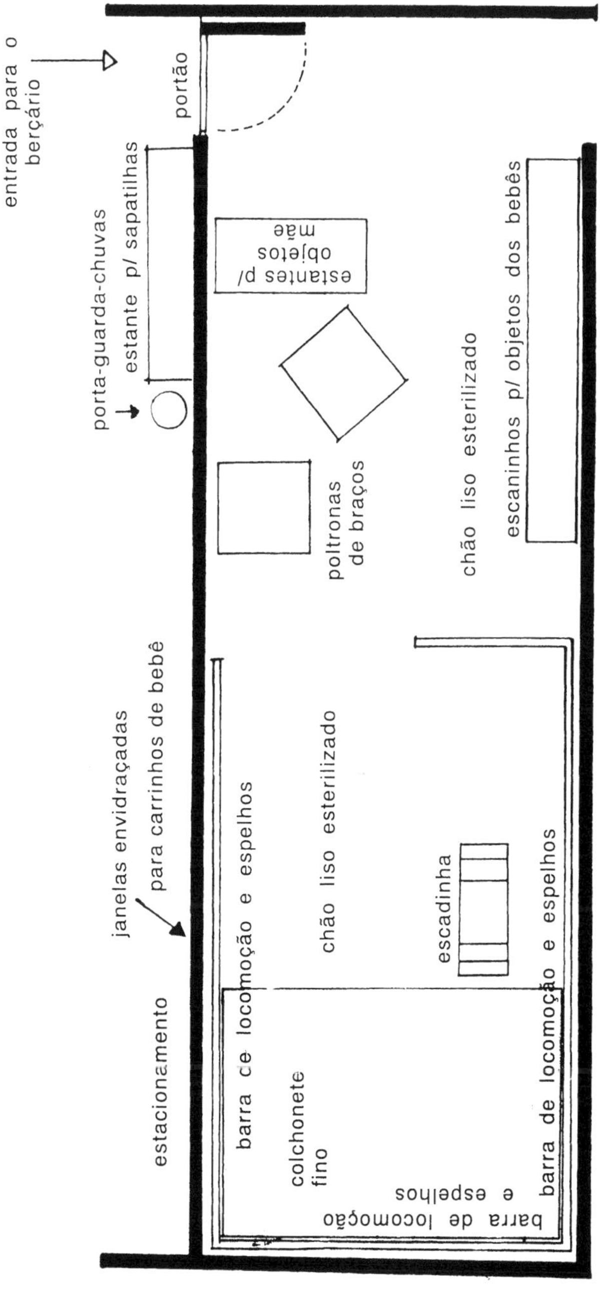

SALA DE ESTIMULAÇÃO DO BERÇÁRIO
2.60 x 8.30
esc. 1:50

LACTÁRIO E
ÁREA DE SERVIÇO
4.60 x 3.20
esc. 1:50

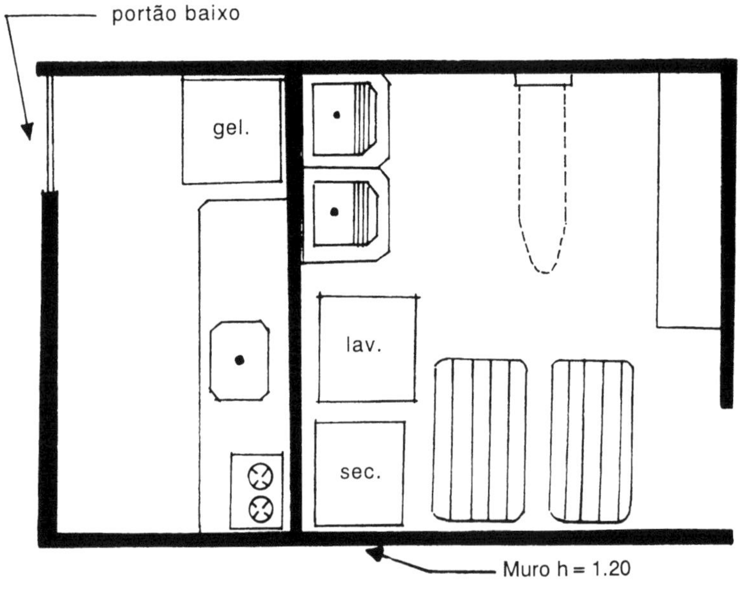

SALA DE ATIVIDADES DO MATERNAL 1
5.80 X 4.50
esc. 1:50

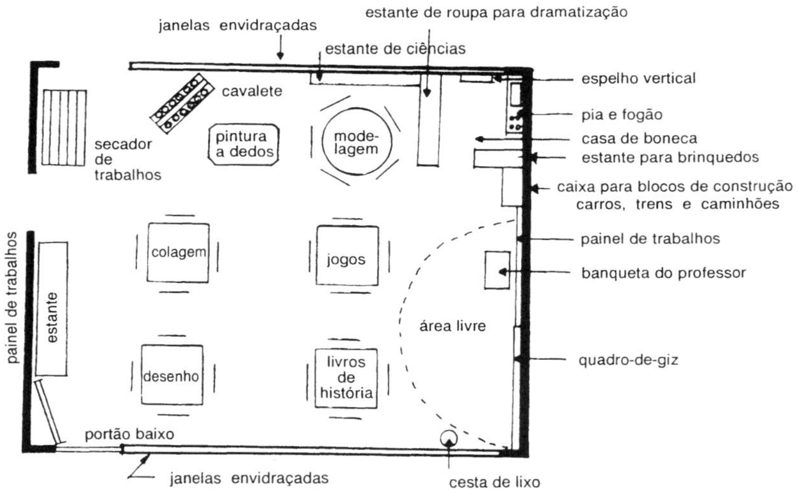

OBSERVAÇÕES:
mesas 10 x 70 x 35
secador de suspender 80 x 50
mesa de pintura a dedos 80 x 50
A sala acomoda o grupo do Maternal 1 (12 crianças)
nas atividades, nas refeições e no repouso, com
móveis agrupados e colchonetes distribuídos pelo chão

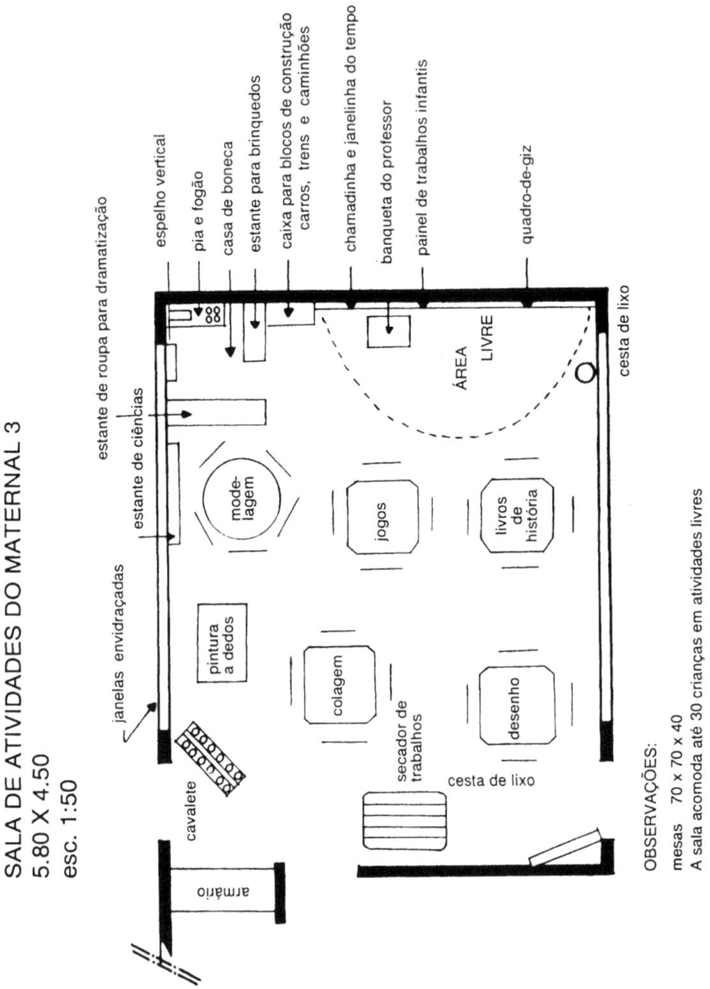
SALA DE ATIVIDADES DO MATERNAL 3
5.80 X 4.50
esc. 1:50
estante de roupa para dramatização
espelho vertical
pia e fogão
casa de boneca
estante para brinquedos
caixa para blocos de construção carros, trens e caminhões
chamadinha e janelinha do tempo
banqueta do professor
painel de trabalhos infantis
quadro-de-giz
cesta de lixo
ÁREA LIVRE
estante de ciências
mode-lagem
jogos
livros de história
janelas envidraçadas
pintura a dedos
colagem
desenho
cavalete
secador de trabalhos
cesta de lixo
armário
OBSERVAÇÕES:
mesas 70 x 70 x 40
A sala acomoda até 30 crianças em atividades livres

SALA DE REFEIÇÕES
4.20 x 4.50
esc. 1:50

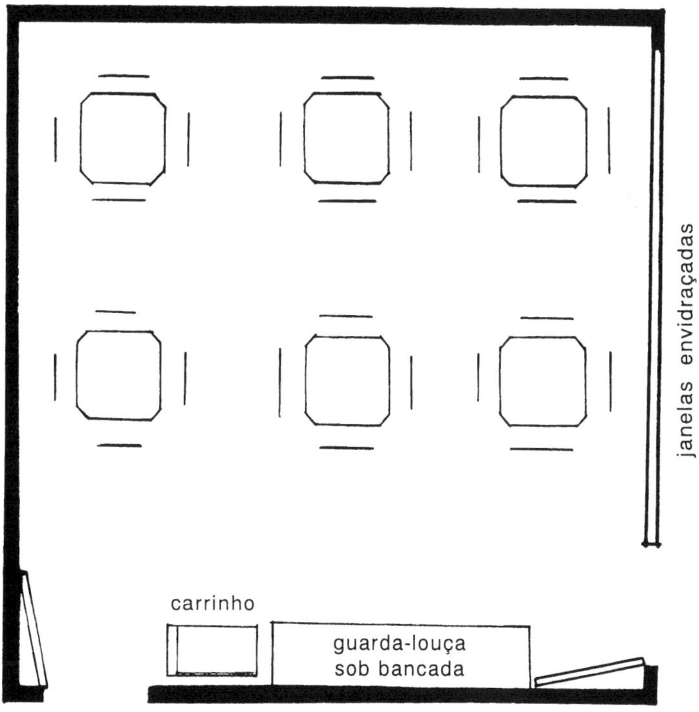

OBSERVAÇÕES:

mesas 60 x 60
bancada 100 x 0.40
carrinho 65 x 35

A sala pode ser adaptada para receber o grupo de Maternal 1 para repouso.

SALA DE MULTIMEIOS
6 x 4.50
esc. 1:50

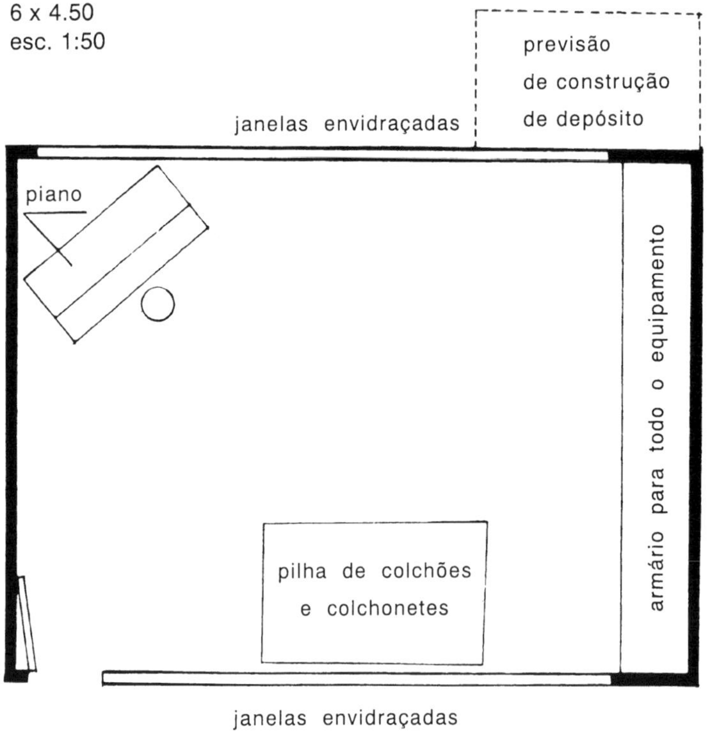

OBSERVAÇÃO:

A sala acomoda o grupo do Maternal 3 para repouso, com colchonetes estendidos no chão.

BRINQUEDOS DA ÁREA EXTERNA

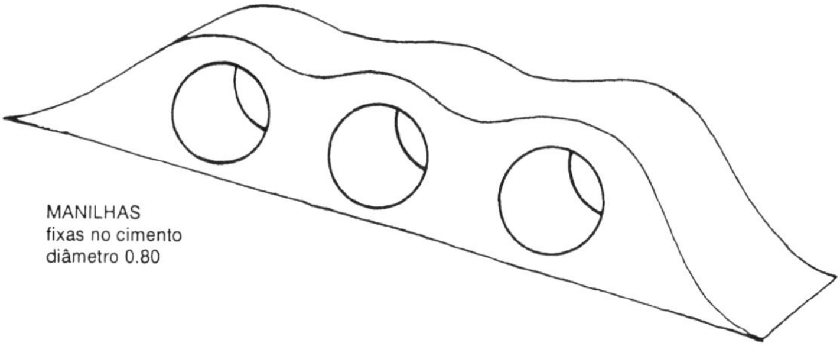

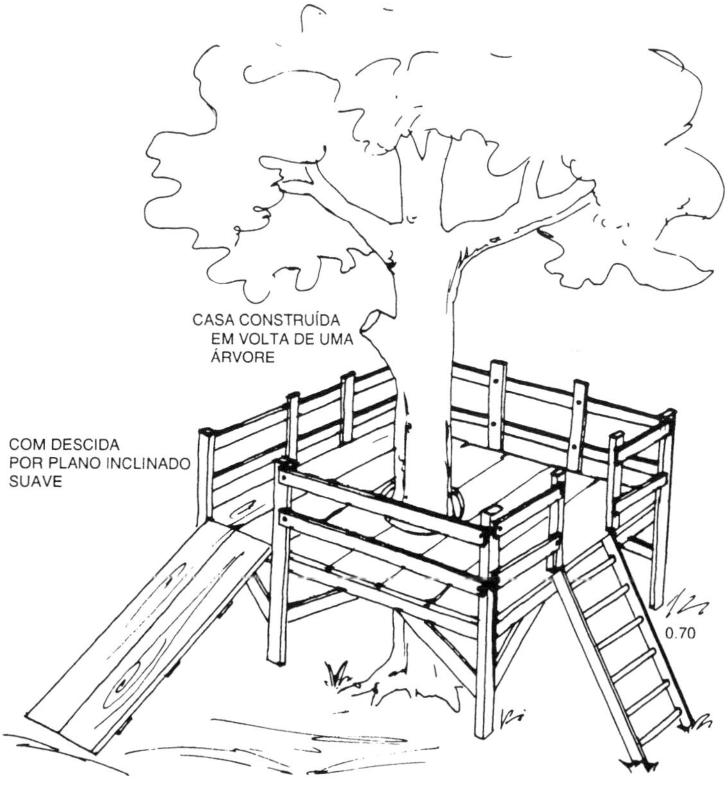

BRINQUEDOS DA ÁREA EXTERNA

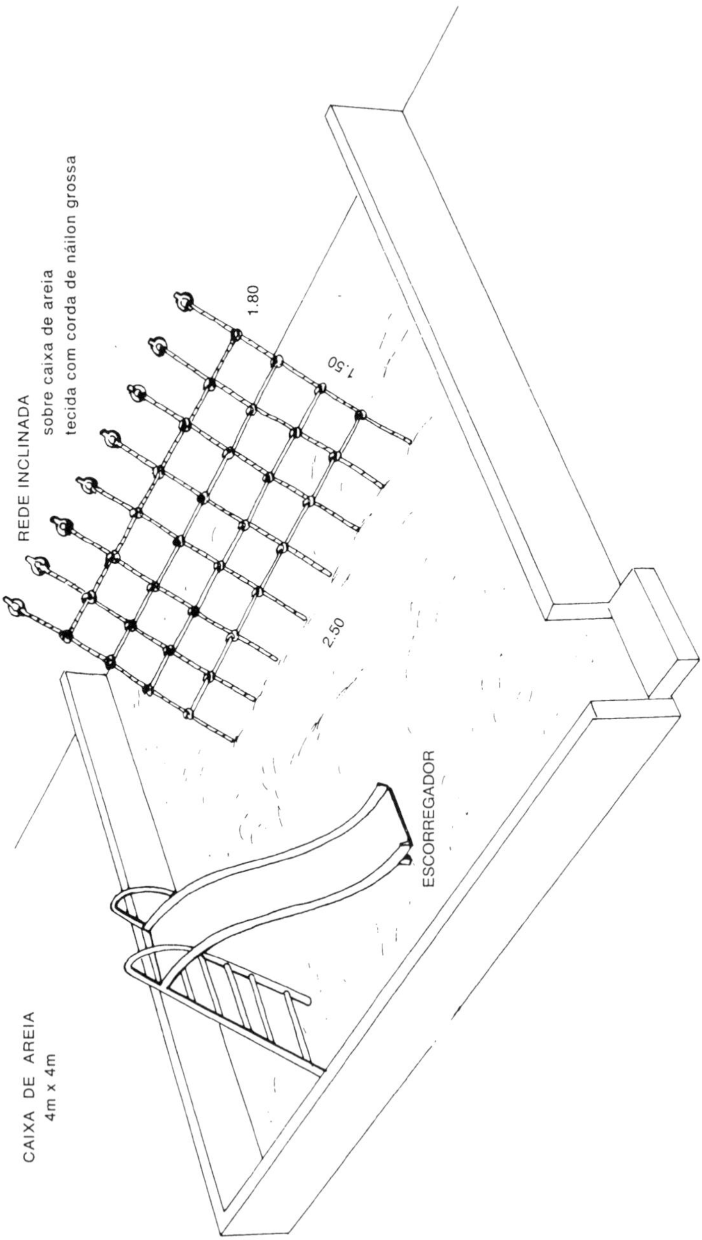

BRINQUEDOS DA ÁREA EXTERNA

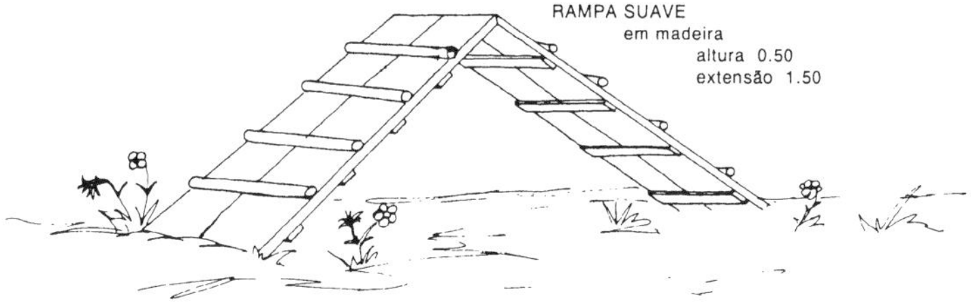

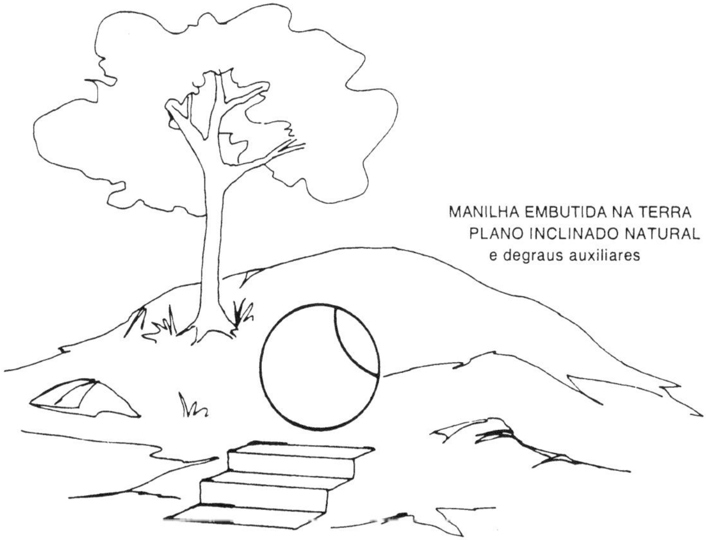

BRINQUEDOS DA ÁREA EXTERNA
estímulos à dramatização livre

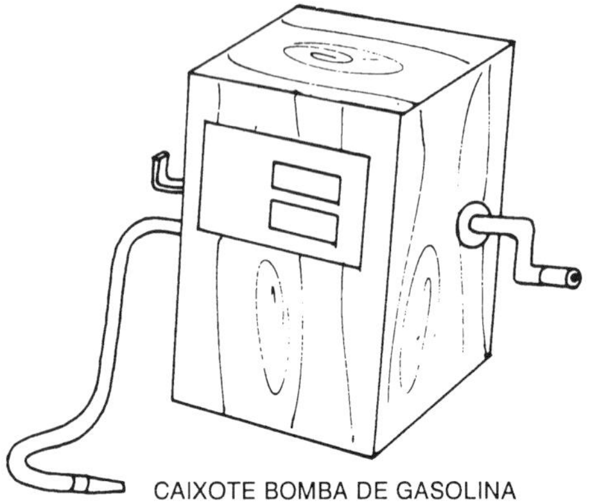

CAIXOTE BOMBA DE GASOLINA

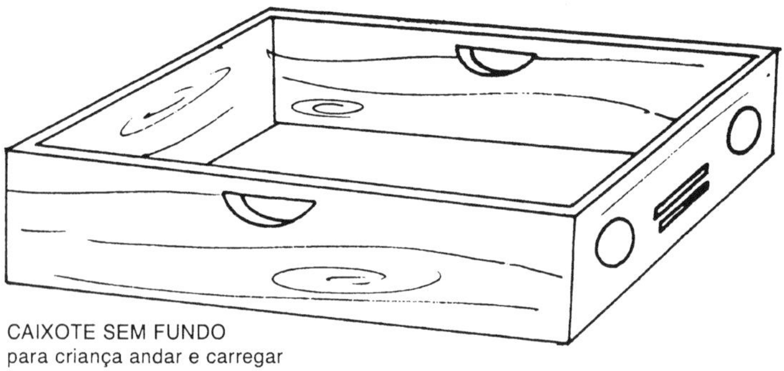

CAIXOTE SEM FUNDO
para criança andar e carregar

CAIXOTE
para sentar e "dirigir"

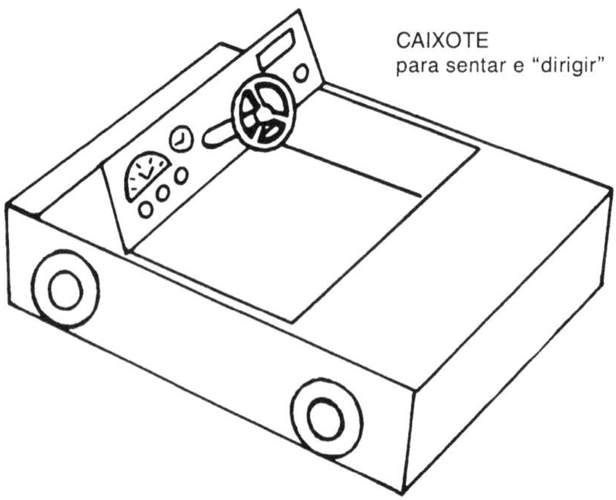

BRINQUEDOS DA ÁREA EXTERNA
estímulos à dramatização livre

PIA-BANCADA E FOGÃO PARA CASA DE BONECA

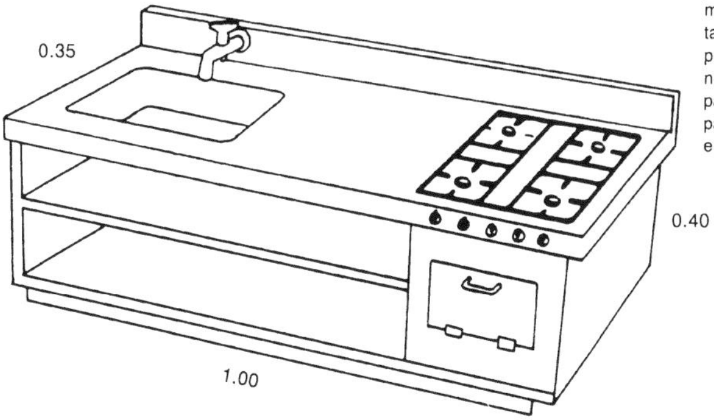

peça construída em madeira; fogão pintado sobre o tampo; botões e torneira aplicados; a parte inferior serve para guardar louça e panelas.

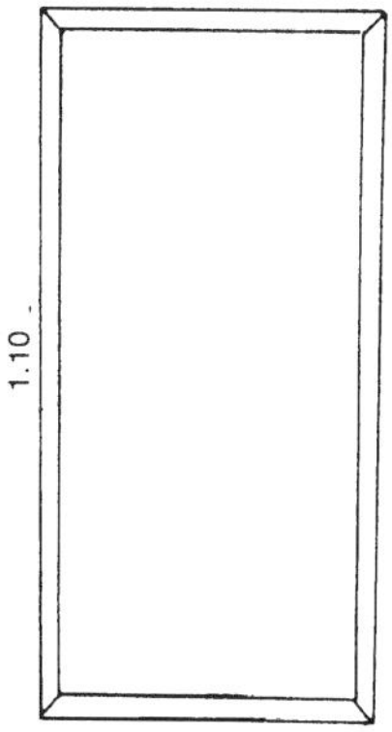

espelho vertical

CONJUNTO PARA CASA DE BONECA
estante para roupa, sapatos, chapéus e acessórios

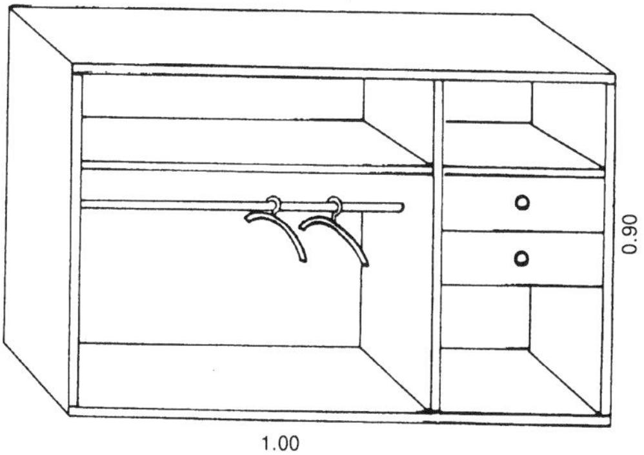

SALA DE ESTIMULAÇÃO
Equipamentos essenciais

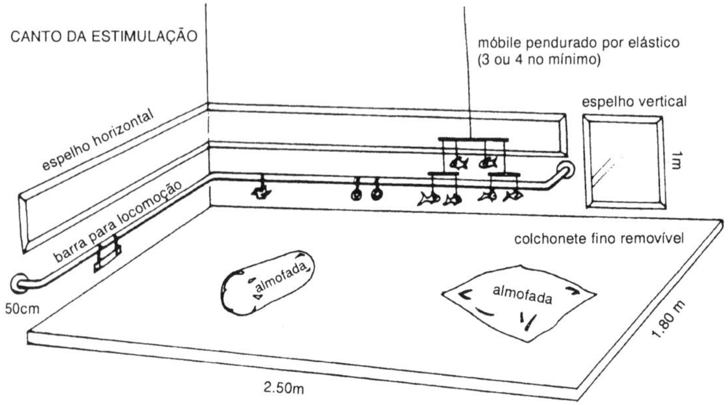

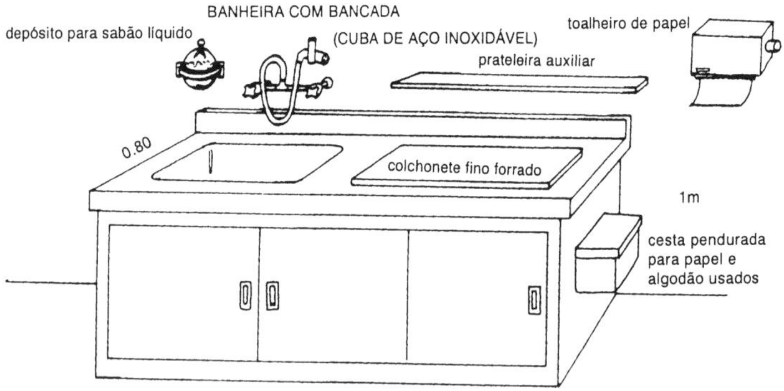

BERÇÁRIO E DORMITÓRIO INFANTIL

Tamanho padrão mínimo das camas

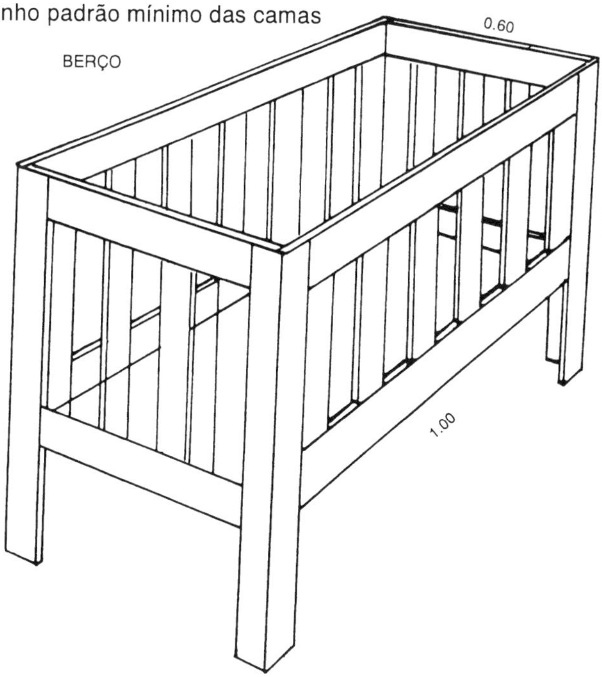

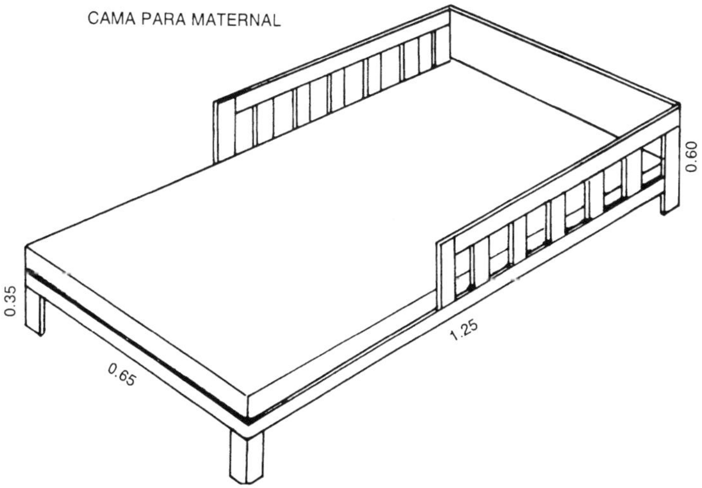

13

IMAGENS DA CRECHE

ROTINAS DE SAÚDE

FORMAÇÃO DE HÁBITOS ALIMENTARES

Por volta dos 18 meses, as crianças devem ser encorajadas a comer com suas próprias mãos. A presença do adulto, no entanto, é fundamental para oferecer apoio, proteção, carinho e auxílio maior quando necessário. A proximidade dos coleguinhas, proporcionada por pequenas

mesas, quadradas ou redondas, é estimulante e facilitadora do ato da alimentação. O tipo de alimentação variada, planejada por um bom profissional nutricionista, é normalmente bem aceita pela criança da creche, diferente do que acontece em casa, onde as atenções ficam naturalmente dirigidas exclusivamente à criança. É de pequeno que se formam os bons hábitos de comer à mesa com autonomia e de comer de tudo com satisfação.

HIGIENE CORPORAL

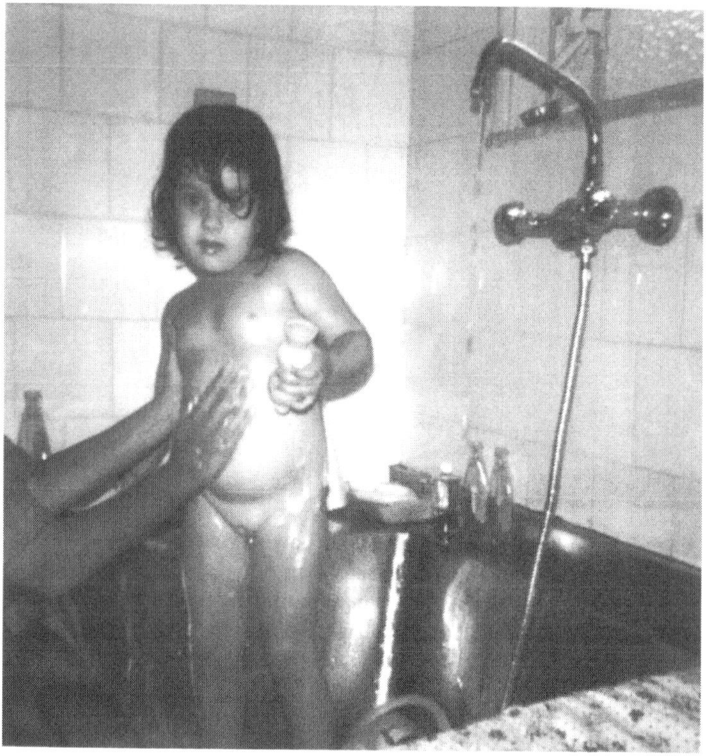

Nenhuma criança pode ser manipulada fria ou mecanicamente; ela precisa, mesmo quando maiorzinha, de muito carinho e respeito no toque de seu corpo. A higiene deve ser sempre um momento de alegria, afeto e respeito a sua pessoa. Os hábitos de higiene se formarão pela repetição de ações que sejam gratificantes e possam ser lembradas com prazer.

LEITURA E REGISTRO NAS CADERNETAS

A leitura e o registro de informações na caderneta ou agenda individual do bebê fazem parte da rotina obrigatória da creche, especialmente do berçário, e se constituem em responsabilidade do auxiliar de enfermagem ou do educador responsável pelo setor ou grupo específico da creche.

CONTROLE DOS ESFÍNCTERES

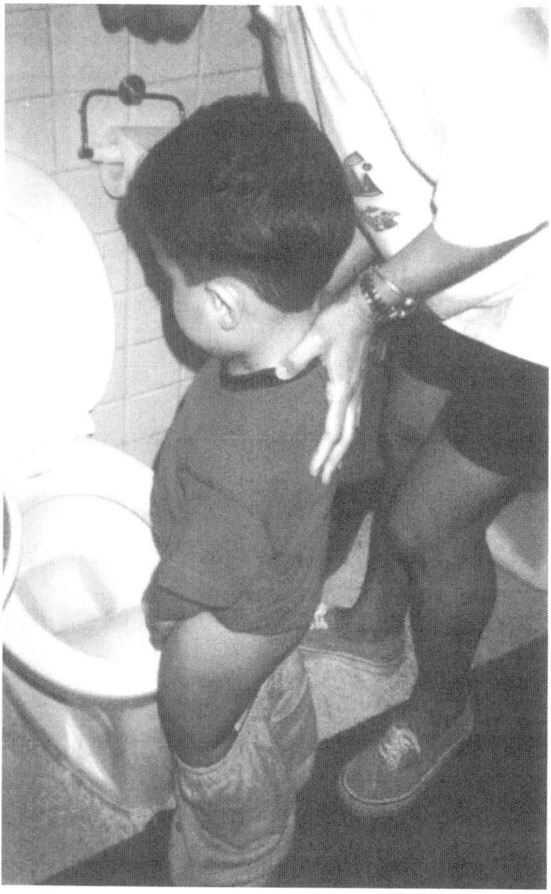

O controle dos esfíncteres é gradativamente conquistado pela criança com o apoio carinhoso, tranqüilo e tolerante do adulto educador. É preciso paciência, rotina de horários e assistência permanente, levando-se em consideração um período pequeno de tempo, após a ingestão de líquidos, para que seja feito o convite para urinar.

ESTIMULAÇÃO DO DESENVOLVIMENTO

O BEBÊ É RECEPTIVO À VOZ HUMANA

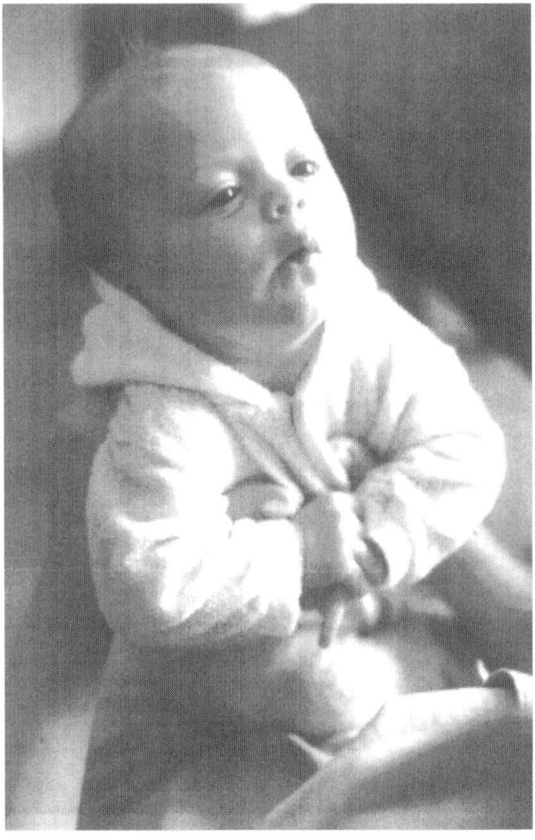

O educador-estimulador deve continuar, na creche, o papel da mãe na sua ação de orientar e estimular o filho na exploração do meio ambiente, de forma oral-afetiva, não-sistemática e apoiada nas oportunidades de estímulo do ambiente. Voz suave, baixinha e melodiosa consegue sempre a atenção do bebê, que assim entra em sintonia com o adulto. Esta é a forma básica e inicial do conhecimento e da compreensão da linguagem dos falantes à sua volta. Bebê no colo, enlaçado pelas mãos do adulto, face a face com ele, numa situação prazerosa. Assim começa a estimulação.

A RELAÇÃO ADULTO-BEBÊ PRECISA SER PRAZEROSA PARA AMBOS

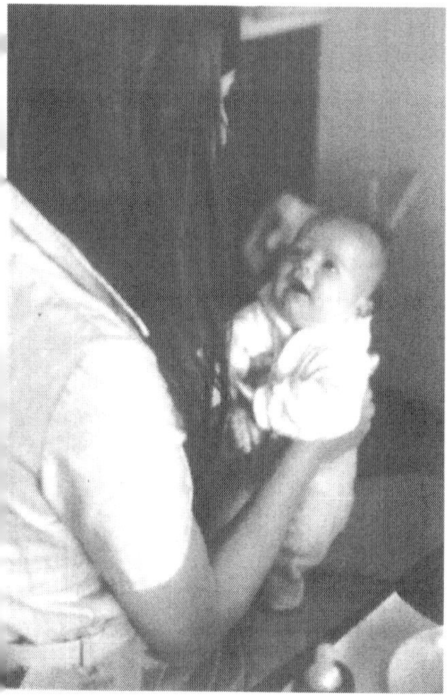

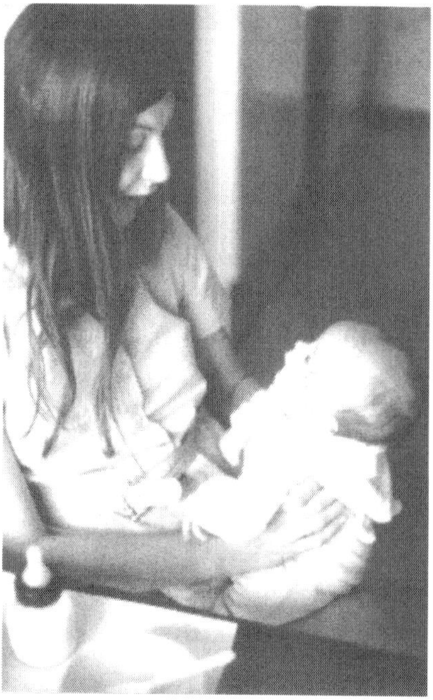

É preciso que adulto e bebê estabeleçam uma relação completa de corpo, pensamento e emoção para que a linguagem do adulto chegue à criança. Do contrário, não haverá troca, nem estimulação. O *feedback* que o bebê dá ao adulto é pequeno; é preciso que o adulto seja sensível e receptivo aos seus sinais.

A AMAMENTAÇÃO POR MAMADEIRA

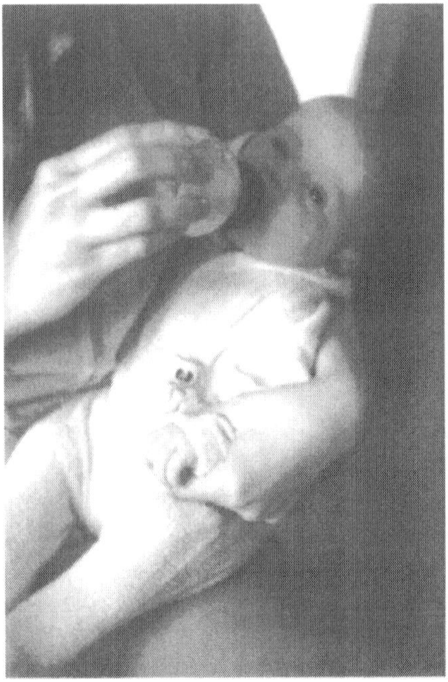

Nada deve ser feito mecanicamente. O desabrochar do ser humano exige, além de cuidados de higiene e alimentação, relações de base afetivo-social que lhe proporcionem estímulo para o desenvolvimento saudável da sua vida emocional e intelectual. A mamadeira pode substituir a amamentação no peito, desde que realizada com a criança enlaçada pelo abraço carinhoso do adulto e recostada em seu colo.

ESTIMULAÇÃO PSICOPEDAGÓGICA

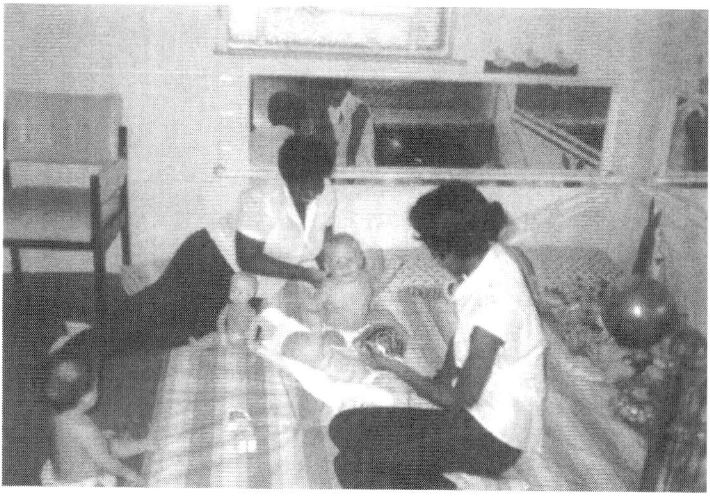

O aspecto mais importante da estimulação é o estabelecimento de uma relação afetiva gratificante entre o bebê e o adulto. Naturalmente, os brinquedos, móbiles, almofadões de diferentes formas e cores, o espelho vertical e horizontal e uma barra de locomoção são elementos indispensáveis, pois são estimuladores e facilitadores da ação motora e intelectual da criança. Uma sessão de 20 minutos pela manhã e outra à tarde serão suficientes, mas nada deve ser rígido. Um canto do berçário pode ser perfeitamente adaptado para esta finalidade.

Estimulador e bebês empenham-se com interesse e alegria na mesma brincadeira. O entusiasmo é contagiante.

ESTIMULAÇÃO PSICOPEDAGÓGICA

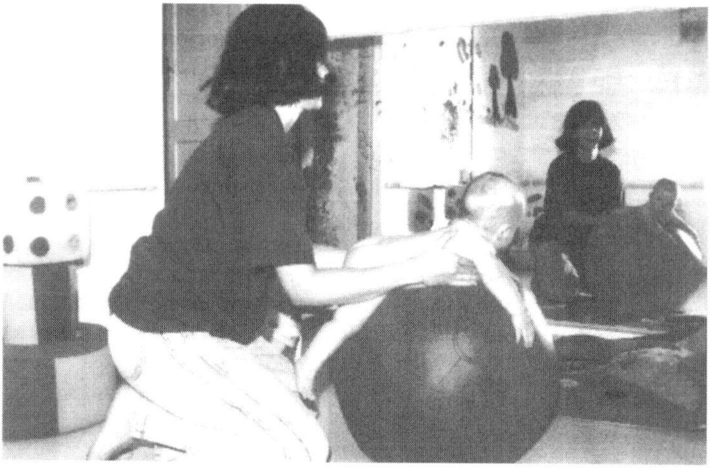

Brincadeiras de rolar sobre uma bola ou chão acolchoado, em frente ao espelho, numa relação de afeto positiva com o adulto, que atua de forma cooperativa e prazerosa com o bebê, devem fazer parte do elenco de brincadeiras de estimulação.

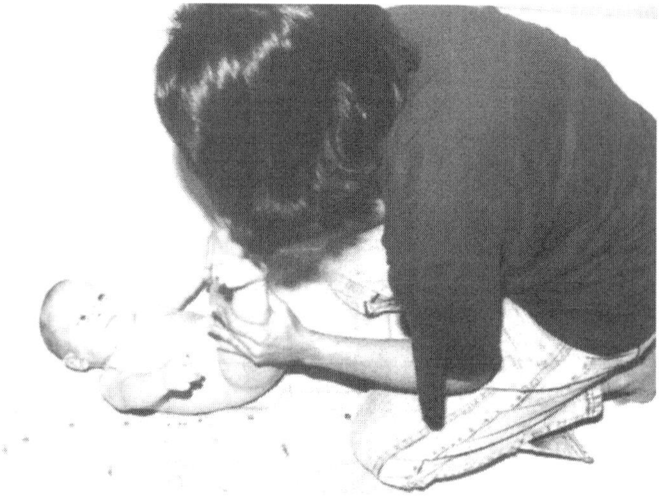

A estimulação sensorial do corpo do bebê acontecendo dentro de uma relação afetiva, saudável e prazerosa com a psicóloga, numa forma de massagem suave que estimula o conhecimento do seu corpo por sensações agradáveis e relaxantes.

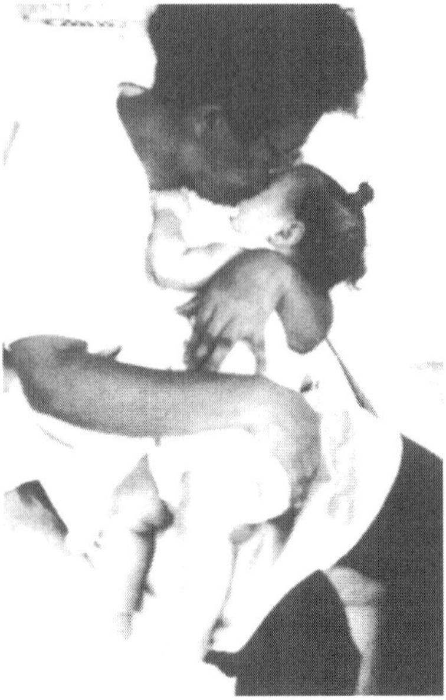

O bebê precisa de aconchego e carinho. Precisa ser abraçado e embalado para se desenvolver saudável e emocionalmente. Uma boa creche precisa oferecer isso através de funcionários competentes e afetivamente disponíveis, em princípio, seguros e satisfeitos emocionalmente consigo próprios.

Disponibilidade afetiva é a característica mais importante e indispensável do funcionário que lida com os bebês de três meses a três anos.

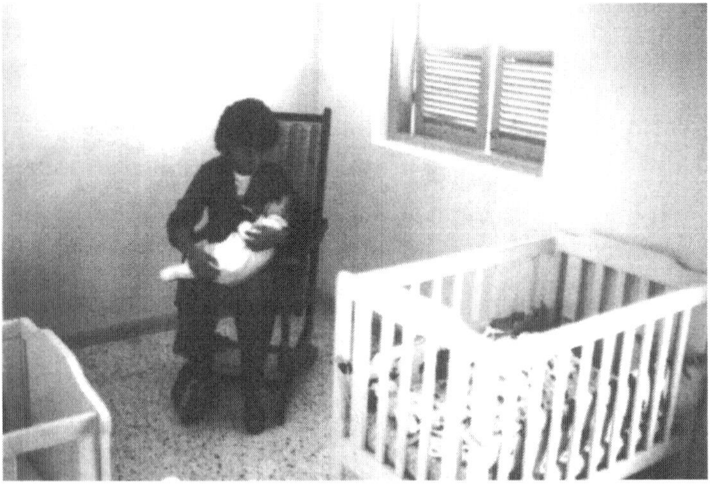

Uma boa cadeira de balanço pode oferecer o conforto necessário ao adulto e ao bebê, que será embalado em momentos que precise de uma atenção maior para sua tranqüilização. A sala de isolamento é onde mais se justifica, pela necessidade específica e por ser um local sem bebês que engatinhem nas suas proximidades, pois há sempre o risco de prenderem os dedinhos num dos seus pedais, o que não seria admissível.

ESTIMULAÇÃO NO BANHO

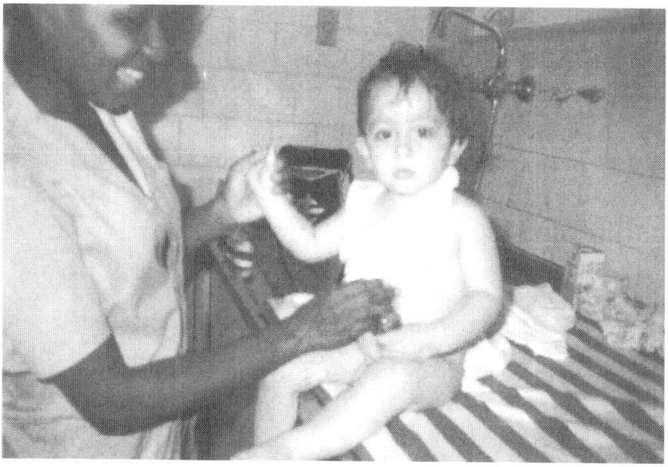

O banho deve ser sempre um momento de estimulação na educação infantil. A higiene é um momento oportuno de contato físico do adulto com o bebê, em que este deve ser acariciado com muito carinho e respeito. O adulto deve conversar baixinho e brincar com ele, estimulando seu desenvolvimento sensório-perceptivo, motor e intelectual, de forma afetiva e natural.

BRINCANDO DE RODA COMO ESTIMULAÇÃO

As brincadeiras de roda, animadas pela professora, são estímulos ao estabelecimento de laços afetivos entre o grupo. A foto foi tirada durante o período de adaptação, e duas mães, ao fundo, acompanham, a uma certa distância, as brincadeiras dos filhos para se sentirem seguras e lhes transmitirem essa segurança.

Estimulação no Berçário 2. A brincadeira de esconde-esconde ainda desperta muito interesse.

Maternal 1 e Maternal 2 usufruem do prazer de brincadeiras no chão, com jogos de encaixe. A participação ativa do adulto é fundamental à estimulação.

QUALQUER CHORINHO MERECE ATENÇÃO

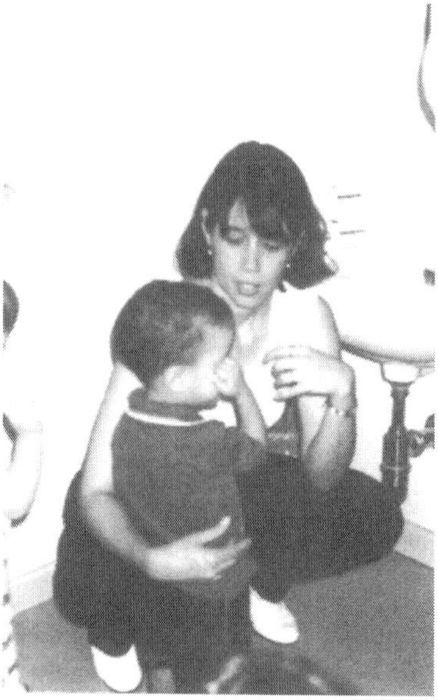

Encaminhando a criança para um cantinho mais calmo da sala de atividades, a psicóloga Emília abaixa-se, envolve-a num abraço e escuta seus lamentos e mágoas com atenção e carinho, mostrando-se interessada em ajudá-la. O adulto da creche tem que conquistar e saber manter a confiança da criança, no dia-a-dia, para ajudá-la a tornar-se segura e feliz. Observe-se a pia guarnecida com toalha de mão, no canto da sala de atividades.

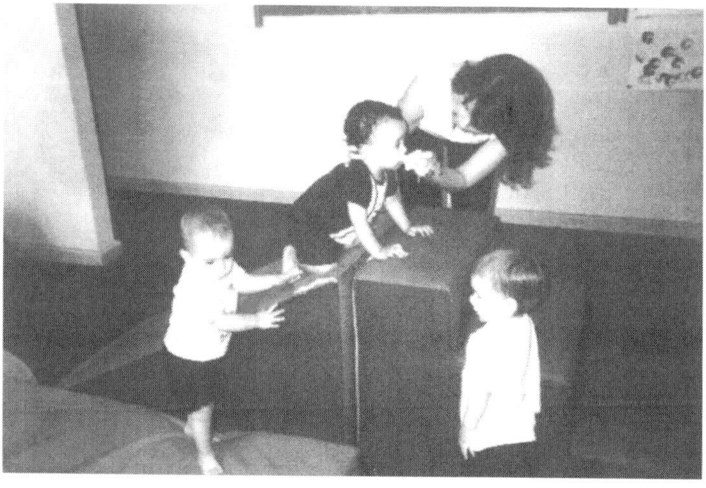

Uma paradinha no alto da "escalada" do brinquedo para enxugar o nariz que escorria. As situações devem ser naturais em que não há momentos especiais para higiene e carinho e para cuidado, destacados dos momentos de brincadeira. Estes blocos de espuma podem fazer parte do material da sala de multimeios ou do espaço de estimulação específico do Berçário 2 ou Maternal 1.

ESTIMULAÇÃO NA HORA DA PAPINHA

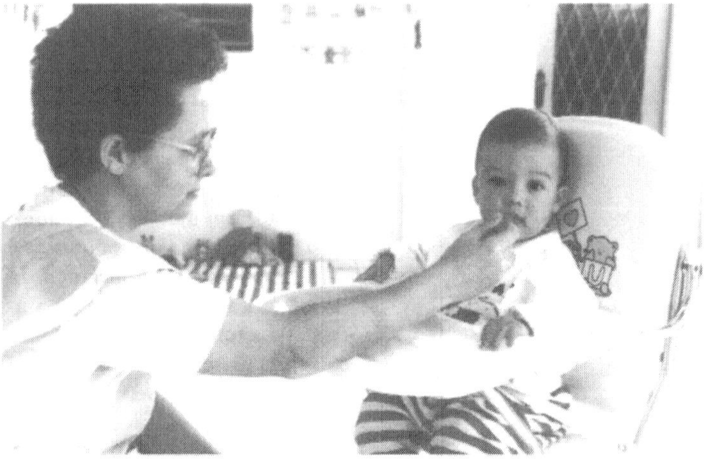

A estimulação oral-afetiva deve ocorrer em qualquer momento do dia. Higiene e alimentação com carinho, conversinha e muita tranqüilidade fazem parte de um bom currículo de estimulação. Bebê comendo a papinha no cadeirão do berçário.

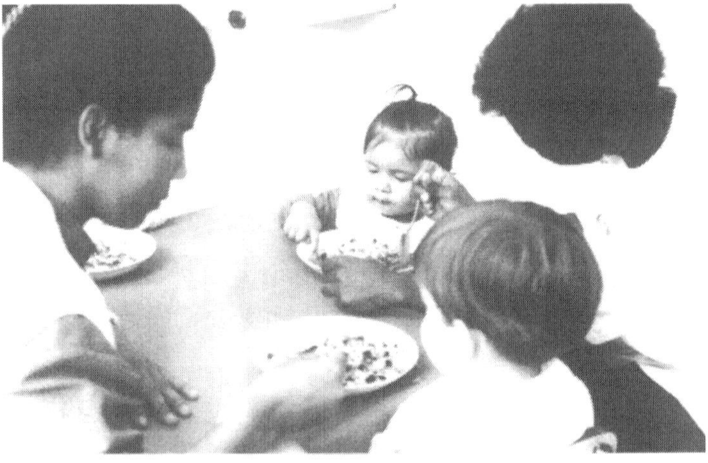

A cooperação do adulto não deve eliminar a iniciativa da criança. Ora um, ora outro devem se revezar no uso da colher. A alimentação em grupo deve ser sempre revestida de caráter social, em que a conversa deve ser estimulada.

JOGOS DE CONSTRUÇÃO COMO ESTIMULAÇÃO

O material é atraente e possibilita vários tipos de construção. O espaço é livre e asseado, permitindo ótimo aproveitamento do chão.

Crianças de três e quatro anos podem ter o desenvolvimento de suas estruturas lógicas estimulado por atividades de construção com peças geométricas de tamanho e cores variados.

AMBIENTES E EQUIPAMENTOS

SALA DE ATIVIDADES DO MATERNAL

Crianças entre dois e quatro anos e entre quatro e seis anos

A sala para crianças do maternal, entre dois e quatro anos, deve ser provida de mesas para atender a pequenos grupos que se formem espontaneamente por afinidade, muitas estantes, cestas organizadoras para brinquedos, livros e jogos e caixas cilíndricas altas para acolher rolos de papel.

Cestas plásticas coloridas podem se transformar em excelentes organizadores para armazenagem de material da sala: separam-no, guardam-no e o mantêm visível, substituindo, com vantagem, as gavetas de madeira, pois são mais leves e laváveis.

SALA DE ATIVIDADES DO MATERNAL E JARDIM

Crianças entre dois e quatro anos e entre quatro e seis anos

Pia baixa, gancho porta-toalha de mãos e uma série de outros ganchos para pendurar as mochilas individuais são equipamentos indispensáveis à montagem de uma sala de atividades adequada ao trabalho da creche.

Tudo pode caber nas estantes baixas da sala, até mesmo as almofadas. Livros, jogos e brinquedos devem estar sempre disponíveis e acessíveis à criança. A utilização e guarda do material vão gradativamente educando a criança e estimulando-a a fazer um trabalho de classificação lógica.

SALA DE ARTES

A sala de artes deve ser planejada para atender crianças de dois a seis anos e 11 meses.

Excelente modelo de pia para a sala de artes: baixa, com várias torneiras e espaço para lavagem de baldes, potes de tinta, pincéis e panos de limpeza.
Observe-se que, mesmo construída a 50cm do chão, crianças de três anos ainda precisam ficar nas pontinhas dos pés.
Piso cerâmico lavável e secadores de trabalhos sobre a longa pia.

SALA DE ESTIMULAÇÃO DOS GRANDES MOVIMENTOS

Grandes blocos de espuma, forrados de material colorido, lavável e resistente, em diferentes formatos, proporcionam excelentes brincadeiras de rolar, escorregar, engatinhar e trepar para crianças do berçário, quando começam a andar.

A participação cooperativa do educador é essencial às brincadeiras.

SALA DE REFEIÇÕES IMPROVISADA

Uma sala de atividades pode ser transformada numa excelente sala de refeições. O local de refeições precisa oferecer, além das condições indispensáveis de higiene, um ambiente alegre e propício a conversinhas que estimulem o apetite e a formação de hábitos adequados. Visão de um grupo entre dois e três anos.

SALA DE REFEIÇÕES ESPECIAL

O refeitório pode ser equipado com ventiladores de teto e mesinhas redondas, que estimulam a formação de grupinhos por afinidade e a conversa entre as crianças.

Ao fundo do refeitório fica o passador de pratos, que simplifica a movimentação, abolindo a circulação de pratos e bandejas pelo corredor da creche.

COZINHA

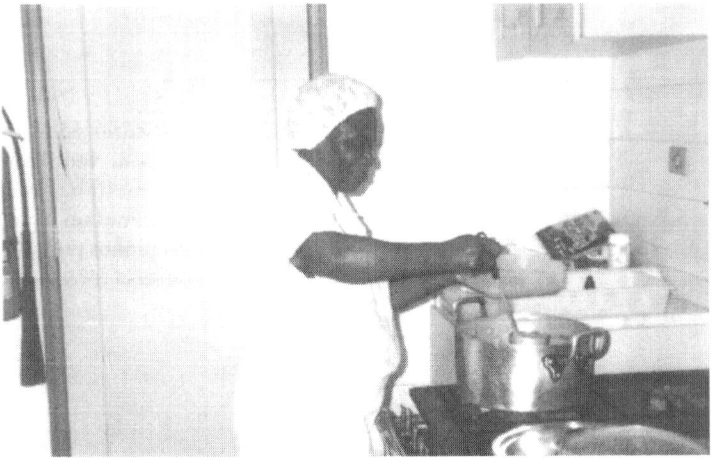

Uma cozinha bem planejada se mantém arrumada, mesmo após servir 150 refeições, e permite a realização de lavagem de louça e panelas simultaneamente à elaboração da próxima refeição; no caso, o jantar para as crianças que ficam até mais tarde na creche.

Uniformizadas, de cabelos presos e cobertos, vestindo aventais sobre o uniforme, a cozinheira e sua auxiliar mostram o apuro e a seriedade do trabalho numa boa creche, às 16h45min.

BERÇÁRIO

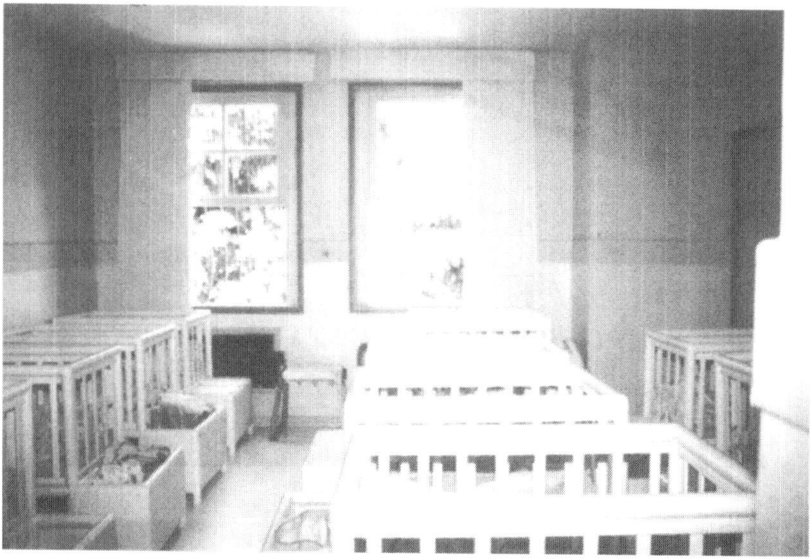

Berçário claro e ventilado por janelões abertos, asseado, com berços cujas bordas são feitas por tubos de material plástico, lavável, sem quinas, com grades revestidas, internamente, por protetores (acolchoados) de berço, forrados por tecidos estampadinhos individualizados. Ao lado de cada berço, uma arca acolhe o material de cada bebê e sustenta sua mochila.

Os móbiles sobre os berços, que completariam adequadamente o berçário, haviam sido retirados para substituição.

Excelente modelo de acondicionamento de pantufas ou sapatilhas para uso nas dependências do berçário, separadas em dois cestos — para limpas e usadas — que, colocados a 1,20m de altura na parede, facilitam o manuseio e evitam o esforço de pegá-las, caso estejam no chão.

BANHEIRO DO BERÇÁRIO

Crianças entre três meses e um ano e 11 meses

A cuba para banho dos bebês deve ser assentada em uma bancada a 1m de altura. Esta bancada pode ser feita de mármore, como a da foto, em granito ou em aço inoxidável, para permitir uma higienização perfeita. Deve ser forrada por colchonete, revestido de tecido impermeável e forrado com fraldão individual da criança, na hora do uso. Ao lado, um cesto para recolher as fraldas sujas, por um certo tempo. A banheirinha deve ser equipada com chuveiro colocado na ponta de um tubo flexível. Os brinquedos fazem parte do material lúdico, obrigatório do banho, a fim de transformá-lo numa atividade prazerosa de estimulação.

BANHEIRO DO MATERNAL E JARDIM

Crianças entre dois e quatro anos e entre quatro e seis anos

Todo o equipamento das instalações sanitárias deve obedecer ao tamanho da criança, de acordo com a sua idade: de dois a quatro anos e de cinco a seis anos.

Dois ângulos do banheiro do maternal, para crianças de três a quatro anos. Privadas baixinhas e pias para adulto e criança.
A higiene das mãos do adulto é fundamental para preservação da saúde das crianças, devendo ser feita imediatamente após atender a cada uma no uso do vaso sanitário ou na troca de fraldas. Muitas das crianças deste grupo ainda estarão formando hábitos de controle dos esfíncteres.
Para o adulto há um dispensador de toalha de papel descartável, fora do campo da foto; e para a criança um pendurador de toalha de pano, trocada a cada expediente.

BANHEIRO DO MATERNAL

Crianças entre dois e quatro anos

Na montagem do banheiro todos os detalhes devem ser observados: dispensador de toalha de papel e organizadores para xampu e saboneteiras individuais da criança.

Chuveiros com piso elevado a 50cm do chão, forrado com material antiderrapante e protegido com placa de mármore para impedir que os respingos do banho molhem o adulto. Os brinquedos ficam sobre o parapeito da janela, à disposição da criança.

A altura correta das bancadas ao lado das pias de banho, a 1m do chão, facilita o trabalho do adulto, diminuindo o seu esforço e proporcionando-lhe uma postura correta da coluna. O conforto do trabalho adulto se reflete na sua disponibilidade afetiva para o adequado atendimento à criança.

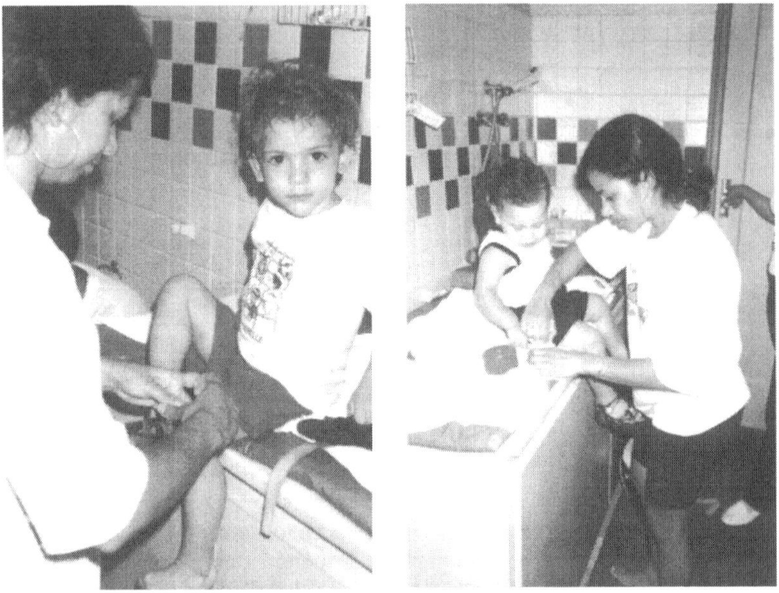

A hora do banho e da troca de roupa também faz parte da educação infantil e deve ser motivo de conversinhas e prazer para ambos, adulto e criança.

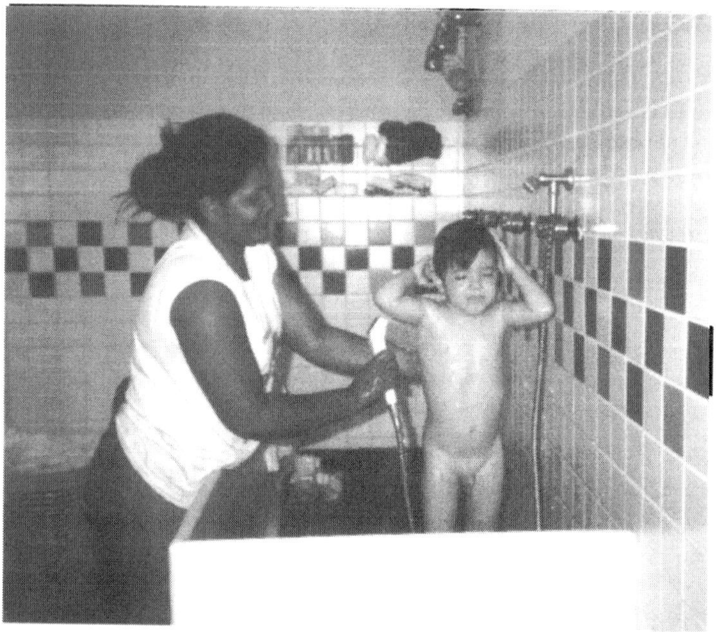

Todo o equipamento sanitário deve visar sempre ao conforto e higiene do adulto e da criança.

ÁREA EXTERNA NATURAL

Verde, muito verde de vegetação natural. Árvores, folhagens e chão de terra criam um ambiente de inestimável riqueza para estimular a curiosidade exploratória da criança. Esta atividade deve fazer parte obrigatória da educação infantil.

Um recanto da creche, ao ar livre, pode se transformar num ótimo espaço para recreação e jardinagem.

Note-se o cuidado de manter disponível uma torneira para facilitar a rega das plantas. Canto à direita da foto.

ÁREA EXTERNA DE RECREAÇÃO

Equipamentos: brinquedões

Casinhas acopladas ou não a escadas, balanços e escorregadores são fortes estímulos indispensáveis à ação psicomotora dos grandes movimentos e deslocamentos do corpo, assim como à dramatização livre, que são parte do currículo de educação infantil.

Os brinquedos da área de recreação devem estimular a ação exploratória da criança, assim como os grandes exercícios musculares do corpo, como: subir, trepar, escorregar, rolar, engatinhar, correr, balançar-se, pedalar etc. O chão deve poder amortecer as quedas. No caso de ser coberto por areia, ela deve poder ser lavada com regularidade para evitar possíveis contaminações. Revestimentos emborrachados substituem com vantagem a areia, hoje não muito dispendiosos e de fácil aplicação. Existe também no mercado tinta especial emborrachada para cobertura de chão, que precisa, primeiro, ser preparada com cimento liso impermeabilizado.

ATIVIDADES CURRICULARES

A HISTÓRIA

A história é um poderoso estímulo ao desenvolvimento da imaginação, função básica da inteligência. A história auxilia a criança a lidar com seus sentimentos, pulsões e frustrações. Deve ser uma atividade contada com as crianças sentadinhas próximas ao educador, em atitude natural e espontânea, em que predomine o clima de intimidade afetiva e fascinação, em local bastante calmo, distante de barulhos e interferências alheias.

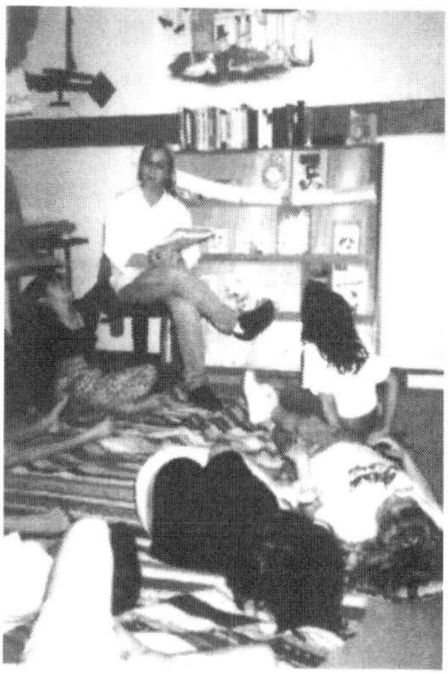

Crianças de cinco e seis anos muitas vezes se deitam quando ouvem histórias mais longas, lidas ou narradas por um bom contador de histórias, num clima de relaxamento e concentração total, necessários a um bom vôo de imaginação. As da foto ouvem histórias de Monteiro Lobato: Caçadas de Pedrinho. Esta atividade é essencial à construção do interesse por leitura. A sala de multimeios também oferece material para dramatização, aparelhagem de som e videocassete, além de instrumentos de bandinha.

DRAMATIZAÇÃO LIVRE

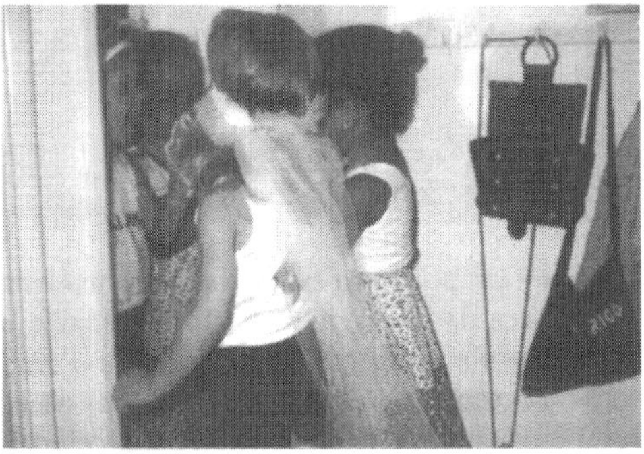

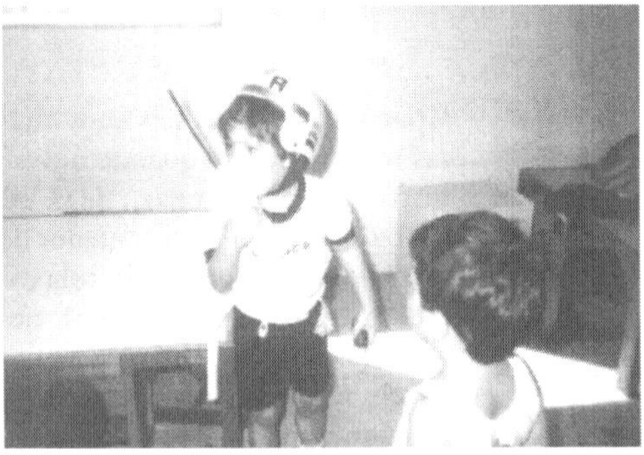

A dramatização livre é essencial ao desenvolvimento afetivo-social da criança e poderoso recurso propiciador da saúde mental, que não pode faltar num currículo infantil de atividades educacionais. Dramatizando livremente, a criança experimenta papéis, elabora sentimentos relativos a situações mal resolvidas e descobre como resolver problemas e conflitos de ordem emocional, ajudando-a a se ajustar e ao ambiente social à sua volta.

MANIPULAÇÃO E MODELAGEM NA AREIA

Brincando de encher e esvaziar baldes e forminhas, a criança é levada a construir noções de quantidade, peso e volume, de uma forma natural e divertida, mas não pouco importante, pois essas experiências formarão a base concreta das estruturas do seu conhecimento do mundo físico e das propriedades dos materiais: líquido e sólido.

O brinquedo na areia apresenta outra vantagem como estímulo fortemente socializador entre as crianças maiores de três e de quatro anos. A areia, contudo, precisa ser constantemente lavada, a fim de se evitar a contaminação de moléstias de pele e parasitos. Crianças com tais doenças não poderão brincar no areal enquanto não estiverem curadas e com alta médica.

BRINCANDO COM ÁGUA

As brincadeiras num pequeno tanque com água, que deve ser trocada a cada uso, e seu interior lavado com desinfetantes especiais proporcionam enorme alegria e estimulam o desenvolvimento físico, social e intelectual da criança, através das inúmeras experiências de encher e esvaziar baldinhos, bater pés e mão na água, sentar-se e arrastar-se dentro dela.

TERRA E ÁGUA COMO ELEMENTOS BÁSICOS DO CONHECIMENTO

Brincar e cuidar da terra, plantar e regar sementinhas são experiências obrigatórias de um bom currículo de educação infantil. O amor à natureza se cultiva através dessas pequenas experiências constantes das atividades curriculares de uma creche séria e responsável.

O contato lúdico com a água em dias de forte calor é uma experiência insubstituível no currículo de educação infantil. A foto mostra um banho de mangueira.

JOGOS DE CONSTRUÇÃO

Depois da manipulação livre dos blocos surge espontaneamente a fase de empilhar que, além de propiciar uma experiência e exercício de equilíbrio, exige da criança um esforço voluntário de coordenação de movimentos que a levam a construir noções de peso, forma, tamanho e posição no espaço. Grupo de três anos em atividades livres e criadoras. *Foto Instituto de Educação – RJ.*

JOGOS LÓGICOS DE CONSTRUÇÃO

Construção com formas geométricas estimulam a criatividade e as estruturas do raciocínio lógico.

JOGOS MOTORES E DE EQUILÍBRIO

Estimulação na área externa sob a coordenação de um professor. Saltar obstáculos e passar por dentro de argolas estimulam o desenvolvimento físico, o equilíbrio e a orientação no espaço.

JOGOS PSICOPEDAGÓGICOS

O currículo deve proporcionar atividades com jogos variados propostos para alcançar diferentes objetivos e estar disponível para a escolha da criança, pois somente assim se consegue dela um esforço máximo de atenção, correspondente direto ao seu interesse pelo material. Ela escolhe, ela busca o jogo, ela joga e depois aprende a guardá-lo na estante para ser usado por outro coleguinha. Com esse tipo de trabalho educativo desenvolvem-se hábitos de iniciativa e responsabilidade.

JOGOS PSICOPEDAGÓGICOS

No trabalho diversificado livre e criador a criança tem que ter permissão e estímulo para descobrir funções para os materiais oferecidos e liberdade para utilizá-lo com novas regras. As fotos mostram usos diferentes para o jogo de dominó de cores e de figuras: o primeiro é utilizado para formar um trem, e o segundo para fazer casinhas. Depois dos três anos, com a participação cooperativa do adulto, ela passa a sentir prazer no desafio do jogo de regras e, gradativamente, se houver estímulo interativo do adulto, passará a preferir estes àqueles. Tentar antecipar o jogo de regras restringirá as experiências criativas e a iniciativa intelectual da criança.

ARTES

Desenho com lápis-cera

Dentro de uma creche, o desenho, assim como as outras formas de expressão plástica da criança, têm que ser livres para propiciar o máximo de exploração do material, dirigido pelo comando intelectual da criança, o que proporcionará a descoberta do uso de suas próprias mãos e estimulará a coordenação e o aperfeiçoamento dos movimentos, de uma forma constante, contínua e natural. Cobrir pontinhos ou colorir dentro de limites desenhados pelo adulto deve ser totalmente evitado, pois isso submete a criança a um padrão quase sempre inatingível de desenho, que a desencorajará a criar e desenvolver o seu estilo próprio. A rabiscação inicial, com a experiência de uso do material, aos poucos será substituída pelas células e formas circulares, que ganharão significados de balão, casa, neném e o que brotar na interpretação da criança. Figuras e cenas aparecerão depois de algum tempo, entre os quatro e seis anos.

Modelagem

A modelagem livre e criadora é um excelente recurso psicopedagógico de estimulação do desenvolvimento da coordenação dos movimentos finos e da percepção de quantidade, textura, consistência, forma, tamanho e peso. Todo o trabalho deve ser livre de modelos e realizado como atividade lúdica para dar possibilidade à criança de ajustar a atividade a seu nível de desenvolvimento. Por volta dos cinco anos, quando seu interesse exploratório pela massinha começar a decair, ela deverá ser levada a explorar cerâmicos produzidos por artistas e se iniciar na exploração e conhecimento das técnicas para produzir as formas desejadas. Antecipar o ensino da técnica empobrece a arte criativa.

Pintura com pincel no cavalete

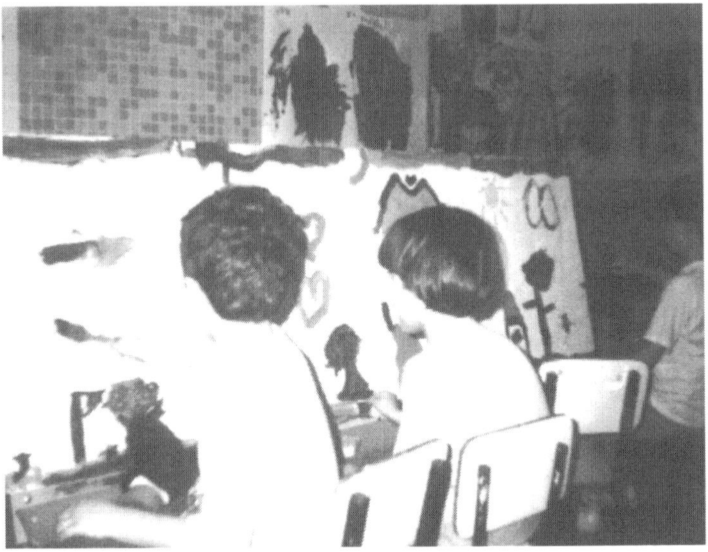

A pintura com pincel no cavalete deve ser oferecida todos os dias como uma das opções da sala. O uso de cadeiras só é recomendável a crianças maiores, como as de seis anos, da foto. Antes disso, as cadeiras se tornam complicadores para os pequeninos, que produzem melhor em pé, com maior liberdade de movimentos.

Pintura a dedos

A pintura a dedos é sempre uma atividade muito prazerosa e muito completa na estimulação do desenvolvimento psicomotor, que deve ser oferecida diariamente, dentre outras opções de arte, como: desenho com lápis-cera, desenho no quadro-de-giz, pintura com pincel, modelagem, recorte e colagem. A escolha caberá sempre à criança, como um direito seu, que deve estar garantido no seu período de educação infantil. Em média, a criança muito pequena experimenta três ou quatro atividades diferentes, pois permanece pouco tempo em cada. À medida que cresce, sua média cai para duas ou três atividades plásticas por dia, porque se dedica mais a cada uma. Só a livre-escolha garante o interesse e a concentração na atividade. Esta atividade pode também ser realizada em pé; assim, os movimentos ficam mais liberados.

Colagem

Uma experiência de composição gráfica com colagem na cor verde pode ser realizada de forma livre. Folhas de papel, tecido, fios de lã e de fita, pedaços de plástico, tampas e mais objetos, todos na cor verde, são um desafio à composição e estimulam e evidenciam os diferentes tons e texturas do material. É uma atividade de enriquecimento da mesa do recorte e colagem para ser realizada apenas quando o grupo estiver fazendo o estudo da cor em questão e deve ser oferecida por alguns dias até que todas as crianças do grupo tenham tido oportunidade de experimentá-la.

Pintura com pincel no plano horizontal

Uma experiência com a cor amarela pode ser realizada na pintura livre com pincel. No caso, foram oferecidos diferentes tons de amarelo e tintas de consistências diferentes, do guache à anilina, para estimular e enriquecer a experiência exploratória da criança. A atividade foi oferecida sobre a mesa, no plano horizontal, a fim de diminuir as dificuldades relacionadas à propriedade de escorrer que cada tinta apresentava. Grupo de três a quatro anos.

ATIVIDADES COLETIVAS

Rodinha de conversa

A troca de experiências promovida nas rodinhas de conversa amplia o conhecimento, fortalece o espírito de grupo e gera a criação e discussão sobre normas de conduta aceitáveis ou não pelo grupo. Assim se constroem normas de conduta, valores sociais e éticos. A rodinha é uma atividade coletiva coordenada pelo adulto educador. Todas as combinações com o grupo devem ser realizadas desta forma, com proximidade física, sentadinhos à volta do educador, que também deve estar sentado no chão, a fim de, propositalmente, diminuir o seu distanciamento da criança e aproximá-lo ainda mais. Grupo de quatro anos.

Chamadinha

As crianças apreciam reconhecer seus próprios nomes, que aparecem escritos em seus objetos de uso pessoal desde muito cedo; se estimuladas a reconhecê-los em cartões de "chamada" feitos no tamanho e cor apropriados, logo estarão reconhecendo não apenas o seu, mas o nome de seus coleguinhas também. Este trabalho estimula e auxilia a criança no seu processo de individualização e crescimento e pode começar aos dois anos.

Experiências culinárias

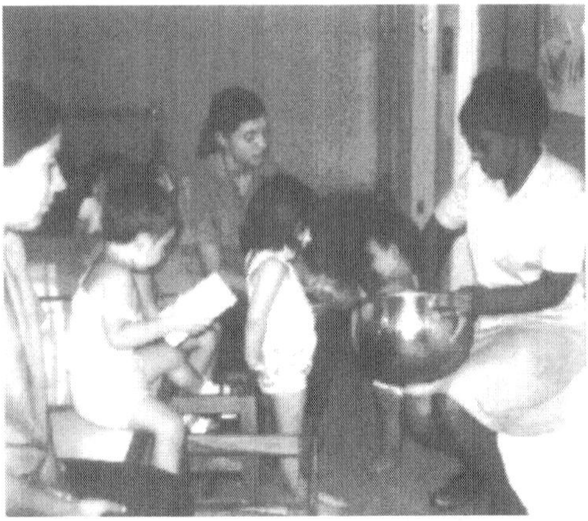

Assistir de perto à cozinheira bater um bolo é experiência gratificante e enriquecedora que deve fazer parte da educação infantil. Um dia da semana pode ser dedicado a esta atividade. Na foto acima: grupo de dois anos. Crianças maiores de quatro anos já podem começar a ajudar e, aos cinco e seis anos, podem elas mesmas fazer uma boa parte do trabalho. Medir o açúcar, o leite, a manteiga, contar os ovos são também a base do conhecimento matemático. Os bolos devem ser de tabuleiro a fim de permitir a participação da criança no ato de untar a fôrma e na divisão e distribuição dos pedaços.

Oficina de nutrição

A própria nutricionista dirige a atividade de estudo das frutas durante a elaboração de uma gostosa salada de frutas, que foi a culminância de uma CEI — Cadeia de Estímulos Integrados — desenvolvida pelo grupo. Depois de devidamente cortada cada fruta, as crianças experimentaram uma a uma, conhecendo seu nome e seu sabor e ouvindo sobre suas propriedades nutricionais.

Excursões

Passeios orientados e excursões enriquecem o currículo de atividades da educação infantil e devem ser programados para acontecer de três a quatro vezes por ano. *Foto de uma excursão ao Jardim Botânico do Rio de Janeiro.*

Natação

Algumas creches podem oferecer aulas de natação, o que evidentemente enriquecem muito as experiências sensoriais e motoras da criança e proporcionam os benefícios para a saúde, decorrentes do exercício na água.

É necessário que as aulas sejam dadas por professor de Educação Física especializado, pois só ele é capaz de criar os estímulos necessários às brincadeiras dentro d'água, utilizando materiais adequados para crianças maiores e menores.

INFORMÁTICA

A introdução no mundo da Informática deve ser feita como atividade lúdica que alia o prazer proporcionado pelos desafios dos jogos educativos que estimulam a construção de conceitos espaciais, de quantidade, de cor, de forma e de tamanho, estimulam a memória visual ou mesmo auditiva, relacionada a conhecimento da nota musical ou do ritmo, ao desenvolvimento da coordenação motora obtida para o domínio do *mouse*. Tudo isso acontece, acrescentado à intimidade que a criança passa, gradativamente, a ter com a máquina, como um instrumento que ela terá a seu dispor, sem mistérios. Esta atividade pode ser oferecida, uma ou duas vezes por semana, a pequenos grupos, que se revezam durante o horário de jogos psicopedagógicos realizados simultaneamente em outra sala. A presença e a participação de um professor específico são indispensáveis. Numa segunda fase da alfabetização, o Word ou outro processador de texto também poderá ser introduzido para a criança escrever seus bilhetes ou pequenas histórias.

ALFABETIZAÇÃO

A alfabetização verificada por métodos criativos e construtivistas, como o da Alfabetização Natural, atende à necessidade de conhecimento da criança de cinco e de seis anos, de forma lúdica adequada à realização dentro de uma creche.

JOGOS DE LEITURA

Qualquer que seja o processo escolhido para a alfabetização de crianças da faixa entre cinco e seis anos, as atividades pedagógicas devem incluir jogos, como o tabuleiro da foto, da Alfabetização Natural.

A MATEMÁTICA NA EDUCAÇÃO INFANTIL

A construção do conhecimento matemático deverá se dar através dos jogos e da solução de problemas sobre grandezas realizadas em situações lúdicas, em que o raciocínio seja estimulado.

Crianças de seis anos já poderão realizar algumas atividades de resolução de problemas em caderno, como as da foto, em que se utilizam dos recursos dos conjuntos e pontos grossos para solução de problemas, cujo objetivo seja a construção do número.

Bibliografia

Aberastury, Arminda: *El Niño e sus Juegos*, Argentina.

Alencar, Eunice Soriano: *Como Desenvolver o Potencial Criador*, Ed. Vozes, Petrópolis, RJ, 1990.

Alencar, Eunice Soriano: *Criatividade*, Ed. Endub; Universidade de Brasília, DF, 1961.

Arière, Felipe: *História Social da Criança e da Família*, Ed. Guanabara, Rio de Janeiro, RJ, 1989.

Badinter, Elisabeth: *Um Amor Conquistado — O Mito do Amor Materno*, Ed. Nova Fronteira, Rio de Janeiro, RJ, 4a. edição, 1985.

Badinter, Elisabeth: *Um É o Outro*, Ed. Nova Fronteira, Rio de Janeiro, RJ, 5a. edição, 1986.

Campos, Maria Malta e Fúlvia Rosemberg: *Critérios para um Atendimento em Creches que Respeite os Direitos Fundamentais das Crianças*, MEC/SEF/DPEF/COEDI, 1997.

Castro e Ceccon, JP: *Textos sobre Educação Pré-Escolar e Creches Alternativas, uma Proposta Curricular* — MEC-DF, 1981.

Diretrizes Curriculares Nacionais para Educação Infantil — SEFF, Brasília, 1998.

Duarte, Leneide: Artigo *Opinião* do jornal *O Globo*, "A Mulher na Igreja, de Eva à Virgem Maria", do dia 28/08/98.

Falcão, Alba de Andrade, Lieselotte Ornellas e Maria da Luz F. Perim: *Alimentar a Criança*, Ed. Atheneu, São Paulo, SP, 1996.

Forward, Susan e Craig Buck: *A Traição da Inocência — O Incesto e sua Devastação*, Ed. Rocco, Rio de Janeiro, RJ, 1989.

França, Ronaldo: *Loucura Pós-Parto*, reportagem da seção de Justiça, revista *Veja*, 02/09/98, pág. 79, São Paulo, SP.

Gardner, Howard: *A Criança Pré-Escolar*, Editora Artes Médicas, Porto Alegre, RS.

Gardner, Howard: *Estruturas da Mente — A Teoria das Inteligências Múltiplas*, Ed. Artes Médicas, Porto Alegre, RS, 1994.

Gardner, Howard: *Mentes Criadoras,* Editora Artes Médicas, Porto Alegre, RS.

Goleman, Daniel Phd. *Inteligência Emocional*, Ed. Objetiva, 25a. edição, Rio de Janeiro, RJ, 1995.

Hersey, Paul e Blanchard, K. H.: *Psicologia para Administradores de Creches*, EPU — Editora Pedagógica e Universitária. 2a. edição, São Paulo, SP, 1977.

Mahler, Margaret: *O Nascimento Psicológico da Criança*, Editora Zahar, Rio de Janeiro, RJ.

Mahler, Margaret: *O Processo de Separação e Individuação*, Editora Artes Médicas, Porto Alegre, RS.

Muraro, Rose Marie: *Sexualidade da Mulher Brasileira*, Ed. Vozes, 3a. edição, Petrópolis, RJ, 1983.

Piaget, Jean: *O Julgamento Moral na Criança*, Ed. Mestre Jou, São Paulo, SP, 1977.

Piaget, Jean: *A Formação do Símbolo*, Editora Record, Rio de Janeiro, RJ.

Piaget, Jean: *O Raciocínio da Criança*, Editora Record, Rio de Janeiro, RJ.

Projeto de Resolução para Instituição das Diretrizes Curriculares Nacionais para a Educação Infantil, Câmara de Educação Básica do Conselho Nacional de Educação, 17 de dezembro de 1998.

Proposta Pedagógica da Pré-Escola Bia Rizzo, de autoria da Prof^{a}. Myriam Ennes.

Referencial Nacional para a Educação Infantil — Versão preliminar, MEC-SEEF-Brasília, 1998.

Rizzo, Gilda: *Alfabetização Natural,* Francisco Alves, Rio de Janeiro, RJ.

Rizzo, Gilda: *Escola Natural*, Editora Francisco Alves, Rio de Janeiro, RJ.

Rizzo, Gilda: *Educação Pré-Escolar*, Editora Francisco Alves, Rio de Janeiro, RJ.

Rudolph, Margerita e Dorothy H. Cohen: *Kindergarten, a Year of Learning*, Appleton Century Crofts, New York, USA, 1964.

Seber, Maria da Glória: *Psicologia do Pré-Escolar, uma Visão Construtivista*, Ed. Moderna, Rio de Janeiro, RJ, 1995.

Souza, Paulo Nathanael e Eurides Brito: *A Nova LDB*, Ed. Pioneira Educação, São Paulo, SP, 1997.

Souza, Solange Jobim e: *Infância e Linguagem*, Ed. Papirus, 2a. edição, Campinas, SP, 1995.

Vigostsky, L.S.: *Pensamento e Linguagem*, Ed. Martins Fontes, São Paulo, SP, 1995.

Este livro foi impresso no
Sistema Digital Instant Duplex da Divisão Gráfica da
DISTRIBUIDORA RECORD DE SERVIÇOS DE IMPRENSA S.A.
Rua Argentina, 171 - Rio de Janeiro/RJ - Tel.: (21) 2585-2000